회계사 · 세무사 · 경영지도사 합격을 위한

해커스 경영아카데미 합격 시스템

해커스 경영아카데미 인강

취약 부분 즉시 해결!
**교수님께 질문하기
게시판 운영**

무제한 수강 가능+
**PC 및 모바일
다운로드 무료**

온라인 메모장+
**필수 학습자료
제공**

* 인강 시스템 중 무제한 수강, PC 및 모바일 다운로드 무료 혜택은 일부 종합반/패스/환급반 상품에 한함

해커스 경영아카데미 학원

쾌적한 환경에서 학습 가능!
**개인 좌석 독서실
제공**

철저한 관리 시스템
**미니 퀴즈+출석체크
진행**

복습인강 무제한 수강+
**PC 및 모바일
다운로드 무료**

* 학원 시스템은 모집 시기별로 변경 가능성 있음

회계사 · 세무사 · 경영지도사 단번에 합격! **해커스 경영아카데미** cpa.Hackers.com

해커스
IFRS
정윤돈
회계원리

해커스 경영아카데미

이 책의 저자

정윤돈

학력

성균관대학교 경영학과 졸업

경력

현 | 해커스 경영아카데미 교수
해커스공무원 교수
해커스금융 교수
미래세무회계 대표 회계사
삼일아카데미 외부교육 강사

전 | 삼정회계법인 감사본부(CM본부)
한영회계법인 금융감사본부(FSO)
한영회계법인 금융세무본부(FSO TAX)
대안회계법인 이사
이그잼 경영아카데미 재무회계 전임(회계사, 세무사)
합격의 법학원 재무회계 전임(관세사, 감평사)
와우패스 강사(CFA-FRA, 신용분석사, 경영지도사)
KEB하나은행, KB국민은행, 신한은행, IBK기업은행, 부산은행
외부교육 강사

자격증

한국공인회계사, 세무사

저서

해커스 IFRS 정윤돈 회계원리
해커스 IFRS 정윤돈 중급회계 1/2
해커스 IFRS 정윤돈 고급회계
해커스 IFRS 정윤돈 재무회계 키 핸드북
해커스 IFRS 정윤돈 객관식 재무회계
해커스 세무사 IFRS 정윤돈 재무회계 1차 FINAL
해커스 IFRS 정윤돈 재무회계연습
해커스공무원 정윤돈 회계학 재무회계 기본서
해커스공무원 정윤돈 회계학 원가관리회계·정부회계 기본서
해커스공무원 정윤돈 회계학 단원별 기출문제집
해커스 신용분석사 1부 이론 + 적중문제 + 모의고사
IFRS 중급회계 스터디가이드
IFRS 재무회계 기출 Choice 1/2
IFRS 객관식 재무회계 1/2
신용분석사 완전정복 이론 및 문제 1/2
신용분석사 기출 유형 정리 1부
신용분석사 최종정리문제집 1/2부

머리말

회계학을 학습하는 여러 가지 방법이 있으나 그 중에 가장 중요한 것은 이해를 바탕으로 각 거래가 재무제표에 어떠한 영향을 가져오는지 파악하는 것입니다. 이를 위하여 여러 교재들이 각 거래를 회계처리나 그림, 산식 등을 이용하여 풀이하고 있습니다. 하지만 이로 인해 수험생들이 각 거래가 재무제표에 미치는 영향은 뒤로하고 오로지 회계처리와 그림만을 학습하는 실수를 범하고 있습니다. 이를 해결하기 위해서는 회계학을 학습하실 때 거래별로 재무제표에 어떠한 영향을 가져오는지 고민하는 습관을 가져야 할 것입니다. 본서는 이를 위해 각 계정별로 재무제표 효과를 자세히 기재하였습니다.

본서의 특징은 다음과 같습니다.

1. 해설이 상세합니다. 그동안 회계학 시험을 대비하는 다수의 책들이 문제를 많이 수록하려고 하다보니 해설이 빈약하였고 이로 인해 학생들이 책을 보아도 답을 이해하지 못하였습니다. 본서는 이를 보완하기 위하여 시험에 자주 출제되는 단원에 그림과 회계처리, 산식 등을 충분히 수록하였습니다.

2. 개정된 부분은 개정 시점 이후 문제만을 수록하였고, 출제된 지 10년이 지난 문제는 모두 삭제하였습니다. 최근에 회계학에서 많은 개정의 이슈가 있었지만 이를 충실히 반영하지 못하고 문제 양을 늘리기 위해 이제는 더 이상 출제되지 않거나 개정 이후 현행 회계기준에 일치하지 않는 문제들을 수록하는 책들이 많았습니다. 본서는 이를 해결하기 위하여 가장 최근에 출제된 문제와 개정된 회계기준을 충실히 반영한 문제만을 선별하여 교재를 구성하였습니다.

3. 해당 회계처리가 나올 수밖에 없는 이유와 배경설명을 충실히 기재하였습니다. 많은 수험생들의 가장 큰 고충은 회계는 외울 수밖에 없다는 것입니다. 이유도 모른 채 암기만 한다면 결국 짧은 시간 내에 잊어버리게 됩니다. 이를 극복하기 위해 본서는 각 거래별 해당 회계처리가 만들어진 이유를 자세히 설명하였습니다.

마지막으로 늘 부족한 남편을 한결같은 마음으로 사랑해주는 아내 현주와 생각만 해도 행복하고, 보고 있어도 보고 싶고, 안아줘도 또 안아주고 싶은 딸 소은, 소율에게 사랑한다는 말 전합니다.

정윤돈

목차

목차

Chapter **1**

재무회계와 회계원칙

1. 재무회계의 의의
2. 일반적으로 인정된 회계원칙(GAAP)과
   한국채택국제회계기준(K-IFRS)

● 핵심 빈출 문장
● 객관식 문제

1 재무회계의 의의

Ⅰ   회계의 정의

현재에는 회계를 아래와 같이 정의하고 있다.

회계의 정의

정보이용자의 경제적 의사결정에 도움을 주기 위하여 경제적 실체와 관련된 정보를 식별하고 측정하여 보고하는 과정

| 기업실체 | 경제적 의사결정에 도움을 주기 위하여
유용한 경제적 정보를 식별·측정·전달하는 과정 → | 정보이용자 |

이러한 정의로부터 회계가 추구하는 목적이 정보이용자의 의사결정에 유용한 정보를 제공하는 것임을 알 수 있다.

이러한 회계의 정의는 회계실체의 거래나 사건을 기록, 분류, 요약, 해석하는 기술로 보아 회계정보의 생산측면(≒ 부기)만을 강조하지 않고 회계정보의 이용측면까지 강조하고 있다. 그러므로 현재에는 회계정보를 경제적 정보로 간주하여 재무적 정보와 과거 정보뿐만 아니라 비재무적 정보와 미래 정보도 포함하는 개념으로 정보의 범위를 확장하였다. 즉, 회계의 보고 수단이 재무제표에서 재무제표와 재무제표 이외의 재무정보의 전달 수단을 포괄하는 재무보고로 확장되었다.

Self Study

경제적 정보: 재무적 정보·과거 정보 + 비재무적 정보·미래 정보
① 재무적 정보: 화폐로 측정 가능한 정보(기업의 재무상태, 재무성과에 대한 정보 등)
② 비재무적 정보: 화폐로 측정 불가능한 정보(경영진의 능력, 기업의 이미지 등)

Ⅱ 회계정보이용자와 회계의 분류

01 회계정보이용자의 구분

기업실체와 이해관계가 있는 회계정보이용자는 현재 및 잠재적 투자자, 대여자와 그 밖의 채권자, 정부와 규제기관, 경영자, 종업원, 일반대중 등으로 매우 다양하다. 이들은 기업실체와 직접적으로 또는 간접적으로 관련된 다양한 의사결정상황에서 회계정보를 필요로 한다.

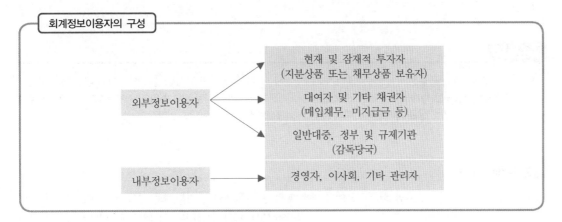

기업의 회계정보이용자는 내부정보이용자와 외부정보이용자로 구분할 수 있으며, 이러한 회계정보이용자의 분류에 따라 회계는 재무회계와 관리회계로 구분된다.

02 내부정보이용자

기업의 주요 내부정보이용자는 기업의 경영자이며 그들은 기업활동과 관련된 의사결정에 도움을 받기 위해서 회계정보를 필요로 한다. 내부정보이용자는 당해 기업과 관련된 정보를 언제든지 얻을 수 있는 권한을 가지고 있을 뿐만 아니라 회계정보의 산출 과정에서도 상당한 영향력을 행사할 수 있다. 따라서 경영자에게 제공되는 회계정보는 내용이나 형식에 특별한 제약을 받지 않고 회계정보를 산출하는 데 있어서 지켜야 할 지침이나 규칙이 요구되지 않으며, 오로지 경영자가 가장 유용하게 이용할 수 있도록 회계정보를 산출하여 제공하기만 하면 된다. 이와 같이 내부정보이용자를 위한 회계를 관리회계라고 한다.

03 외부정보이용자

기업의 외부정보이용자는 현재 및 잠재적인 투자자, 대여자 및 그 밖의 채권자, 정부, 일반대중 등이 있다. 이들은 이해관계가 있는 기업으로부터 격리되어 있기 때문에 그들이 필요로 하는 회계정보를 직접 요구할 수 있는 권한도 상당히 제한되어 있다는 것이 내부정보이용자와 구별되는 점이다. 따라서 외부정보이용자에게 제공되는 회계정보는 통일된 지침과 규칙에 따라서 작성되어야 하고, 일정한 수준 이상의 충분한 정보가 제공될 필요가 있다. 이때 회계정보 작성 및 공시과정에서 준거해야 할 지침 또는 규칙을 '일반적으로 인정된 회계원칙(GAAP; Generally Accepted Accounting Principles)'이라고 한다.

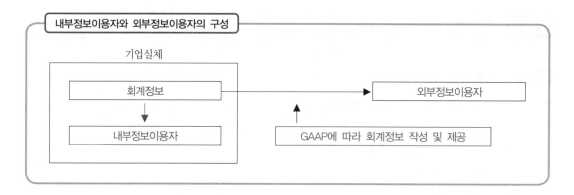

04 회계의 분류

회계는 회계정보의 이용주체인 회계정보이용자에 따라 재무회계와 관리회계로 분류된다. 여기서 현재 및
잠재적 투자자, 대여자와 그 밖의 채권자 등의 외부정보이용자가 이용하는 회계정보를 재무회계라고 하고
경영자 등의 내부정보이용자가 이용하는 회계정보를 관리회계라고 한다.

(1) 재무회계

재무회계는 외부정보이용자의 경제적 의사결정에 유용한 정보를 제공하는 것을 목적으로 하는 회계이
다. 재무회계는 일정한 규칙인 회계원칙에 따라 작성된 재무보고서를 통하여 정보를 제공한다. 다양한
회계정보이용자에게 표준화되고 일정한 양식에 의하여 보고하여야 이해가능성을 높일 수 있기 때문
이다.

서로 다른 정보이용자에게 정보 욕구에 충족하는 보고서를 개별적으로 작성하여 정보를 이용할 수 있
게 하기 위해서는 비용이 많이 들 것이다. 그러므로 재무회계는 다수의 회계정보이용자들을 위한 것
이기 때문에 일반목적재무보고라고도 표현한다.

(2) 관리회계

관리회계는 경영진의 관리적 의사결정에 유용한 정보를 제공하는 것을 목적으로 한다. 관리회계는 경
영진의 의사결정에 필요한 정보를 제공하기 때문에 특수목적 회계라고 하며, 재무제표와 같은 보고양
식이나 일반적인 회계원칙을 필요로 하지 않는다. 한편, 제조기업의 원가계산은 외부정보이용자들에
게 정보를 제공하는 외부보고목적으로 공시되는 재무제표에 포함될 재무회계의 일부이다. 그러나 관
리회계가 원가정보에 바탕을 두고 의사결정을 중심으로 발전하여 왔기 때문에 관리회계에 제품원가
계산을 같이 다루고 있다. 즉, 관리회계는 경영자의 관리적 의사결정과 관련한 특수한 상황에 대한
정보를 제공하므로 일반적으로 인정된 회계원칙에 의하여 작성되지 않는다. 그러므로 과거의 정보를
보고하는 재무회계에 비하여 상대적으로 미래지향적인 정보를 포함하고 있다.

[회계의 분류]

구분	재무회계	관리회계
목적	외부보고목적	내부보고목적
대상	외부정보이용자	내부정보이용자
보고 수단	일반목적재무제표	특수목적 보고서
작성원칙	일반적으로 인정된 회계원칙	기준 없음
정보의 성격	신뢰성 강조	목적 적합성 강조
정보의 범위	기업 전체의 정보	기업의 부문별, 제품별 정보
보고의 시기	회계연도 말 등에 정기적 보고	필요에 따라 수시로 보고
시간적 관점	과거의 결과에 대한 정보	과거 사건의 결과 및 미래 예측에 대한 정보

Additional Comment

참고로 세무회계는 재무회계시스템을 통해서 산출된 회계이익으로부터 세법 규정에 의한 과세소득을 산정하는 과정을 다룬다. 세무회계정보의 이용자는 과세당국이며, 세무회계의 목적은 적정한 과세소득의 산정에 있다는 점에서 관리회계 및 재무회계와 구별된다.

Ⅲ 재무보고

재무회계시스템을 통하여 산출된 회계정보를 외부정보이용자에게 제공하는 것을 재무보고라고 하고, 재무보고를 할 때 사용하는 가장 대표적인 전달 수단이 재무제표이다.

01 재무제표

재무회계는 기업의 외부정보이용자들이 합리적인 의사결정을 할 수 있도록 유용한 정보를 제공하는 것이 목적이다. 그러므로 기업은 외부정보이용자들에게 기업에 유입될 미래 순현금유입의 금액, 시기 및 불확실성을 예측하기 위하여 재무상태, 재무성과, 자본의 변동 및 현금흐름에 관한 정보를 제공해야 한다. 이러한 재무회계의 목적을 달성하기 위해서는 다양한 회계정보가 필요하고, 이를 위하여 표준화된 일정한 양식이 필요한데 이를 재무제표(Financial Statements)라고 한다. 재무제표는 기업실체의 외부정보이용자에게 기업실체에 관한 재무적 정보를 전달하는 핵심적인 재무보고의 수단이다. 재무보고의 목적을 달성하기 위해서는 다양한 회계정보가 제공되어야 하고, 이를 위해서는 여러 종류의 재무제표가 필요하다. 재무제표는 특정 시점의 상태(저량, Stock)를 나타내는 재무제표와 특정 기간의 변동(유량, Flow)을 나타내는 재무제표로 구분된다.

기업회계기준서 제1001호 '재무제표 표시'는 다음과 같은 재무제표들을 공시하도록 요구하고 있다.

---

① 특정 시점의 상태에 관한 재무제표-재무상태표(B/S, Statement of Financial Position)
  일정 시점에 기업의 경제적 자원(자산)과 보고기업에 대한 청구권(부채 및 자본)에 관한 정보를 제공하는 재무제표
② 특정 기간의 변동에 관한 재무제표
  ⊙ 포괄손익계산서(I/S, Statement of Comprehensive Income): 일정 기간 동안의 지분참여자에 의한 출현과 관련된 것을 제외한 순자산의 증감에 의하여 발생하는 재무성과에 관한 정보를 제공하는 재무제표
  ⓒ 자본변동표(S/E, Statement of Change in Equity): 일정 시점에 자본의 잔액과 일정 기간 동안의 자본의 변동에 관한 정보를 제공하는 재무제표
  ⓒ 현금흐름표(CF, Statement of Cash Flow): 일정 기간 동안의 현금및현금성자산의 창출능력과 현금흐름의 사용 용도를 평가하는 데 유용한 기초를 제공하는 재무제표

재무제표는 주석을 통하여 재무제표 본문에 표시된 정보를 이해하는 데 도움이 되는 추가적 정보나 재무제표 본문에 계상되지 않은 자원, 의무 등에 대한 정보를 함께 제공해야 한다. 주석은 재무제표상 해당 과목 또는 금액에 기호를 붙이고 난외 또는 별지에 동일한 기호를 표시하여 그 내용을 간결하게 기재하는 것을 말한다. 주석은 재무제표와는 별도로 공시하지만 재무제표에 포함된다.

재무제표의 종류와 관계

B/S			I/S		CF		자본변동표	
자산	1,000	부채 800	수익	500	유입	300	자본금	100 → 100
		자본 200	비용	(400)	유출	(600)	이익잉여금	0 → 100
		• 자본금 100	N/I	100		(300)		
		• 이익잉여금 100						

주석 (세부사항)	• 자산구성내역 등 • 수익구성내역 등

02 재무보고

재무보고는 기업 외부의 다양한 이해관계자들의 경제적 의사결정을 위해 경영자가 기업실체의 경제적 자원과 의무, 재무성과 등에 관한 재무정보를 제공하는 것을 의미한다.

재무보고에 의한 정보는 주로 기업의 재무제표에 의해 제공된다. 하지만 재무정보는 재무제표 이외에도 경영자 분석 및 전망, 그리고 경영자의 주주에 대한 서한 등과 같은 수단으로 제공될 수도 있다. 재무보고의 기타 수단으로 제공되는 재무정보에는 재무제표에 보고되기에는 적절하지 않지만 정보이용자의 의사결정에는 유용한 정보가 모두 포함되어 있다. 사업보고서는 재무제표와 더불어 기업의 재무정보를 제공하는 재무보고 수단의 예로 비재무정보를 포함한다.

재무보고의 형태

외부정보이용자의 투자, 신용제공 및 기타 의사결정에 유용한 모든 정보			
재무보고			기타 정보
재무제표(양적 정보)		기타 재무보고 (질적 정보)	기타 정보
재무제표	주석	기타 재무보고 (질적 정보)	기타 정보
재무상태표	회사개요	경영진 회의 자료	분석보고서
포괄손익계산서	회계정책	사업보고서	경제 통계자료
현금흐름표	우발부채	영업보고서	회사 관련 기사
자본변동표	잉여금처분계산서		

2 일반적으로 인정된 회계원칙(GAAP)과 한국채택국제회계기준(K-IFRS)

I 일반적으로 인정된 회계원칙(GAAP)

01 일반적으로 인정된 회계원칙의 필요성

기업의 다양한 이해관계자가 필요로 하는 회계정보는 다양하면서도 서로 일치하는 점이 있다. 현실적으로 다양한 정보이용자의 요구를 모두 충족시키는 것이 불가능하므로 일반적으로 많이 요구되는 공통된 정보를 제공해야 한다고 보는 것이 재무회계의 입장이다. 이에 따라 회계정보이용자에게 전달되는 공통된 회계정보를 담고 있는 일반목적재무제표를 위한 일반적으로 인정된 회계원칙이 필요하게 되었다.

Additional Comment

> 기업은 정부의 규제 또는 자발적인 결정으로 외부정보이용자에게 회계정보를 제공하는데, 이때 가장 중요한 회계정보는 재무제표이다. 정보이용자는 재무제표를 통해서 기업의 재무상태와 재무성과, 현금흐름 및 자본의 변동을 한눈에 파악할 수 있다. 그런데 기업이 임의로 재무제표의 내용 및 형식을 정해서 작성·보고한다면 회계정보이용자의 유용성은 감소할 것이다. 그 이유는 하나의 거래에 대해 기업마다 측정한 결과나 보고하는 형식이 다를 수 있어 회계정보이용자가 여러 기업의 재무제표를 비교·분석하는 데 많은 어려움이 있을 수 있기 때문이다. 그러므로 기업이 재무제표를 작성하는 데 있어서 준거해야 할 통일된 지침이 필요하며, 이를 회계기준이라고 한다.

02 일반적으로 인정된 회계원칙의 의의와 특징

회계기준은 회계정보의 공급자와 이용자 모두로부터 광범위한 지지를 받아야 비로소 회계실무의 지침으로 인정될 수 있는 특성이 있다. 이러한 특성 때문에 회계기준을 '일반적으로 인정된 회계원칙'이라고 부른다. 일반적으로 인정된 회계원칙은 고의나 오류에 의해서 회계정보가 왜곡되는 것을 방지하여 회계정보가 기업 간·기간 간 비교 가능하고 객관적인 정보가 되도록 하기 위해서 기업실체에 영향을 미치는 특정 거래나 사건을 재무제표에 보고할 때 따라야 할 지침 또는 규범이라고 할 수 있다.

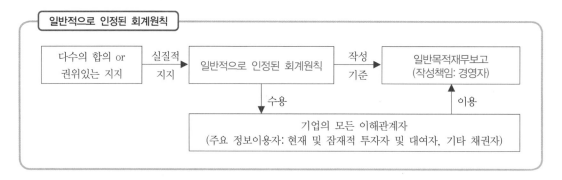

일반적으로 인정된 회계원칙의 특징은 다음과 같다.

(1) 실질적 권위가 있는 다수의 전문가들에 의하여 지지

회계원칙은 경제적 실체에 영향을 미치는 사건을 재무제표에 보고하는 일정한 방법으로, 권위있는 다수의 전문가들에 의한 합의를 통하여 제정된다. 회계정보이용자들은 회계원칙의 제정 과정에서 자신들의 이해관계에 유리하게 만들기 위한 정치적인 압력을 행사할 유인이 있다. 그러므로 실질적이고 권위가 있는 다수의 전문가들에 의하여 지지를 받고 수용되어야 하나의 사회적 제도로 존속이 가능해진다.

(2) 중립적인 성격(이해조정적 성격)

정보이용자의 욕구는 다양하므로 특정 정보이용자에게는 유리하지만, 다른 특정 정보이용자에게는 불리하게 회계원칙이 제정될 수 있다. 따라서 회계원칙은 다양한 정보이용자의 정보 욕구를 충족시키기 위한 일반적인 원칙을 제시함으로써 중립적인 성격(이해조정적 성격)을 가지고 있다.

(3) 가변성

회계원칙은 경제적·사회적 환경에 따라 변화한다. 회계는 사회과학이므로 시대의 흐름에 따라 변화하는 특징이 있다.

(4) 신뢰성, 비교가능성, 이해가능성 향상 및 제고

회계원칙을 제정하면 표준화된 객관적인 재무제표의 작성이 가능해져 재무제표의 신뢰성이 향상되고 재무제표 간의 비교가능성과 정보이용자의 이해가능성이 제고된다.

03 회계기준 제정

우리나라의 회계원칙을 기업회계기준이라고 한다. 「주식회사 등의 외부감사에 관한 법률」 제13조 제4항에 따라 금융감독위원회가 회계처리기준에 관한 업무를 전문성을 갖춘 민간 법인 또는 단체에 위탁할 수 있는 근거가 마련되었으며, 같은 법 시행령 제7조의 2에서는 회계기준제정기구로 한국회계기준원(KAI; Korea Accounting Institute)을 지정하였고, 이에 따라 한국회계기준원은 기업회계기준의 제정, 개정, 해석과 질의회신 등 관련 업무를 수행하게 되었다. 그러나 금융위원회는 이해관계인의 보호와 국제적 회계처리기준과 합치 등을 위하여 필요하다고 인정되면 증권선물위원회의 심의를 거쳐 한국회계기준원에 대하여 회계처리기준의 내용을 수정할 것을 요구할 수 있다. 이 경우 회계기준원은 정당한 사유가 있는 경우를 제외하고는 이에 따라야 한다.

04 외부감사제도

기업은 회계정보를 통하여 외부정보이용자들의 의사결정에 도움이 되는 유용한 정보를 제공한다. 여기서 제기되는 문제가 회계정보의 신뢰성이다. 같은 회계정보라고 하더라도 내부정보이용자와 외부정보이용자가 회계정보에 대하여 부여하는 신뢰의 정도는 다르다. 그러므로 외부정보이용자에게 제공되는 회계정보가 의사결정에 도움을 주기 위해서는 그 회계정보에 독립적인 제3자가 신뢰성을 부여할 필요가 있다.

기업은 외부감사인과 감사계약을 체결하여 재무제표에 대한 회계감사(Auditing)를 수행하도록 함으로써 재무제표의 신뢰성을 제고시킬 수 있는데, 이를 외부감사제도라고 한다. 외부감사제도란 기업의 경영자가 작성한 재무제표가 일반적으로 인정된 회계원칙에 따라 작성되었는지를 독립적인 전문가가 감사를 수행하고 그에 따른 의견을 표명함으로써 재무제표의 신뢰성을 높이기 위한 제도이다. 즉, 현재 및 잠재적 투자자, 대여자와 그 밖의 채권자들은 경영자가 작성한 재무제표가 일반적으로 인정된 회계원칙에 의하여 작성되었는지를 파악할 수 없기 때문에 기업과 이해관계가 없는 독립적인 전문가인 공인회계사(Certified Public Accountant)가 회사의 재무제표가 재무상태와 경영성과를 중요성의 관점에서 적정하게 표시하고 있는지에 대한 의견(적정의견, 한정의견, 부적정의견, 의견거절)을 표명하는 제도이다.

Ⅱ   한국채택국제회계기준(K-IFRS)

01   한국채택국제회계기준의 의의

회계기준위원회는 국제회계기준의 내용에 일치시키는 것을 원칙으로 하여 한국채택국제회계기준(K-IFRS)을 제정·개정하고 있다.

한국채택국제회계기준은 「주식회사 등의 외부감사에 관한 법률 시행령」 제7조 제1항에 따라 같은 법 적용 대상 기업 중 「자본시장과 금융투자업에 관한 법률」에 따른 주권상장법인과 「은행법」에 따른 은행 등을 포함한 금융회사 등의 회계처리에 적용한다. 「주식회사 등의 외부감사에 관한 법률」 적용 대상 기업 중 한국채택국제회계기준을 적용하지 않는 기업은 일반기업회계기준을 적용한다.

2011년부터 우리나라가 국제회계기준을 전면 도입하기로 결정하고, 2013년에는 중소기업회계기준이 제정됨에 따라 회계기준이 3원화되었다. 하나는 상장기업이 강제적으로 적용하여야 하는 한국채택국제회계기준(K-IFRS)이며, 다른 각각은 외부감사 대상인 비상장기업이 적용할 수 있는 일반기업회계기준과 외부감사 대상이 아닌 비상장중소기업이 적용할 수 있는 중소기업회계기준이다.

> **우리나라 회계기준의 구성**
>
> | 구분 | | 적용되는 회계기준 | |
> | --- | --- | --- | --- |
> | 상장기업 | | 원칙 | 한국채택국제회계기준 적용 |
> | 비상장기업 | 외부감사대상 | 원칙 | 일반기업회계기준 적용 |
> | | | 예외 | 한국채택국제회계기준 적용 가능 |
> | | 비외부감사대상 | 원칙 | 중소기업회계기준 적용 |
> | | | 예외 | 일반기업회계기준, 한국채택국제회계기준 적용 가능 |

Self Study

국제회계기준의 도입으로 재무제표의 신뢰성과 비교가능성이 향상되고, 재무보고비용을 감소시킬 수 있다. 또한, 회계문제에 대한 정부 및 압력집단의 간섭이 감소되어 중립성이 유지될 수 있다.

02 국제회계기준의 특징

현재 전 세계 대부분의 나라가 국제회계기준을 도입하였거나 도입할 예정이다. 이러한 국제회계기준의 특징은 아래와 같다.

(1) 원칙 중심의 회계기준

국제회계기준은 재무회계 개념체계의 범위 내에서 재무제표에 포함될 내용을 원칙 위주로 규정하고, 세부적인 인식 및 측정방법은 원칙을 벗어나지 않는 범위 내에서 각국의 재량을 허용하는 방식으로 규정되어 있다. 따라서 회계전문가의 판단을 중요시하며, 다양한 회계처리방법이 수용되어 기업 간 비교가능성이 훼손될 수 있으나 기간별 비교가능성은 강조된다.

> **Additional Comment**
>
> 회계기준은 회계의 목적에 따라 원칙적인 기준만을 규정하고 전문가적인 판단을 중요시하여 제정되는 원칙 중심의 회계기준과 모든 경제적 사건과 거래에 대한 구체적인 기준을 규정하는 규칙 중심의 회계기준으로 구분할 수 있다. 각 분류에 따른 특징은 아래와 같다.
>
> | 구분 | 원칙주의 | 규칙주의 |
> |---|---|---|
> | 비교가능성 | 낮음 | 높음 |
> | 전문가의 판단 | 많음 | 최소화 |

(2) 공정가치 측정원칙

이전의 회계기준은 자산과 부채의 측정 속성으로 역사적 원가를 원칙으로 하였으나 국제회계기준은 공정가치 측정을 기본원칙으로 하고 있다. 그 예로 유형자산의 재평가모형과 투자부동산의 공정가치 모형이 전면 도입되었고 '공정가치 측정'의 기준서가 제정되었다.

(3) 연결재무제표 중심

국제회계기준은 종속회사가 있는 경우에는 경제적 실질에 따라 지배회사와 종속회사의 재무제표를 결합하여 보고하는 연결재무제표를 기본재무제표로 제시하고 있다.

[국제회계기준의 특징 비교]

구분	일반기업회계기준 (Local Gaap)	한국채택국제회계기준 (K-IFRS)
접근방식	규칙 중심	원칙 중심
외부공표 F/S	개별 F/S	연결 F/S
측정기준	역사적 원가	공정가치

핵심 빈출 문장

01 회계의 정의는 회계정보를 경제적 정보로 간주한다. 그러므로 회계정보에는 재무적 정보와 과거 정보뿐만 아니라 비재무적 정보와 미래 정보도 포함된다.

02 재무회계는 다양한 정보이용자들의 의사결정에 필요한 공통적인 정보를 제공하기에 일반목적회계 라고도 하며, 일반적으로 인정된 회계원칙에 따라 재무제표라는 보고서를 이용하여 공표된다.

03 주석은 재무제표와는 별도로 공시하지만 재무제표에 포함된다.

04 재무회계는 기업 내부·외부 자원 모두에 대한 배분 및 개념적으로의 배분뿐만 아니라 실제 자원의 이동 모두에 영향을 미친다.

05 정치적 과정이 부정적인 영향만을 미치는 것은 아니다. 회계처리기준이 일반적으로 인정된 회계 원칙이 되기 위해서는 회계처리기준에 의해 영향을 받는 집단에 의한 수용이 전제되어야 한다는 측면에서 정치적 과정은 긍정적인 의미를 가질 수도 있다.

06 회계기준원은 정당한 사유가 없으면 금융위원회의 수정요구사항에 응하고, 확정된 기업회계기준을 일반에 공표한다.

객관식 문제

01 재무제표의 종류 1. → Ⅲ → 01 재무제표 ▶ 13p

「한국채택국제회계기준」에 의한 재무제표의 종류가 아닌 것은?

① 재무상태표　　　　② 포괄손익계산서　　　　③ 현금흐름표
④ 사업보고서　　　　⑤ 주석

02 회계정보의 의의 1. → Ⅱ 회계정보이용자와 회계의 분류 ▶ 11p

회계정보와 관련한 설명으로 옳지 않은 것은?

① 경영자는 회계정보를 생산하여 외부 이해관계자들에게 공급하는 주체로서 회계정보의 공급자이므로 수요자는 아니다.
② 경제의 주요 관심사는 유한한 자원을 효율적으로 사용하는 것인데, 회계정보는 우량기업과 비우량기업을 구별하는 데 이용되어 의사결정에 도움을 준다.
③ 회계정보의 신뢰성을 확보하기 위하여 기업은 회계기준에 따라 재무제표를 작성하고, 외부감사인의 감사를 받는다.
④ 외부감사는 전문자격을 부여받은 공인회계사가 할 수 있다.
⑤ 회계정보는 정보가 효율적이고 적절한 자원배분을 위한 정책을 수립하는 데 도움을 준다.

한국채택국제회계기준(K-IFRS)의 도입과 관련한 설명으로 옳지 않은 것은?

① 공시체계가 연결재무제표 중심으로 전환되어 내부거래가 제거된 연결재무정보가 공시되므로 회계투명성과 재무정보의 질이 높아진다.

② 회계처리의 기본원칙과 방법론을 제시하는 데 주력하는 원칙 중심의 기준체계로 복잡한 현실을 모두 규율할 수 없어 기업의 규제회피가 쉬워진다.

③ 자본시장의 투자자에게 기업의 재무상태 및 내재가치에 대한 의미 있는 투자정보를 제공하는 데 중점을 두어 공정가치 회계가 확대 적용된다.

④ 한국회계기준원 및 규제기관에 대한 질의와 회신의 역할이 축소되어 기업 회계담당자들의 전문성이 절실하게 요구된다.

⑤ 국제적으로 통용되는 회계기준을 채택함으로써 회계정보의 신뢰성을 향상시키고, 다른 나라로부터의 자금조달이 용이해지며 차입원가를 절감할 수 있다.

한국채택국제회계기준의 특징과 관련된 설명 중에서 옳지 않은 것은?

① 연결재무제표를 주재무제표로 작성함으로써 개별 기업의 재무제표가 보여주지 못하는 경제적 실질을 더 잘 반영할 수 있을 것으로 기대된다.

② 「주식회사 등의 외부감사에 관한 법률」의 적용을 받는 모든 기업이 한국채택국제회계기준을 회계기준으로 삼아 재무제표를 작성하여야 한다.

③ 과거 규정 중심의 회계기준이 원칙 중심의 회계기준으로 변경되었다.

④ 자산과 부채의 공정가치 평가 적용이 확대되었다.

⑤ 연결재무제표를 주재무제표로 한다.

객관식 문제 정답 및 해설

01 ④ 한국채택국제회계기준에 의한 재무제표
    ㄱ 기말 재무상태표
    ㄴ 기간 포괄손익계산서
    ㄷ 기간 자본변동표
    ㄹ 기간 현금흐름표
    ㅁ 주석
    ㅂ 회계정책을 소급하여 적용하거나, 재무제표의 항목을 소급하여 재작성 또는 재분류하는 경우 전기 기초 재무상
      태표

02 ① 보고기업의 경영진은 해당 기업에 대한 재무정보에 관심이 있지만 경영진은 그들이 필요로 하는 재무정보를 내부
    에서 구할 수 있기 때문에 일반목적재무보고서에 의존할 필요가 없으나 회계정보를 필요로 하므로 회계정보의 수
    요자는 맞다.

03 ② 회계처리의 기본원칙과 방법론을 제시하는 데 주력하는 원칙 중심의 기준체계로 복잡한 현실에 적용 가능하여 기
    업의 규제회피가 어렵다.

04 ② 비상장기업의 경우, 외부감사 대상이라도 일반기업회계기준을 원칙으로 하되 한국채택국제회계기준도 적용 가능
    하다.

cpa.Hackers.com

Chapter **2**

회계원리

1 거래의 기록

01 회계등식의 의의

기업에서 발생하는 경제적 사건을 거래라고 하는데, 여러 가지 거래로 인하여 기업의 재무상태가 변동되고, 이익이나 손실이 발생한다. 이때 발생된 거래를 어떻게 장부에 기록하는지 그 원리를 이해하는 것이 회계원리의 핵심이다.

거래가 발생하면 기업의 자산이나 부채의 금액이 늘거나 줄어든다. 여기서 현재 기업이 보유하고 있는 가치 있는 자원을 자산, 기업이 부담하고 있는 빚을 부채로 생각하고 기업의 자산에서 부채를 빼고 남은 순자산을 자본이라 한다. 그러므로 이러한 관계를 다음의 [등식 1]과 같이 표시할 수 있다.

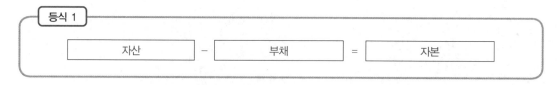

> 등식 1
>
> 자산 — 부채 = 자본

거래가 발생하면 자산, 부채 및 자본이 변동하는데, 그 변동 내용을 장부에 쉽게 기록하기 위해서 [등식 1]의 자산, 부채 및 자본의 부호를 모두 (+)로 일치시킬 필요가 있다. 따라서 [등식 1]의 좌변에 있는 부채를 우변으로 옮기면 다음과 같은 [등식 2]로 전환할 수 있는데, 이를 회계등식이라고 한다.

> 등식 2
>
> 자산 = 부채 + 자본

Self Study

어떤 거래가 발생하더라도 등호가 유지되도록 자산, 부채 및 자본의 변동을 기록한다는 것이 회계등식의 핵심이다.

⊞ 참고 | 주식회사

개인이 사업을 하다가 사업 규모가 커지면 회사 형태로 전환하는 경우가 많다. 개인 사업을 하든 회사를 조직하여 사업을 하는 회계처리에 기본적인 차이는 없다. 그러나 회사 중 주식회사를 설립하여 여기에서 벌어지는 다양한 거래를 회계처리하는 식으로 설명하는 것이 수월하기 때문에 본서는 주식회사를 중심에 두고 회계처리와 재무제표의 작성 과정을 설명한다.

1. 주식회사의 설립 과정

A회사는 갑이 출자한 ₩1,000을 수취하고, 출자증서를 주는데 그것이 바로 주식이다. 이렇게 출자거래가 끝나면 갑은 A회사의 주주가 된다. 즉, 주주란 특정 회사에 출자를 하고 그만큼 자신의 지분을 갖는 자를 말한다.

2. 주주가 갖게 되는 권리

① 주주는 소유 지분만큼 의결권을 가지므로 회사의 주요 정책결정 과정에 참여하여 의결권을 행사할 수 있다.
② 주주는 회사가 가득한 이익 중 일부를 배당할 때 소유 지분율에 비례하여 배당을 받기도 한다.
③ 주주는 회사를 경영할 경영자를 맡을 수도 있고, 제3자를 임명할 수도 있다.

3. 주식회사의 특징

① 회사는 살아있는 생명체는 아니지만 마치 사람처럼 행위를 할 수 있는 주체라고 법률에서 그 자격을 인정한다. (=독립된 법인격 취득)
② 주식회사의 주주는 자신의 지분을 자유롭게 양도할 수 있고 자신이 부담하는 최대 손실은 자신이 출자한 금액으로 제한된다. (=유한책임)
③ 주식회사는 기업을 공개하여 다수의 투자자로부터 대규모 자금을 조달하기 용이하다.

★ 사례연습 1. 회계등식을 통한 거래의 기록

용역 제공을 주업으로 하는 ㈜포도에서 발생한 아래의 9가지 거래를 [등식 2]에 따라 기록하시오.

[거래 1] 1월 1일: 주식을 발행하여 투자자로부터 현금 ₩200,000을 출자 받아 ㈜포도를 설립하였다.
[거래 2] 1월 10일: 사무실로 사용할 건물을 ₩140,000의 현금을 지급하고 취득하였다.
[거래 3] 1월 15일: 사무실에서 사용할 책상과 의자 및 컴퓨터를 외상으로 ₩16,000에 취득하였다.
[거래 4] 1월 22일: 컨설팅용역을 제공하고 거래처로부터 ₩40,000을 현금으로 받았다.
[거래 5] 1월 25일: 신문에 회사 광고를 냈는데 ₩10,000의 광고선전비 청구서를 받았다.
[거래 6] 1월 27일: 컨설팅 용역을 제공하고 ₩24,000을 받아야 하는데 거래처로부터 ₩4,000은 현금으로 받고 잔액 ₩20,000은 나중에 받기로 하였다.
[거래 7] 1월 29일: 직원 급여 ₩6,000과 전기료 ₩2,000을 현금으로 지급하였다.
[거래 8] 1월 30일: [거래 3]에서 발생한 미지급금 ₩16,000을 현금으로 지급하였다.
[거래 9] 1월 31일: [거래 6]에서 거래처로부터 받지 못했던 컨설팅 용역대가 ₩20,000 중 ₩10,000을 현금으로 받았다.

	자산	=	부채	+	자본
[거래 1]	+ 200,000	=		+	+ 200,000
[거래 2]	− 140,000 + 140,000	=		+	
[거래 3]	+ 16,000	=	+ 16,000	+	
[거래 4]	+ 40,000	=		+	+ 40,000
[거래 5]		=	+ 10,000	+	− 10,000
[거래 6]	+ 4,000 + 20,000	=		+	+ 24,000
[거래 7]	− 8,000	=		+	− 8,000
[거래 8]	− 16,000	=	− 16,000	+	
[거래 9]	+ 10,000 − 10,000	=		+	
합계	+ 256,000	=	+ 10,000	+	+ 246,000

Additional Comment

> 거래가 발생하여 자산, 부채 및 자본이 변동하더라도 회계등식의 등호는 유지된다. 앞으로 다양하고 복잡한 여러 가지 거래를 접할 것인데, 어떤 거래이든 그 거래로 인하여 자산, 부채 또는 자본이 변동될 것이지만 회계등식의 등호는 유지된다는 점을 기억하여야 한다. 정확히 말하여 회계등식의 등호가 유지되도록 장부기록을 하는 것이 핵심이다.

02 재무상태표의 작성

[사례연습 1. 회계등식을 통한 거래의 기록]에서 ㈜포도는 1월 1일에 설립되었는데 설립 직후 회계등식을 보면, ㈜포도의 재무상태(자산, 부채 및 자본의 잔액)는 자산 ₩200,000과 자본 ₩200,000으로 구성되어 있다. 한편, 설립 후 한 달이 지난 1월 31일 현재의 회계등식을 보면, ㈜포도의 재무상태표는 자산 ₩256,000, 부채 ₩10,000과 자본 ₩246,000으로 구성되어 있다. ㈜포도의 외부정보이용자에게 특정 시점 현재의 자산, 부채 및 자본에 대한 정보를 제공하고자 한다면 다음과 같은 양식의 재무제표를 작성하는데, 이를 재무상태표라고 한다.

재무상태표
(1월 1일 현재)

자산	200,000	부채	0
		자본	200,000
	200,000		200,000

	재무상태표		
	(1월 31일 현재)		
자산	256,000	부채	10,000
		자본	246,000
	256,000		256,000

㈜포도에 관심이 있는 외부정보이용자가 1월 1일과 1월 31일 현재의 재무상태표를 입수하였다면, 1월 31일 현재의 자본이 1월 1일 현재의 자본보다 ₩46,000 증가하였는데, 그 이유가 무엇인지 의문일 것이다. 즉, 주주가 추가 출자를 했기 때문에 자본이 증가한 것인지, 아니면 회사가 영업을 잘하여 이익이 발생했기 때문에 자본이 증가한 것인지 알고 싶을 것이다.

그러나 특정 시점의 잔액 정보만 보여주는 재무상태표로는 일정 기간 동안 기업에서 수익과 비용이 얼마나 발생하였고, 그 결과 당기순이익이 얼마인지에 대한 정보를 제공해주지 못한다. 그러므로 일정 기간 동안 발생한 수익과 비용의 정보를 보고하는 재무제표도 필요하다. 이에 대하여는 절을 달리하여 설명하겠다.

03 회계등식의 전개

기업이 상품을 팔거나 서비스를 제공하면서 벌어들인 금액이 수익이며, 이러한 영업활동 과정에서 종업원의 인건비, 사무실 임차료 등이 발생할 수 있는데 이를 비용이라고 한다. 또한 수익에서 비용을 차감한 것을 당기순이익이라고 하며 당기순이익만큼 자본이 증가한다고 할 수 있다.

회계등식 [자산 = 부채 + 자본]을 이용하여 거래를 기록하면 자산, 부채 및 자본에 대한 회계정보는 제공할 수 있지만, 일정 기간 동안 발생한 수익과 비용이 각각 총액으로 표시되지 않고, 수익에서 비용을 뺀 순액이 자본에 포함되어 표시되기 때문에, 성과(수익, 비용 및 당기순이익)에 대한 회계정보는 제공할 수 없다. 그 이유는 일정 기간 동안 발생한 수익과 비용이 각각 총액으로 표시되지 않고, 수익에서 비용을 뺀 순액이 자본에 합쳐서 표시되기 때문이다.

기업이 설립되는 시점에서 자본은 주주로부터 출자 받은 금액으로만 구성된다. 이후 기업이 영업활동을 통해서 당기순이익을 얻게 되면 기업의 자본은 주주로부터 출자 받은 금액과 당기순이익으로 나누어진다. 즉, 자본을 주주로부터 출자 받은 금액과 당기순이익의 두 가지 요소로 분해하면, [등식 2]를 [등식 3]으로 표시할 수 있다.

당기순이익은 수익에서 비용을 차감한 금액이므로 [등식 3]을 [등식 4]로 전개할 수 있다.

[등식 4]에서 모든 항목의 부호를 (+)로 일치시키기 위하여 우변에 있는 비용을 좌변으로 옮기면 다음과 같은 [등식 5]의 최종적인 회계등식을 만들 수 있다.

등식 5: 최종 회계등식

| 자산 | + | 비용 | = | 부채 | + | 자본 | + | 수익 |

기업에서 어떤 거래가 발생할 경우 좌변 또는 우변의 어떤 항목들이 증가 또는 감소하게 되는데, 회계등식의 등호를 그대로 유지시키면서 이러한 변동 내용을 장부에 기록하는 것이 장부기록(부기)의 원리이다. 이때 회계등식의 등호가 유지되도록 두 군데 이상을 동시에 기록하기 때문에 이러한 장부기록의 방법을 복식부기라고 부른다.

★ 사례연습   2. 회계등식의 전개

용역 제공을 주업으로 하는 ㈜포도에서 발생한 아래의 9가지 거래를 [등식 5]에 따라 기록하시오.

[거래 1] 1월 1일: 주식을 발행하여 투자자로부터 현금 ₩200,000을 출자 받아 ㈜포도를 설립하였다.

[거래 2] 1월 10일: 사무실로 사용할 건물을 ₩140,000의 현금을 지급하고 취득하였다.

[거래 3] 1월 15일: 사무실에서 사용할 책상과 의자 및 컴퓨터를 외상으로 ₩16,000에 취득하였다.

[거래 4] 1월 22일: 컨설팅용역을 제공하고 거래처로부터 ₩40,000을 현금으로 받았다.

[거래 5] 1월 25일: 신문에 회사 광고를 냈는데 ₩10,000의 광고선전비 청구서를 받았다.

[거래 6] 1월 27일: 컨설팅 용역을 제공하고 ₩24,000을 받아야 하는데 거래처로부터 ₩4,000은 현금으로 받고 잔액 ₩20,000은 나중에 받기로 하였다.

[거래 7] 1월 29일: 직원 급여 ₩6,000과 전기료 ₩2,000을 현금으로 지급하였다.

[거래 8] 1월 30일: [거래 3]에서 발생한 미지급금 ₩16,000을 현금으로 지급하였다.

[거래 9] 1월 31일: [거래 6]에서 거래처로부터 받지 못했던 컨설팅 용역대가 ₩20,000 중 ₩10,000을 현금으로 받았다.

풀이

	자산	+	비용	=	부채	+	자본	+	수익
[거래 1]	+200,000	+		=		+	+200,000	+	
[거래 2]	−140,000 +140,000	+		=		+		+	
[거래 3]	+16,000	+		=	+16,000	+		+	
[거래 4]	+40,000	+		=		+		+	+40,000
[거래 5]		+	+10,000	=	+10,000	+		+	
[거래 6]	+4,000 +20,000	+		=		+		+	+24,000
[거래 7]	−8,000	+	+2,000 +6,000	=		+		+	
[거래 8]	−16,000	+		=	−16,000	+		+	
[거래 9]	+10,000 −10,000	+		=		+		+	
합계	+256,000	+	+18,000	=	+10,000	+	+200,000	+	+64,000

04 재무상태와 성과의 측정 및 보고

재무상태란 특정 시점에서 기업의 자산, 부채 및 자본의 수준(잔액)을 말한다. 즉, 재무상태라는 것은 특정 시점에서 회사의 재무구조가 어떤 상태인지를 보여주는 것이다.

성과란 일정 기간 동안 회사에서 발생한 수익과 비용이 얼마인지, 그 결과 당기순이익이 얼마인지를 말한다. 즉, 성과라는 것은 일정 기간의 회사의 수익성을 보여주는 개념이다.

Self Study

회계정보는 다양한데, 그 중에서 가장 중요한 회계정보는 기업의 재무상태와 성과를 보여주는 재무제표이다.
1. 재무상태표: 특정 시점의 자산, 부채 및 자본의 잔액 즉, 재무상태를 보여주는 재무제표
2. 포괄손익계산서: 일정 기간 동안의 수익과 비용의 총액 및 당기순이익 등 성과를 보여주는 재무제표

[사례연습 2. 회계등식의 전개]의 회계등식의 구성요소와 금액을 정리하면 다음과 같다.

	자산	+	비용	=	부채	+	자본	+	수익
합계	+256,000	+	+18,000	=	+10,000	+	+200,000	+	+64,000

이러한 회계등식의 구성요소와 금액을 다음과 같이 표시할 수 있다.

시산표			
자산	256,000	부채	10,000
비용	18,000	자본	200,000
		수익	64,000
	274,000		274,000

위의 양식을 보면 좌우의 합계가 각각 ₩274,000로 동일하며, 좌변에는 자산과 비용을, 우변에는 부채, 자본 및 수익을 기재함으로써 회계등식과 동일한 내용으로 표시되어 있음을 알 수 있다. 이러한 양식을 회계에서는 시산표라고 부른다. 즉, 시산표란 특정 시점에서의 자산, 부채 및 자본의 잔액과 그 시점까지 발생한 수익과 비용의 총액을 좌우 대비하는 식으로 작성한 회계양식으로, 결국 회계등식의 다른 표현이다. 위의 시산표를 자산, 부채 및 자본을 한 묶음으로, 수익 및 비용을 다른 한 묶음으로 하여 나누면 다음과 같이 될 것이다.

시산표			
자산	256,000	부채	10,000
비용	18,000	자본	200,000
		수익	64,000
	274,000		274,000

↓

재무상태표			
자산	256,000	부채	10,000
		자본	200,000
			46,000
	256,000		256,000

포괄손익계산서			
비용	18,000	수익	64,000
당기순이익	46,000		
	64,000		64,000

시산표의 수익과 비용의 묶음을 보면 수익이 비용보다 더 많으며, 시산표의 자산, 부채 및 자본의 묶음을 보면 자산이 부채와 자본의 합계보다 더 많음을 알 수 있고 두 부분의 차이는 ₩46,000으로 정확하게 일치하게 된다. 이는 수익에서 비용을 차감한 당기순이익이 넓은 의미의 자본에 포함된다는 것을 의미한다. 결국 재무상태표와 포괄손익계산서는 시산표로부터 도출되는 것이다.

㈜포도의 1월 31일 현재 재무상태표상 자본 ₩246,000이 1월 1일에 비해 ₩46,000이 증가하였는데, 그 증가가 주주의 출자 때문에 증가한 것이 아닌 당기순이익 ₩46,000 때문임을 파악할 수 있다. 그러므로 재무상태표와 포괄손익계산서의 정보를 이용하여 다음의 등식을 세울 수 있다.

등식 6: 자본의 회계등식

(기초 자산 − 기초 부채) + 추가 출자 + 당기순이익 = (기말 자산 − 기말 부채)

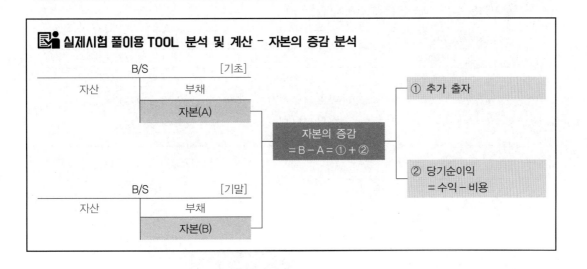

실제시험 풀이용 TOOL 분석 및 계산 - 자본의 증감 분석

해커스 IFRS 정윤돈 회계원리

CH 2

회계원리

1. 20×1년 기초 재무상태표와 기말 재무상태표의 자산 및 부채의 총액이 다음과 같고 수익과 비용의 합계액이 각각 ₩10,000,000과 ₩8,000,000인 경우, 20×1년의 추가적인 지분 출자액은? (단, 배당금은 고려하지 않는다.)

구분	기초	기말
자산총액	₩50,000,000	₩30,000,000
부채총액	₩65,000,000	₩20,000,000

① ₩20,000,000 ② ₩23,000,000 ③ ₩26,000,000
④ ₩29,000,000 ⑤ ₩32,000,000

해설

⇒ 10,000,000 − (−)15,000,000 = X + 2,000,000
∴ X = 23,000,000
(1) 자본(기초): (−)15,000,000 = 자산 50,000,000 − 부채 65,000,000
(2) 자본(기말): 10,000,000 = 자산 30,000,000 − 부채 20,000,000
(3) 자본증가: 25,000,000 = 기말 10,000,000 − 기초 (−)15,000,000
(4) 당기순이익: 2,000,000 = 총 수익 10,000,000 − 총 비용 8,000,000
(5) 추가적인 지분출자분: 23,000,000 = 증가 25,000,000 − 당기순이익 2,000,000   답 ②

Ⅱ 회계적 거래의 식별

거래는 기업이 장부에 기록해야 할 경제적 사건을 의미한다. 모든 사건을 장부에 기록해야 하는 것은 아니다. 그러므로 특정 사건이 발생하였을 때 이러한 사건이 장부기록의 대상인지 여부를 판단하는 것이 매우 중요하다.

기업에서 거래가 발생하였을 때 이를 회계장부에 기록해야 할 거래인지의 여부를 판단하려면 다음의 두 가지 조건을 고려하여야 한다. 다음의 두 가지 조건을 모두 충족한다면 당해 거래를 장부에 기록해야 하고, 그렇지 않다면 두 가지 조건을 모두 충족할 때까지 장부에 기록하지 않는다.

> **장부기록 대상의 조건**
>
> ① 그 거래로 인하여 기업의 재무상태에 변화를 가져와야 한다.
> ② 신뢰성 있는 측정이 가능해야 한다.

Additional Comment

> 신뢰성 있는 측정 자체가 정확한 측정을 의미하는 것은 아니다. 정확하지는 않더라도 합리적인 추정이 가능하다면 이는 신뢰성 있는 측정치로 간주되기 때문에 장부에 기록할 수 있다.

Self Study

> 1. 장부에 기록해야 할 거래를 회계적 거래라고 하며, 앞으로 거래라고 하면 장부기록의 대상인 회계적 거래만을 의미한다고 보면 된다.
> 2. 단순계약은 회계적 거래로 보지 않는다.

> **회계적 거래와 일반적 의미의 거래**
>
> | 구분 | 사례 |
> | --- | --- |
> | 일반적인 의미의 거래가 아니나 회계적 거래인 경우
(장부에 기록 ○) | ① 공장건물의 화재로 인한 손실
② 보유 자산의 시가 변동
③ 기계장치의 사용에 따른 장부금액의 감소 |
> | 일반적인 의미의 거래이나 회계적 거래는 아닌 경우
(장부에 기록 ×) | ① 상품의 구입주문서 발송
② 사무실의 임차계약 체결
③ 차입금에 대한 부동산의 담보제공 |

2. 다음은 기업에서 발생한 사건들을 나열한 것이다. 이 중 회계상의 거래에 해당되는 것을 모두 고른 것은?

> ㄱ. 현금 ₩50,000,000을 출자하여 회사를 설립하였다.
> ㄴ. 원재료 ₩30,000,000을 구입하기로 계약서에 날인하였다.
> ㄷ. 종업원 3명을 고용하기로 하고 근로계약서를 작성하였다. 계약서에는 월급여액과 상여금액을 합하여 1인당 ₩2,000,000으로 책정하였다.
> ㄹ. 회사 사무실 임대계약을 하고 보증금 ₩100,000,000을 송금하였다.

① ㄱ, ㄴ, ㄷ, ㄹ   ② ㄱ, ㄴ, ㄹ
③ ㄱ, ㄹ   ④ ㄴ, ㄷ
⑤ ㄱ, ㄷ

해설

ㄱ. 출자하여 설립: 현금·자본금 증가 ⇒ 재무상태의 변동(O)
   ∴ 재무상태의 변동(O), 거래(O)
ㄹ. 보증금 송금: 현금 감소 ⇒ 재무상태의 변동(O)
   ∴ 재무상태의 변동(O), 거래(O)
▶ 오답체크
ㄴ. 계약서에 날인: 계약체결만 된 상태에 해당함(= 단순 계약)
   ∴ 재무상태의 변동(×), 거래(×)
ㄷ. 근로계약서 작성: 계약체결만 된 상태에 해당함(= 단순 계약)
   ∴ 재무상태의 변동(×), 거래(×)

답 ③

2 장부기록의 과정

I 계정의 의의

회계에서는 세부적으로 구분된 거래기록의 개별 단위를 계정이라 한다. 즉, 재무제표에 표시되는 세부 항목을 계정이라고 말한다. 계정을 사용함으로써 회계정보 이용자들에게 재무상태 및 성과에 대한 정보를 좀 더 상세하게 제공할 수 있다.

Additional Comment

> 정보이용자는 자산 총액뿐만 아니라 그 자산 중에 현금이 얼마이고, 토지나 상품은 얼마인지 자산을 구성하는 세부 항목과 금액도 알고 싶을 것이다. 이는 자산뿐만 아니라 부채나 수익 및 비용 등 다른 재무제표 요소에 대해서도 마찬가지이다. 따라서 재무제표의 요소를 구성하는 세부 항목을 사용하여 재무제표를 표시할 필요가 있다. 이때 사용되는 것이 계정이다.

회사는 각 계정별로 장부를 만들어 놓고, 거래가 발생할 때마다 어떤 계정이 증가 또는 감소하였는지 파악한 후 해당 계정별 장부에 변동 금액을 기록한다. 재무상태표는 특정 시점 현재 자산, 부채 및 자본의 여러 계정별 장부에 기록되어 있는 잔액을 보고하는 재무제표이며, 포괄손익계산서는 일정 기간 동안 발생한 수익과 비용의 여러 계정별 장부에 기록되어 있는 총액을 보고하는 재무제표이다.

계정의 예

구분		계정의 예
재무상태표 계정	자산계정	현금, 매출채권, 미수금, 상품, 토지, 건물, 비품, 소모품, 대여금 등
	부채계정	매입채무, 미지급금, 미지급비용, 차입금 등
	자본계정	자본금, 이익잉여금 등
포괄손익계산서 계정	수익계정	매출, 임대수익, 이자수익, 유형자산처분이익 등
	비용계정	매출원가, 급여, 보험료, 임차료, 광고선전비, 법인세비용 등

1. 제품, 상품의 구분
   ① 제품: 제조기업이 영업활동에서 판매를 목적으로 직접 제조한 자산
   ② 상품: 상기업이 영업활동에서 판매를 목적으로 외부에서 구입한 자산
2. 매출채권, 미수금, 미수수익의 구분
   ① 매출채권: 기업이 영업활동으로 제품이나 상품 또는 용역을 제공하고 아직 수취하지 못한 대가를 받을 권리
   ② 미수금: 기업이 영업외활동으로 재화를 판매하고 아직 수취하지 못한 대가를 받을 권리
   ③ 미수수익: 기업이 영업외활동으로 용역을 제공하고 아직 수취하지 못한 대가를 받을 권리
3. 매입채무, 미지급금, 미지급비용의 구분
   ① 매입채무: 기업이 제품이나 상품을 제조·구매하고 대금을 지급하여야 할 의무
   ② 미지급금: 기업이 제품이나 상품이 아닌 재화를 구매하고 대금을 지급하여야 할 의무
   ③ 미지급비용: 기업이 용역을 제공받고 대금을 지급하여야 할 의무
4. 이익잉여금: 기업의 매년 발생한 당기순이익이 쌓여 있는 자본 계정

II 거래의 분석 및 분개

01 재무제표 도출과정

기업에서 거래가 발생하면 자산, 부채, 자본 및 수익, 비용이 변동될 것이다. 그 변동 내역을 각 계정별로 마련된 장부에 계속 기록해 두었다가 특정 시점의 모든 계정별 금액을 하나의 표로 옮겨 놓은 것이 시산표이다. 그리고 시산표에 있는 여러 계정들 중에서 자산, 부채, 자본의 계정들만을 일정한 양식에 옮겨 놓은 것이 재무상태표이고, 수익, 비용의 계정들만을 일정한 양식에 옮겨 놓은 것이 포괄손익계산서이다. 즉, 재무제표는 다음과 같은 절차를 통하여 만들어지는 것이다.

```
┌─ 재무제표의 도출과정 ─────────────────────────────────────────────┐
│                                                                  │
│  ┌──────────────────┐      ┌──────────────┐      ┌────────────────────┐  │
│  │ 발생한 거래의 장부기록 │  ⇨  │  시산표의 작성  │  ⇨  │ 시산표로부터 재무제표 도출 │  │
│  │  1st 거래의 발생    │      │              │      │                    │  │
│  │  2nd 거래의 분개    │      │              │      │                    │  │
│  │  3rd 거래의 전기    │      │              │      │                    │  │
│  └──────────────────┘      └──────────────┘      └────────────────────┘  │
│                                                                  │
└──────────────────────────────────────────────────────────────────┘
```

02 분개의 의미와 방법

특정 거래가 발생하였을 때 재무상태의 변동을 장부에 기록하기 위해서는 어느 계정이 얼마만큼 증가 또는 감소되었는지 결정하는 절차가 필요한데, 회계에서는 이와 같은 절차를 분개라고 한다.

회계에서는 회계등식 또는 시산표의 좌변을 차변이라고 부르고, 우변을 대변이라고 부른다. 특정 거래가 발생할 때마다 차변과 대변의 계정 중 어떤 계정을 얼마만큼 변동시킬 것인지 분개를 통하여 결정하고, 이렇게 결정된 계정과 금액을 각 계정별로 장부에 옮겨 적는 것이 거래의 기록이다.

분개의 절차

1st : 어느 계정에 영향을 미치는지 결정
2nd : 해당 계정에 증가·감소 or 발생·취소 결정
3rd : 해당 계정에 얼마만큼의 영향을 주는지 금액 결정

분개의 과정을 이해하기 위해서는 특정 거래가 발생할 때 재무제표의 요소들이 어떻게 변동되는지를 알아야 하는데 기업에서 특정 거래가 발생하면 자산, 부채, 자본, 수익, 비용 중 하나 이상의 요소가 증가 또는 감소한다.

거래의 8요소

차변	대변
자산(증가)	자산(감소)
부채(감소)	부채(증가)
자본(감소)	자본(증가)
비용(발생)	수익(발생)

그런데 어떤 거래가 발생하든 회계등식의 좌변의 합계와 우변의 합계는 항상 균형을 이루어야 한다. 거래가 발생할 경우 회계등식의 균형을 유지하기 위해서는 다음의 두 가지 중 한 가지 유형으로 장부기록을 해야 한다.

유형 1

차변과 대변을 동일한 금액만큼 증가(또는 감소)시키는 기록을 한다.

(차) 자산·비용	××	(대) 부채·자본·수익	××

유형 2

차변(또는 대변)에서만 동일한 금액을 증가시키고 동시에 감소시키는 기록을 한다.

(차) 자산·비용	××	(대) 자산	××
(차) 부채·자본	××	(대) 부채·자본·수익	××

만일 자산이 감소하거나 부채·자본이 감소하는 거래가 발생하였다면 당해 항목의 감소 거래는 원래 위치의 반대편에 놓는 방식으로 분개를 한다.

또한, 경우에 따라서 차변과 대변의 금액을 일치시키기 위해서 특정 금액을 차변 또는 대변에 끼워넣기(plug-in) 해야 하는 분개도 있다.

Case 1: ₩2,000에 취득한 토지를 현금 ₩2,200을 수령하고 매각

(차) 현금	2,200	(대) 토지	2,000
		처분이익	200

Case 2: ₩2,000에 취득한 토지를 현금 ₩1,600을 수령하고 매각

(차) 현금	1,600	(대) 토지	2,000
처분손실	400		

어떤 경우에도 분개의 차변과 대변의 합계금액은 일치해야 한다. 따라서 위와 같이 유형자산의 처분손익이 발생하는 거래를 분개할 때에는 대차를 일치시키기 위한 금액을 차변 또는 대변에 끼워 넣어야 함을 알 수 있다.

[★] 사례연습 3. 거래의 분석 및 분개

용역 제공을 주업으로 하는 ㈜포도에서 발생한 아래의 9가지 거래를 분개하시오.

[거래 1] 1월 1일: 주식을 발행하여 투자자로부터 현금 ₩200,000을 출자 받아 ㈜포도를 설립하였다.

[거래 2] 1월 10일: 사무실로 사용할 건물을 ₩140,000의 현금을 지급하고 취득하였다.

[거래 3] 1월 15일: 사무실에서 사용할 책상과 의자 및 컴퓨터를 외상으로 ₩16,000에 취득하였다.

[거래 4] 1월 22일: 컨설팅용역을 제공하고 거래처로부터 ₩40,000을 현금으로 받았다.

[거래 5] 1월 25일: 신문에 회사 광고를 냈는데 ₩10,000의 광고선전비 청구서를 받았다.

[거래 6] 1월 27일: 컨설팅 용역을 제공하고 ₩24,000을 받아야 하는데 거래처로부터 ₩4,000은 현금으로 받고 잔액 ₩20,000은 나중에 받기로 하였다.

[거래 7] 1월 29일: 직원 급여 ₩6,000과 전기료 ₩2,000을 현금으로 지급하였다.

[거래 8] 1월 30일: [거래 3]에서 발생한 미지급금 ₩16,000을 현금으로 지급하였다.

[거래 9] 1월 31일: [거래 6]에서 거래처로부터 받지 못했던 컨설팅 용역대가 ₩20,000 중 ₩10,000을 현금으로 받았다.

풀이

[거래 1]

| (차) 현금 | 200,000 | (대) 자본금 | 200,000 |

[거래 2]

| (차) 건물 | 140,000 | (대) 현금 | 140,000 |

[거래 3]

| (차) 비품 | 16,000 | (대) 미지급금 | 16,000 |

[거래 4]

| (차) 현금 | 40,000 | (대) 매출 | 40,000 |

[거래 5]

| (차) 광고비 | 10,000 | (대) 미지급비용 | 10,000 |

[거래 6]

| (차) 현금 | 4,000 | (대) 매출 | 24,000 |
| 매출채권 | 20,000 | | |

[거래 7]

| (차) 급여 | 6,000 | (대) 현금 | 8,000 |
| 전기료 | 2,000 | | |

[거래 8]

| (차) 미지급금 | 16,000 | (대) 현금 | 16,000 |

[거래 9]

| (차) 현금 | 10,000 | (대) 매출채권 | 10,000 |

Self Study

복식부기제도하에서 모든 회계적 거래는 반드시 어떤 계정의 차변과 다른 계정의 대변에 같은 금액을 기입한다. 따라서 아무리 많은 거래를 기입하더라도 계정 전체의 차변 합계금액과 대변 합계금액은 반드시 일치해야 하는데 이것을 대차평균의 원리라고 한다.

발생한 거래를 분개하고 차변과 대변의 금액을 각 계정별로 준비된 장부에 기록해야 하는데 회계에서는 이를 전기라고 한다. 그런데 발생한 거래를 분개한 후 각 계정별 장부에 이를 기록하는 것을 설명할 때마다 계정의 장부처럼 세부적인 장부 양식을 일일이 그려 설명하는 것은 매우 번거로우므로 회계학에서는 일반적으로 장부의 양식을 영어 대문자 "T"를 이용하여 간단하게 표시한 후, 여기에 발생한 거래를 기록하는 방식으로 전기를 설명하는데, 이를 회계에서 "T계정"이라고 부른다.

T계정에서의 전기 과정은 자산의 증가 거래는 차변, 감소 거래는 대변에 기록하고, 부채 및 자본의 증가 거래는 대변, 감소 거래는 차변에 기록한다. 또한 수익의 발생 거래는 대변에, 비용의 발생 거래는 차변에 기록한다. 이러한 T계정에의 기록은 이미 분개 과정에서 발생한 거래에 대하여 차변과 대변의 계정 및 금액을 결정한 것을 그대로 옮겨 적는 것과 동일하다.

재무제표의 요소별 T계정의 구성

자산·비용 계정		부채·자본·수익 계정	
(차변)	(대변)	(차변)	(대변)
+ 자산 증가	− 자산 감소	− 부채 감소	+ 부채 증가
+ 비용 발생	− 비용 취소	− 자본 감소	+ 자본 증가
		− 수익 취소	+ 수익 발생

[★] 사례연습 4. 거래의 전기

앞의 사례연습 3에서 분개한 거래들을 T계정을 이용하여 각 계정별로 전기하시오.

풀이

현금

자본금	200,000	건물	140,000
매출	40,000	급여	6,000
매출	4,000	전기료	2,000
매출채권	10,000	미지급금	16,000
		월말 잔액	90,000
	254,000		254,000

건물

현금	140,000	월말 잔액	140,000
	140,000		140,000

비품

미지급금	16,000	월말 잔액	16,000
	16,000		16,000

매출채권

매출	20,000	현금	10,000
		월말 잔액	10,000
	20,000		20,000

미지급금

현금	16,000	비품	16,000
월말 잔액	0		
	16,000		16,000

미지급비용

월말 잔액	10,000	광고비	10,000
	10,000		10,000

자본금

월말 잔액	200,000	현금	200,000
	200,000		200,000

매출

총액	64,000	현금	40,000
		현금	4,000
		매출채권	20,000
	64,000		64,000

광고비

미지급비용	10,000	총액	10,000
	10,000		10,000

급여

현금	6,000	총액	6,000
	6,000		6,000

전기료

현금	2,000	총액	2,000
	2,000		2,000

Self Study

T계정에서의 전기 과정은 자산의 증가 거래는 차변, 감소 거래는 대변에 기록하고, 부채 및 자본의 증가 거래는 대변, 감소 거래는 차변에 기록한다. 또한 수익의 발생 거래는 대변에, 비용의 발생 거래는 차변에 기록한다.

[사례연습 4. 거래의 전기]의 사례에서 ㈜포도의 1월 한 달 동안 발생한 거래들을 각 계정별로 마련된 장부에 기록한 후 1월 31일 현재 자산, 부채 및 자본의 각 계정별 잔액과 수익 및 비용의 각 계정별 총액을 아래의 시산표에 집합시킬 수 있다.

시산표

현금	90,000	미지급비용	10,000
건물	140,000	자본금	200,000
비품	16,000	매출	64,000
매출채권	10,000		
광고비	10,000		
급여	6,000		
전기료	2,000		
	274,000		274,000

시산표를 작성하였으면 시산표를 위와 아래 두 부분으로 나누어서 재무상태표와 포괄손익계산서를 만들 수 있다. 즉, 위의 시산표에서 자산, 부채 및 자본을 한 묶음으로 하여 재무상태표를 작성하고, 나머지 부분(수익, 비용)을 한 묶음으로 하여 포괄손익계산서를 작성한다.

㈜포도의 1월 31일 현재 재무상태표와 1월 한 달 동안의 포괄손익계산서를 작성하면 다음과 같다.

재무상태표

현금	90,000	미지급비용	10,000
건물	140,000	자본금	200,000
비품	16,000	이익잉여금	46,000
매출채권	10,000		
	256,000		256,000

포괄손익계산서

광고비	10,000	매출	64,000
급여	6,000		
전기료	2,000		
당기순이익	46,000		
	64,000		64,000

V　장부의 마감

01　회계기간

일반적으로 기업은 1년 단위로 기간을 나누어서 재무상태 및 성과를 보고한다. 즉, 1월 1일부터 사업연도 개시일이라면 12월 31일이 결산일이며, 사업연도 개시일부터 결산일까지의 기간을 회계기간 또는 재무보고 기간이라고 한다.

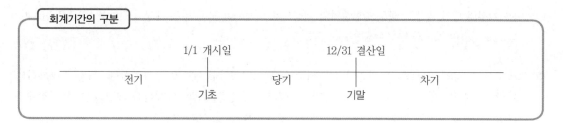

회계기간의 구분

전기	1/1 개시일	당기	12/31 결산일	차기
	기초		기말	

1월 1일을 기초라고 하고 12월 31일을 기말이라고 한다. 전년도 1월 1일부터 12월 31일까지의 회계기간을 전기라고 하고, 금년도 1월 1일부터 12월 31일까지의 회계기간을 당기라고 하며, 다음 연도 1월 1일부터 12월 31일까지의 회계기간을 차기라고 한다.

02　장부 마감의 정의

장부기록의 절차를 마무리하기 위해서는 자산, 부채, 자본 계정들을 차기(다음 회계연도)로 이월시키고, 수익, 비용 계정은 차기로 이월시키지 않고 이를 집합시켜 자본(이익잉여금)에 대체하는 절차가 필요한데 이러한 절차를 장부의 마감이라고 한다.

> **Additional Comment**
>
> 자산, 부채, 자본 계정은 차기로 이월시키고, 수익과 비용 계정은 차기로 이월시키지 않는 이유는 수익과 비용을 연도별로 이월시키면 금액이 계속 누적되어 연도별 정확한 재무성과를 파악할 수 없기 때문이다.

03 포괄손익계산서 계정의 마감

수익 및 비용 계정들은 다음 연도로 이월시키지 않고 그 순액 즉, 당기순이익을 재무상태표의 이익잉여금 계정으로 귀속시키는 회계처리를 하는 것으로 장부를 마감한다. 이익잉여금은 당기순이익의 누적액으로 자본의 한 항목이다. 포괄손익계산서 계정의 마감을 위한 회계처리는 다음과 같다.

(1) 수익 계정의 당기 발생 총액을 집합손익 계정으로 대체하여 모든 수익 계정의 잔액을 '0'으로 만든다.

(차) 수익	××	(대) 집합손익	××

(2) 비용 계정의 당기 발생 총액을 집합손익의 계정으로 대체하여 모든 비용 계정의 잔액을 '0'으로 만든다.

(차) 집합손익	××	(대) 비용	××

(3) 집합손익 계정의 잔액(즉, 당기순이익에 해당됨)을 이익잉여금 계정으로 대체한다. 이렇게 분개하면 집합손익 계정의 잔액은 '0'이 된다. 집합손익이라는 계정은 포괄손익계산서 계정의 마감 과정에서 임시로 사용되는 계정이며, 이익잉여금 계정으로 대체되면서 사라진다.

(차) 집합손익	××	(대) 이익잉여금	××

장부의 마감 절차를 통해서 시산표의 모든 금액이 다음 연도로 이월된다. 여러 가지 자산과 부채 계정은 직접 이월(영구 계정)되고, 여러 가지 수익과 비용 계정은 이를 순액(당기순이익)으로 하여 이익잉여금에 포함시킨 후에 그 이익잉여금이 이월(임시 계정 또는 명목 계정)된다.

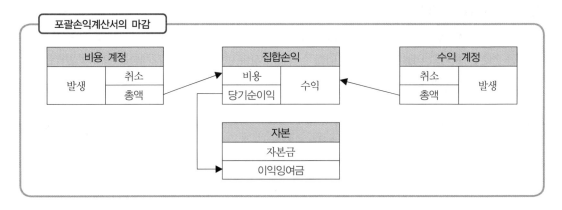

04 **재무상태표 계정의 마감**

재무상태표 계정의 마감은 별도의 회계처리 없이 장부상 최종 잔액에 차기이월이라고 기입하는 것으로 종료된다. 즉, 포괄손익계산서의 마감과 달리 재무상태표 계정의 마감은 별도의 분개를 하지 않는다. 다음 회계연도에는 새로운 총계정원장을 사용하여 발생한 거래를 기록하는데, 다음 회계연도의 총계정원장에는 전기 이월된 금액으로부터 시작된다.

📊 **실제시험 풀이용 TOOL 분석 – 재무제표의 요소별 T계정의 구성과 장부의 마감**

자산 [이월]		부채 [이월]		자본 [이월]	
기초	감소	감소	기초	감소	기초
증가	**기말**	**기말**	증가	**기말**	증가

수익 [마감]		비용 [마감]	
취소	발생	발생	취소
집합손익			**집합손익**

자산, 부채, 자본은 기말 잔액이 차기의 기초 잔액으로 이월되므로 별도의 마감분개가 필요하지 않으나, 수익과 비용은 차기로 이월되지 않으므로 마감분개를 수행하여야 한다.

Self Study

장부의 마감 절차를 통해서 시산표의 모든 금액이 다음 연도로 이월된다. 여러 가지 자산과 부채 계정은 직접 이월(영구 계정)되고, 여러 가지 수익과 비용 계정은 이를 순액(당기순이익)으로 하여 이익잉여금에 포함시킨 후에 그 이익잉여금이 이월(임시 계정 또는 명목 계정)된다.

3. 다음은 ㈜한국의 임차료와 매입채무의 장부마감 전 계정별 원장이다. 장부마감 시 각 계정별 원장에 기입할 내용으로 옳은 것은?

임차료				매입채무	
현금	₩ 50,000	선급비용	₩ 40,000	외상매입금	₩ 50,000

① 임차료 계정 원장의 차변에 차기이월 ₩ 10,000으로 마감한다.
② 임차료 계정 원장의 대변에 집합손익 ₩ 10,000으로 마감한다.
③ 매입채무 계정 원장의 대변에 차기이월 ₩ 50,000으로 마감한다.
④ 매입채무 계정 원장의 차변에 집합손익 ₩ 50,000으로 마감한다.
⑤ 정답 없음

해설

(1) 임차료(비용) 관련 회계처리

(차) 집합손익	10,000	(대) 임차료	10,000

(2) 매입채무(부채) 관련 회계처리

(차) 매입채무	50,000	(대) 차기이월	50,000

답 ②

실제시험 풀이용 TOOL 분석 및 계산 – 자본총계에 미치는 영향 풀이방법 Ⅰ형

T/B

자산	부채
	자본
비용	수익

자본총계에 미치는 영향

[자산 + 비용 = 부채 + 자본 + 수익]의 식을 변경하면 [자산 – 부채 = 자본 + 수익 – 비용]으로 변경할 수 있다. 결국 시산표상의 자본총계는 자본 + 수익 – 비용 또는 자산 – 부채로 쉽게 산정할 수 있다.

4. 다음은 ㈜한국의 20×1년 12월 31일 현재의 수정후시산표 잔액이다.

계정과목	차변	계정과목	대변
현금	₩20,000	매입채무	₩20,000
매출채권	₩10,000	차입금	₩100,000
재고자산	₩5,000	감가상각누계액	₩50,000
토지	₩100,000	손실충당금	₩2,000
건물	₩200,000	자본금	?
매출원가	₩10,000	이익잉여금	₩9,000
감가상각비	₩5,000	매출	₩20,000
급여	₩1,000		
합계	₩351,000	합계	₩351,000

㈜한국의 20×1년 12월 31일 현재 재무상태표의 이익잉여금과 자본총계는?

	이익잉여금	자본총계
①	₩13,000	₩163,000
②	₩13,000	₩150,000
③	₩10,000	₩150,000
④	₩10,000	₩163,000
⑤	₩11,000	₩156,000

해설

(1) 20×1년 12월 31일 현재 이익잉여금

매출원가	10,000	이익잉여금	9,000
감가상각비	5,000	매출	20,000
급여	1,000		
⇒ 12월 31일 이익잉여금: 13,000 (대차차액)			

(2) 20×1년 12월 31일 현재 자본총계

현금	20,000	매입채무	20,000
매출채권	10,000	차입금	100,000
재고자산	5,000	감가상각누계액	50,000
토지	100,000	손실충당금	2,000
건물	200,000	⇒ 12월 31일 자본총계: 163,000 (대차차액)	

답 ①

01 시산표의 종류

시산표는 특정 시점에서 총계정원장에 기록되어 있는 차변 잔액(또는 총액) 및 대변 잔액(또는 총액)을 한데 모아 놓은 양식을 말한다. 시산표가 포함하는 기간은 다양할 수 있다. 하루에 발생한 거래들을 시산표로 집합시킬 수 있는데, 이를 일계표라고 한다. 또한 특정 월에 발생한 거래들을 시산표로 집합시킬 수도 있는데, 이를 월계표라고 한다. 한 회계기간의 재무제표를 작성하기 위해서 만드는 시산표는 1년 동안 발생한 거래들을 집합시킨 연 단위의 시산표라고 이해하면 된다.

시산표에는 잔액시산표, 합계시산표 및 합계잔액시산표의 3종류가 있다. 잔액시산표란 총계정원장의 각 계정별 잔액(또는 총액)을 하나의 표에 모두 모은 것이다. 잔액시산표의 단점은 일정 기간 동안 각 계정별로 얼마나 증가 거래 및 감소 거래가 발생하여 현재의 잔액이 되었는지를 알 수 없다는 것이다.

그러므로 증가 금액 및 감소 금액의 총액을 나타내는 시산표를 작성할 수 있는데, 이를 합계시산표라고 한다. 즉 합계시산표는 총계정원장의 각 계정별 차변 합계와 대변 합계를 하나의 표에 모두 모은 것이다. 합계시산표의 각 계정별 차변 합계에서 대변 합계를 차감하면 그 차액이 계정별 잔액이다. 합계시산표는 일정 기간 동안 증가 거래 및 감소 거래의 총액을 알 수는 있지만, 잔액을 쉽게 파악할 수 없다는 단점이 있다. 따라서 합계 및 잔액을 모두 표시하는 시산표가 필요하며, 이러한 시산표를 합계잔액시산표라고 한다.

Self Study

일반적으로 실무에서 시산표라고 하면 합계잔액시산표를 의미하며, 회계학 책에서는 편의상 잔액시산표를 주로 사용한다.

02 복식부기의 자기검증기능

분개를 할 때 차변과 대변의 특정 계정 및 금액을 확정하여 이를 분개장 및 총계정원장에 기록하였다. 따라서 차변에 기록된 금액의 합계와 대변에 기록된 금액의 합계는 당연히 일치해야 하는데, 이를 대차평균의 원리라고 한다.

대차평균의 원리를 지켰다면 총계정원장상의 금액을 하나의 표로 집합시킨 시산표의 차변 합계와 대변 합계는 일치해야 할 것이다. 만일 시산표의 차변 합계와 대변 합계가 일치하지 않는다면, 분개에서 시작하여 원장에 전기하는 과정 중 어디에선가 오류가 발생하였음을 의미한다. 따라서 시산표의 대차 금액이 불일치할 때 어느 곳에서 기록의 오류가 있었는지 추적하여 이를 수정할 수 있을 것이다. 이와 같은 기능을 복식부기의 자기검증기능이라고 하며, 거래를 기록할 때 차변과 대변을 동시에 기록하는 복식부기를 사용해야 하는 이유가 바로 여기에 있다.

그러나 복식부기의 자기검증기능은 차변 금액과 대변 금액이 다를 경우에만 오류를 적발할 수 있다. 차변과 대변을 모두 같은 금액만큼 잘못 기록하더라도 시산표상 차변 합계와 대변 합계는 일치할 것이기 때문에 거래의 과정에서 포함된 오류를 적발할 수 없다는 한계점이 있다.

> **시산표에서 발견할 수 있는 오류의 예시 항목**
>
> ① 차변과 대변 중 어느 한쪽의 전기를 누락한 경우
> ② 차변과 대변 중 한쪽에만 중복 기장한 경우
> ③ 차변과 대변 중 한쪽에만 계정상 금액을 잘못 기입한 경우
> ④ 계정 자체의 대차 합계와 잔액계산에 오류가 발생한 경우

> **시산표에서 발견할 수 없는 오류의 예시 항목**
>
> ① 거래 전체의 분개가 누락되거나, 전기가 누락된 경우
> ② 다른 계정과목에 잘못 전기하였을 때
> ③ 오류에 의하여 전기된 금액이 우연히 일치하여 서로 상계되었을 때
> ④ 분개는 틀렸으나 대차의 금액은 일치하는 경우와 어떤 거래의 분개가 이중으로 분개된 경우
> ⑤ 분개장에서 원장에 대차를 반대로 전기하였을 때

Self Study

1. 오류가 발생했을 때 시산표상에서 발견될 수 있으려면 차변과 대변의 합계가 불일치하여야 한다.
2. 오류임에도 시산표상에서 차변과 대변의 합계가 일치한다면 발견되지 않는다.

📊 실제시험 풀이용 TOOL 분석 - 시산표의 자기검증기능

시산표	
자산	부채
	자본
비용	수익

=
"자기검증기능"

● 시산표에서 발견할 수 있는 · 없는 오류

- 발견(O) 오류: 대차의 합계가 불일치할 때
- 발견(×) 오류: 대차의 합계가 일치할 때

※ Tip

- **계정의 원래 자리가 아닌 곳에 기재**되면, "대차의 합계가 불일치"
  ∴ 대차의 합계가 불일치 ⇒ **시산표 발견(O) 오류**
  예 차변 '자리' ⇒ 대변 '기재' or 대변 '자리' ⇒ 차변 '기재'

- **계정의 원래 자리에 다른 계정이 기재**되면, "대차의 합계가 일치"
  ∴ 대차의 합계가 일치 ⇒ **시산표 발견(×) 오류**
  예 차변 '자리' ⇒ 차변 '기재' or 대변 '자리' ⇒ 대변 '기재'

1. 잔액시산표란 총계정원장의 각 계정별 잔액(또는 총액)을 하나의 표에 모두 모은 것이다. 잔액시산표의 단점은 일정 기간 동안 각 계정별로 얼마나 증가 거래 및 감소 거래가 발생하여 현재의 잔액이 되었는지를 알 수 없다는 것이다.

2. 합계시산표는 총계정원장의 각 계정별 차변 합계와 대변 합계를 하나의 표에 모두 모은 것이다. 합계시산표의 각 계정별 차변 합계에서 대변 합계를 차감하면 그 차액이 계정별 잔액이다. 합계시산표는 일정 기간 동안 증가 거래 및 감소 거래의 총액을 알 수는 있지만, 잔액을 쉽게 파악할 수 없다는 단점이 있다.

3. 시산표의 대차 금액이 불일치할 때 어느 곳에서 기록의 오류가 있었는지 추적하여 이를 수정할 수 있을 것이다. 이와 같은 기능을 복식부기의 자기검증기능이라고 한다.

5. 시산표를 작성하는 중 차변 합계와 대변 합계가 일치하지 않은 것을 발견하였다. 이와 관련하여 시산표상 차변 합계와 대변 합계가 일치하지 않는 원인은?

① ₩50,000의 매입채무를 현금으로 상환하면서 분개를 누락하였다.

② ₩30,000의 토지를 외상으로 구입하면서 분개는 정확하게 하였지만, 원장으로 전기할 때 토지 계정 대신 건물 계정 차변에 ₩30,000, 미지급금 계정 대변에 ₩30,000으로 전기하였다.

③ [(차) 매출채권 ₩35,000 / (대) 매출 ₩35,000]의 분개를 원장으로 전기할 때 매출채권 계정 차변에 ₩53,000, 매출 계정 대변에 ₩35,000으로 전기하였다.

④ 건물 수선비를 현금 지급하면서 차변에 건물 ₩10,000, 대변에 현금 ₩10,000으로 분개하였다.

⑤ 매출채권을 회수하면서 차변에 현금 ₩30,000, 대변에 매출채권 ₩30,000으로 분개하였다.

해설

원장으로 전기할 때 매출채권 계정에 서로 다른 금액으로 전기하였다.

	T/B		
매출채권	53,000	매출	35,000

$\neq$

▶ 오답체크

① 분개를 누락하였다.

	T/B	

$=$

② 분개는 정확하게 하였지만, 원장으로 전기할 때 토지 계정 대신 건물 계정에 전기하였다.

	T/B		
건물	30,000	미지급금	30,000

④ 건물 수선비를 현금 지급하면서 서로 같은 금액으로 분개하였다.

	T/B		
건물	10,000	현금	10,000

$=$

⑤

	T/B		
현금	30,000	매출채권	30,000

$=$

답 ③

3 회계순환과정

I 현금기준과 발생기준의 비교

현금이 유입되거나 유출되는 시점에서 자산, 부채, 수익 및 비용을 인식하는 것을 현금기준이라고 한다. 현금기준에 따라 재무제표를 작성하면 재무상태 및 성과를 적정하게 보고하기 어렵다. 그 이유는 현금기준을 적용하면 결산일 현재 비용이 발생하였더라도 현금을 지급하지 않는 한 비용을 인식하지 않으며, 결산일 현재 수익이 발생하였더라도 현금을 수령하지 않는 한 수익으로 인식하지 않기 때문이다.

현금기준에 따라 장부기록을 하면 당기 중에 현금의 입금 및 출금의 결과는 정확하게 보고할 수 있으나, 당기 말 현재 재무상태 및 당기의 재무성과를 적절하게 보고하지 못하는 한계가 있다. 회계에서는 현금의 입금 및 출금과 관계없이 재무상태에 변동을 가져오는 거래가 발생한 시점에 이를 인식하도록 하는데, 이를 발생기준(발생주의)이라고 한다.

> **현금기준과 발생기준의 구분**
>
> ① 현금기준: 현금의 유입이나 유출 시점에 재무제표 요소의 변동을 인식
> ② 발생기준: 현금의 유입이나 유출과 관계없이 재무제표 요소의 변동이 발생했을 때 인식

Additional Comment

재무제표를 통해서 미래 현금흐름의 예측이 가능하기 위해서는 재무제표가 발생기준에 따라 작성되어야 함을 의미한다. 발생기준에 따라 장부기록을 해야 기업의 재무상태와 성과를 적절하게 보고할 수 있고, 회계정보이용자가 기업의 미래 현금흐름을 예측하는 데 유용할 수 있다.

II 결산수정분개의 의의

기업들은 회계기간 중에 발생기준에 따라 회계처리를 하지만, 경우에 따라서는 현금을 수령하거나 현금을 지급할 때 전체 금액을 수익이나 비용으로 인식하기도 한다. 그러므로 기업이 결산을 하는 과정에서 이를 바로 잡을 필요가 있다.

기업에서 결산을 한다는 것은 당기 중에 발생한 거래 기록들을 정리하고 재무상태 및 성과를 확정짓는 것을 의미한다. 기업이 결산을 하는 과정에서 발생기준에 따라 제대로 인식되지 않은 자산, 부채, 수익 및 비용 등을 발견하였다면 발생기준에 따라 인식되어야 할 금액으로 수정하는 분개를 해야 하는데, 이를 결산수정분개(adjusting entries)라고 한다.

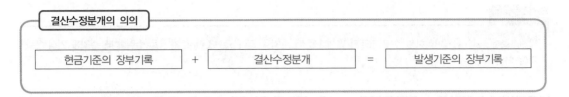

결산수정분개의 의의

| 현금기준의 장부기록 | + | 결산수정분개 | = | 발생기준의 장부기록 |

결산수정분개가 반영되지 않은 시산표를 수정전시산표라고 하며, 결산수정분개를 반영한 시산표를 수정후시산표라고 한다. 아래의 그림과 같이 특정 회계연도의 재무상태표와 포괄손익계산서는 결산수정분개가 반영된 수정후시산표로부터 도출된다.

수정전시산표로부터 재무제표의 도출

| 수정전시산표 | ⇨ | 결산수정분개 | ⇨ | 수정후시산표 | ⇨ | 재무상태표, 포괄손익계산서 |

Ⅲ 발생에 대한 결산수정분개

결산수정분개는 크게 발생(accruals)과 이연(deferrals)에 대한 수정분개를 구분할 수 있다. 당기 중에 수익 또는 비용이 이미 발생하였으나 결산일까지 현금의 유입 또는 유출이 없어서 아무런 회계처리도 하지 않았다면, 발생한 수익 또는 비용을 인식하는 결산수정분개가 필요하다. 이를 발생에 대한 결산수정분개라고 한다.

01 미수수익

회계기간 중에 수익은 이미 발생하였으나 결산일까지 현금을 수령하지 않았기 때문에 아무런 회계처리를 하지 않았다면, 발생한 수익을 인식해야 한다. 이때 수익의 상대계정으로 미수수익을 인식한다. 미수수익은 자산 계정인데, 미래에 현금 등 경제적 자원을 수취할 권리이므로 자산의 정의에 부합한다.

결산수정분개는 다음과 같으며, 대변의 수익 계정은 수익의 내용에 따라 적합한 계정(예 이자수익, 임대수익, 수수료수익 등)을 사용하면 된다. 미수수익은 자산 계정이므로 다음 연도로 이월되는데, 다음 연도에 미수수익을 현금으로 수취할 때 다음과 같이 현금을 증가시키고 미수수익을 감소시키는 분개를 한다.

미수수익의 회계처리

〈결산수정분개〉

| (차) 미수수익 | ×× | (대) ○○수익 | ×× |

〈다음 연도에 현금 수령 시〉

| (차) 현금 | ×× | (대) 미수수익 | ×× |

발생기준에 따라 회계처리하면 수익 거래가 발생했을 때 수익을 인식하는 것이지, 현금을 수취할 때 수익을 인식하는 것이 아님을 알 수 있다.

★ 사례연습 5. 미수수익

갑회사는 20×1년 7월 1일 은행에 1년 만기 정기예금에 현금 ₩1,000,000을 예치하였으며, 이자는 연 10% 이자율로 20×2년 6월 30일에 수령하기로 하였다. 갑회사가 결산일인 20×1년 12월 31일 해야 할 결산수정분개 및 20×2년 6월 30일에 이자 수령 시 해야 할 회계처리를 하시오.

풀이

1) 수정전시산표

수정전시산표

2) 결산수정분개

〈20×1년 12월 31일〉

(차) 미수수익[*1]	50,000	(대) 이자수익	50,000

[*1] 1,000,000 × 10% × 6/12 = 50,000

〈20×2년 6월 30일〉

(차) 현금	100,000	(대) 미수수익	50,000
		이자수익	50,000

3) 수정후시산표

수정후시산표

미수수익	50,000	이자수익	50,000

4) 재무제표

재무상태표

미수수익	50,000		

포괄손익계산서

		이자수익	50,000

02 미지급비용

회계기간 중에 비용은 발생하였으나 결산일까지 현금을 지급하지 않았기 때문에 아무런 회계처리를 하지 않았다면, 발생한 비용을 인식해야 한다. 이때 비용의 상대계정으로 미지급비용을 인식한다. 미지급비용은 부채 계정인데, 미래에 현금 등 경제적 자원을 이전해야 하는 의무이므로 부채의 정의에 부합한다. 결산수정분개는 다음과 같으며, 차변의 비용 계정은 비용의 내용에 따라 적합한 계정(예 이자비용, 보험료, 임차료 등)을 사용한다.

미지급비용은 부채 계정이므로 다음 연도로 이월되는데, 다음 연도에 미지급비용을 현금으로 지급할 때 다음과 같이 현금과 미지급비용을 감소시키는 분개를 한다.

미지급비용의 회계처리

〈결산수정분개〉

(차) ○○비용	××	(대) 미지급비용	××

〈다음 연도에 현금 수령 시〉

(차) 미지급비용	××	(대) 현금	××

Self Study

발생기준에 따라 회계처리하면 비용 거래가 발생했을 때 비용을 인식하는 것이지, 현금을 지급할 때 비용을 인식하는 것이 아님을 알 수 있다.

★ 사례연습 6. 미지급비용

갑회사는 20×1년 7월 1일 은행으로부터 ₩1,000,000을 차입하였다. 이자는 연 10% 이자율로 20×2년 6월 30일에 수령하기로 하였다. 갑회사가 결산일인 20×1년 12월 31일에 해야 할 결산수정분개 및 20×2년 6월 30일에 이자 지급 시 해야 할 회계처리를 하시오.

풀이

1) 수정전시산표

수정전시산표

2) 결산수정분개

〈20×1년 12월 31일〉

| (차) 이자비용 | 50,000 | (대) 미지급비용[*1] | 50,000 |

[*1] 1,000,000 × 10% × 6/12 = 50,000

〈20×2년 6월 30일〉

| (차) 미지급비용 | 50,000 | (대) 현금 | 100,000 |
| 이자비용 | 50,000 | | |

3) 수정후시산표

	수정후시산표		
이자비용	50,000	미지급비용	50,000

4) 재무제표

	재무상태표		
		미지급비용	50,000

	포괄손익계산서		
이자비용	50,000		

Ⅳ 이연에 대한 결산수정분개

결산수정분개는 크게 발생(accruals)과 이연(deferrals)에 대한 수정분개로 구분할 수 있다. 회계기간 중에 현금을 수취하거나 지급하면서 수익이나 비용을 인식했는데, 수취하거나 지급한 현금만큼 수익이나 비용이 발생하지 않은 경우 결산수정분개가 필요하다. 이를 이연에 대한 결산수정분개라고 한다. 이연이란 당기의 현금 유출액 중 차기의 수익 또는 비용에 해당되는 금액을 미래로 넘겨서 차기에 수익 또는 비용을 인식하는 것을 의미한다.

Additional Comment

기업이 회계기간 중에 현금을 수취하거나 지급하면서 수익이나 비용 대신 부채나 자산을 인식했을 수도 있다. 따라서 기업이 회계기간 중에 어떻게 회계처리했는지에 따라 이연에 대한 결산수정분개가 달라지므로 발생에 대한 결산수정분개보다 다소 복잡하다.

01 선급비용

선급비용과 관련된 결산수정분개는 기중에 현금을 지급할 때 모두 비용으로 인식한 경우와 모두 자산(선급비용)으로 인식한 경우에 따라 다르다. 그에 대한 회계처리는 다음과 같다.

기중 현금 지급 시 회계처리	결산수정분개	다음 연도
모두 비용으로 인식	다음 연도에 귀속될 비용만큼 당기 중에 인식했던 비용을 줄이고, 자산을 인식	전기 이월된 선급비용을 기간 경과에 따라 비용으로 대체
모두 자산으로 인식	비용을 전혀 인식하지 않았으므로 당기에 귀속될 비용만큼 비용을 인식하고, 당기 중에 자산으로 인식했던 선급비용을 그만큼 감소	

(1) 기중 현금 지급 시 모두 비용으로 인식

〈기중 현금 지급 시〉

(차) 비용	××	(대) 현금	××

〈결산수정분개〉

(차) 선급비용	당기 미 귀속분	(대) 비용	당기 미 귀속분

(2) 기중 현금 지급 시 모두 자산으로 인식

〈기중 현금 지급 시〉

(차) 선급비용	××	(대) 현금	××

〈결산수정분개〉

(차) 비용	당기 귀속분	(대) 선급비용	당기 귀속분

Self Study

계정을 대체한다는 것은 한 계정에서 다른 계정으로 바꾼다는 것을 의미한다. 선급비용을 비용으로 대체하면 자산(선급비용)이 감소하고 그만큼 비용이 증가한다.

★ 사례연습 7. 선급비용

갑회사는 20×1년 7월 1일 건물에 대한 1년분 화재보험료 ₩ 200,000을 현금 지급하였다. 갑회사가 20×1년 7월 1일 현금 지출 시 전액 비용으로 처리한 경우와 전액 자산으로 처리한 경우로 나누어 결산일인 20×1년 12월 31일에 해야 할 결산수정분개를 하시오.

풀이

1. 전액 비용으로 처리한 경우
1) 기중 현금 지급 시

(차) 화재보험료	200,000	(대) 현금	200,000

2) 수정전시산표

수정전시산표

화재보험료	200,000		

3) 결산수정분개

(차) 선급비용*¹	100,000	(대) 화재보험료	100,000

*¹ 200,000 × 6/12 = 100,000

4) 수정후시산표

수정후시산표

화재보험료	100,000		
선급비용	100,000		

5) 재무제표

재무상태표

선급비용	100,000		

포괄손익계산서

화재보험료	100,000		

2. 전액 자산으로 처리한 경우
1) 기중 현금 지급 시

(차) 선급비용	200,000	(대) 현금	200,000

2) 수정전시산표

수정전시산표

선급비용	200,000		

3) 결산수정분개

| (차) 화재보험료*2 | 100,000 | (대) 선급비용 | 100,000 |

    *2 200,000 × 6/12 = 100,000

4) 수정후시산표

수정후시산표

화재보험료	100,000		
선급비용	100,000		

5) 재무제표

재무상태표

선급비용	100,000		

포괄손익계산서

화재보험료	100,000		

02 선수수익

선수수익과 관련된 결산수정분개는 기중에 현금을 수령할 때 모두 수익으로 인식한 경우와 모두 부채(선수수익)로 인식한 경우에 따라 다르다. 그에 대한 회계처리는 다음과 같다.

기중 현금 수령 시 회계처리	결산수정분개	다음 연도
모두 수익으로 인식	다음 연도에 귀속될 수익만큼 당기 중에 인식했던 수익을 줄이고, 부채를 인식	전기 이월된 선수수익을 기간 경과에 따라 수익으로 대체
모두 부채로 인식	수익을 전혀 인식하지 않았으므로 당기에 귀속될 수익만큼 수익을 인식하고, 당기 중에 부채로 인식했던 선수수익을 그만큼 감소	

(1) 기중 현금 수령 시 모두 수익으로 인식

〈기중 현금 수령 시〉

| (차) 현금 | ×× | (대) ○○수익 | ×× |

〈결산수정분개〉

| (차) ○○수익 | 당기 미 귀속분 | (대) 선수수익 | 당기 미 귀속분 |

(2) 기중 현금 수령 시 모두 부채로 인식

〈기중 현금 수령 시〉

(차) 현금	××	(대) 선수수익	××

〈결산수정분개〉

(차) 선수수익	당기 귀속분	(대) ○○수익	당기 귀속분

Additional Comment

대변의 선수수익 계정을 수익의 유형에 따라 선수임대료, 선수이자, 선수수수료 등의 계정으로 분개할 수도 있으나, 보다 일반적인 계정인 선수수익을 사용한다.

★ 사례연습 8. 선수수익

갑회사는 20×1년 7월 1일 회사 소유의 건물을 을에게 1년간 임대해주기로 하였다. 갑회사는 1년분 임대료 ₩200,000을 20×1년 7월 1일에 현금으로 수령하였다. 갑회사가 20×1년 7월 1일 현금 수령 시 전액 수익으로 처리한 경우와 전액 부채로 처리한 경우로 나누어 결산일인 20×1년 12월 31일에 해야 할 결산수정분개를 하시오.

풀이

1. 전액 수익으로 처리한 경우

1) 기중 현금 수령 시

(차) 현금	200,000	(대) 임대료수익	200,000

2) 수정전시산표

수정전시산표			
		임대료수익	200,000

3) 결산수정분개

(차) 임대료수익[*1]	100,000	(대) 선수수익	100,000

[*1] $200,000 \times 6/12 = 100,000$

4) 수정후시산표

수정후시산표			
		선수수익	100,000
		임대료수익	100,000

5) 재무제표

<table>
<tr><td colspan="2" align="center">재무상태표</td></tr>
<tr><td></td><td>선수수익</td><td align="right">100,000</td></tr>
</table>

<table>
<tr><td colspan="2" align="center">포괄손익계산서</td></tr>
<tr><td></td><td>임대료수익</td><td align="right">100,000</td></tr>
</table>

2. 전액 부채로 처리한 경우
1) 기중 현금 수령 시

(차) 현금 200,000 (대) 선수수익 200,000

2) 수정전시산표

<table>
<tr><td colspan="2" align="center">수정전시산표</td></tr>
<tr><td></td><td>선수수익</td><td align="right">200,000</td></tr>
</table>

3) 결산수정분개

(차) 선수수익[*2] 100,000 (대) 임대료수익 100,000
^{*2} 200,000 × 6/12 = 100,000

4) 수정후시산표

<table>
<tr><td colspan="2" align="center">수정후시산표</td></tr>
<tr><td></td><td>선수수익</td><td align="right">100,000</td></tr>
<tr><td></td><td>임대료수익</td><td align="right">100,000</td></tr>
</table>

5) 재무제표

<table>
<tr><td colspan="2" align="center">재무상태표</td></tr>
<tr><td></td><td>선수수익</td><td align="right">100,000</td></tr>
</table>

<table>
<tr><td colspan="2" align="center">포괄손익계산서</td></tr>
<tr><td></td><td>임대료수익</td><td align="right">100,000</td></tr>
</table>

03 소모품

선급비용과 유사한 결산조정분개를 하는 것이 소모품이다. 소모품에는 기업에서 사용하는 종이나 볼펜과 같은 사무용품 등이 있다. 소모품 중 당기 중에 사용한 부분은 비용(소모품비 계정)으로, 당기 말까지 사용하지 않은 부분은 자산(소모품 계정)으로 보고되어야 한다.
그에 대한 회계처리는 다음과 같다.

기중 현금 지급 시 회계처리	결산수정분개	다음 연도
모두 비용으로 인식	다음 연도에 귀속될 비용만큼 당기 중에 인식했던 비용을 줄이고, 자산을 인식	전기 이월된 소모품을 기간 경과에 따라 비용으로 대체
모두 자산으로 인식	비용을 전혀 인식하지 않았으므로 당기에 귀속될 비용만큼 비용을 인식하고, 당기 중에 자산으로 인식했던 소모품을 그만큼 감소	

(1) 기중 현금 지급 시 모두 비용으로 인식

〈기중 현금 지급 시〉

(차) 소모품비	××	(대) 현금	××

〈결산수정분개〉

(차) 소모품	당기 미 귀속분	(대) 소모품비	당기 미 귀속분

(2) 기중 현금 지급 시 모두 자산으로 인식

〈기중 현금 지급 시〉

(차) 소모품	××	(대) 현금	××

〈결산수정분개〉

(차) 소모품비	당기 귀속분	(대) 소모품	당기 귀속분

★ 사례연습 9. 소모품

갑회사는 20×1년 7월 1일 사무용 소모품을 ₩200,000에 현금을 지급하고 구입하였는데, 결산일 인 20×1년 12월 31일 현재 미사용 소모품이 ₩100,000임을 확인하였다. 갑회사가 20×1년 7월 1일 현금 지출 시 전액 비용으로 처리한 경우와 전액 자산으로 처리한 경우로 나누어 결산일인 20×1년 12월 31일에 해야 할 결산수정분개를 하시오.

풀이

1. 전액 비용으로 처리한 경우
1) 기중 현금 지급 시

(차) 소모품비	200,000	(대) 현금	200,000

2) 수정전시산표

수정전시산표

소모품비	200,000		

3) 결산수정분개

(차) 소모품[*1]	100,000	(대) 소모품비	100,000

*1 200,000 × 6/12 = 100,000

4) 수정후시산표

수정후시산표

소모품	100,000		
소모품비	100,000		

5) 재무제표

재무상태표

소모품	100,000		

포괄손익계산서

소모품비	100,000		

2. 전액 자산으로 처리한 경우

1) 기중 현금 지급 시

(차) 소모품	200,000	(대) 현금	200,000

2) 수정전시산표

수정전시산표

소모품	200,000		

3) 결산수정분개

(차) 소모품비[*2]	100,000	(대) 소모품	100,000

*2 200,000 × 6/12 = 100,000

4) 수정후시산표

수정후시산표

소모품	100,000		
소모품비	100,000		

5) 재무제표

재무상태표

소모품	100,000		

포괄손익계산서

소모품비	100,000		

⊞ 참고 | 결산수정분개를 잘못한 경우 재무제표에 미치는 영향

1. 결산수정분개의 미계상 오류

구분	재무제표 요소에 미치는 영향		당기순이익의 영향
미수수익 미계상	자산 과소계상	수익 과소계상	과소계상
미지급비용 미계상	부채 과소계상	비용 과소계상	과대계상

2. 결산수정분개의 과소계상 오류

구분	재무제표 요소에 미치는 영향		당기순이익의 영향
선급비용 과소계상	자산 과소계상	비용 과대계상	과소계상
선수수익 과소계상	부채 과소계상	수익 과대계상	과대계상

연습문제

6. ㈜서울은 12월 말 결산법인이며 〈보기〉는 기말 수정사항이다. 기말수정분개가 ㈜서울의 재무제표에 미치는 영향으로 가장 옳은 것은? (단, 법인세는 무시한다.)

> ─── 〈보기〉 ───
>
> • 3월 1일에 1년간 보험료 ₩300,000을 현금으로 지급하면서 전액 보험료로 기록하였다.
> • 4월 1일에 소모품 ₩300,000을 현금으로 구입하면서 전액 소모품으로 기록하였다. 기말에 실사한 결과 소모품은 ₩70,000으로 확인되었다.
> • 5월 1일에 1년간 건물 임대료로 ₩300,000을 수취하면서 전액 임대료수익으로 기록하였다.

① 자산이 ₩180,000만큼 증가한다.　　　② 부채가 ₩100,000만큼 감소한다.

③ 비용이 ₩180,000만큼 증가한다.　　　④ 당기순이익이 ₩80,000만큼 감소한다.

⑤ 자본이 ₩280,000만큼 증가한다.

해설 --

T/B	
자산	부채
(1) 선급보험료　50,000 ↑	(3) 선수수익　100,000 ↑
(2) 소모품　　230,000 ↓	

⇩	⇩
N/I (−) 330,000	N/I (+) 50,000
(2) 230,000 ↑	(1)　50,000 ↑
(3) 100,000 ↑	

기말 수정사항의 회계처리
(1) 보험료의 기말 수정사항
　[기중 회계처리]

(차) 보험료	300,000	(대) 현금	300,000

　[결산수정분개]

(차) 선급보험료	50,000	(대) 보험료	50,000

　　* 보험료: 300,000 × 2/12 = 50,000

(2) 소모품의 기말 수정사항
　[기중 회계처리]

(차) 소모품	300,000	(대) 현금	300,000

　[결산수정분개]

(차) 소모품비	230,000	(대) 소모품	230,000

(3) 임대료의 기말 수정사항
　[기중 회계처리]

(차) 현금	300,000	(대) 임대료수익	300,000

　[결산수정분개]

(차) 임대료수익	100,000	(대) 선수수익	100,000

　　* 임대료수익: 300,000 × 4/12 = 100,000

답 ③

7. ㈜한국의 수정전시산표상 소모품은 ₩160,000이고, 기말 현재 남아있는 소모품이 ₩70,000이다. 수정분개로 옳은 것은?

① (차) 소모품비	₩90,000		(대) 소모품	₩90,000
② (차) 소모품비	₩70,000		(대) 소모품	₩70,000
③ (차) 소모품	₩90,000		(대) 소모품비	₩90,000
④ (차) 소모품	₩70,000		(대) 소모품비	₩70,000
⑤ (차) 소모품	₩80,000		(대) 소모품비	₩80,000

해설 --

수정분개

(차) 소모품비	90,000	(대) 소모품	90,000

답 ①

8. ㈜한국의 2012년 말 소모품 재고액은 ₩50,000이다. ㈜한국은 2013년 중에 소모품 ₩100,000어치를 현금으로 구입하고 이를 소모품비로 회계처리하였다. 2013년 말에 소모품 재고를 실사한 결과 ₩70,000의 소모품이 남아있음을 확인하였다. 이와 관련하여 2013년 말의 결산수정분개로 옳은 것은?

① (차) 소모품	20,000		(대) 소모품비	20,000
② (차) 소모품비	20,000		(대) 소모품	20,000
③ (차) 소모품	30,000		(대) 소모품비	30,000
④ (차) 소모품비	30,000		(대) 소모품	30,000
⑤ (차) 소모품	10,000		(대) 소모품비	10,000

해설 --

수정전T/B		수정후T/B	
소모품	50,000	소모품	70,000
소모품비	100,000	소모품비	80,000

⇒ 수정 후 소모품비: 80,000
  = 기초 50,000 + 매입 100,000 − 기말 70,000
∴ 소모품 ↑ & 소모품비 ↓ by 수정분개

결산수정분개

(차) 소모품	20,000	(대) 소모품비	20,000

답 ①

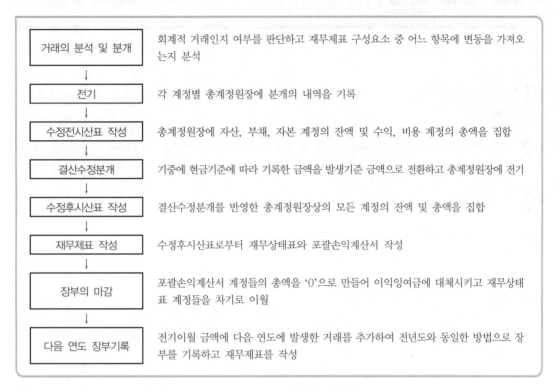

거래의 분석 및 분개	회계적 거래인지 여부를 판단하고 재무제표 구성요소 중 어느 항목에 변동을 가져오는지 분석
전기	각 계정별 총계정원장에 분개의 내역을 기록
수정전시산표 작성	총계정원장에 자산, 부채, 자본 계정의 잔액 및 수익, 비용 계정의 총액을 집합
결산수정분개	기중에 현금기준에 따라 기록한 금액을 발생기준 금액으로 전환하고 총계정원장에 전기
수정후시산표 작성	결산수정분개를 반영한 총계정원장상의 모든 계정의 잔액 및 총액을 집합
재무제표 작성	수정후시산표로부터 재무상태표와 포괄손익계산서 작성
장부의 마감	포괄손익계산서 계정들의 총액을 '0'으로 만들어 이익잉여금에 대체시키고 재무상태표 계정들을 차기로 이월
다음 연도 장부기록	전기이월 금액에 다음 연도에 발생한 거래를 추가하여 전년도와 동일한 방법으로 장부를 기록하고 재무제표를 작성

위의 전체 과정은 매 회계연도마다 반복되며, 이를 **회계순환과정**이라고 부른다. 회계순환과정 중 수정전시산표 작성부터 장부의 마감에 이르는 절차까지 일반적으로 결산과정이라고 부른다.

핵심 빈출 문장

01 현금기준으로 기록되어 있는 금액을 발생기준의 금액으로 수정하는 분개를 결산수정분개라고 한다.

02 포괄손익계산서 계정들은 재무제표를 작성한 이후 집합손익 계정을 이용하여 장부를 마감하며, 집합손익 계정은 이익잉여금 계정으로 대체되어 장부를 마감한다.

03 선급비용과 미수수익은 자산 계정이다.

04 선수수익과 미지급비용은 부채 계정이다.

객관식 문제

01 자본의 증감 1. → Ⅰ → 실제시험 풀이용 TOOL ▶ 35p

㈜한국의 20×1년 재무상태 및 영업성과와 관련한 자료가 다음과 같을 때 기말 부채는?

• 기초 자산 ₩500	• 총 수익 ₩200
• 기초 부채 ₩400	• 총 비용 ₩120
• 기말 자산 ₩700	• 유상증자 ₩20
• 기말 부채 ₩?	• 주주에 대한 현금배당 ₩50

① ₩500

② ₩520

③ ₩550

④ ₩570

⑤ ₩600

02 거래의 식별 1. → Ⅱ 회계적 거래의 식별 ▶ 37p

회계상의 거래에 포함될 수 없는 것은?

① 장부금액이 ₩2,500,000인 건물이 화재로 인해 전소되었다.

② 상품을 판매하고 아직 대금을 받지 않았다.

③ 원료 공급회사와 100톤의 원재료를 ₩1,000,000에 구입하기로 계약을 체결하였다.

④ 기계장치를 구입하여 인도받았으나 아직 대금을 지급하지 않았다.

⑤ 재고자산의 가격이 하락하였다.

03 자본의 증감

1. → Ⅰ → 실제시험 풀이용 TOOL ▶ 35p

㈜대한의 2010 회계연도 기초 자산총계는 ₩4,000,000이며, 기초와 기말 시점의 부채총계는 각각 ₩2,000,000과 ₩1,500,000이다. 또한, 당기 포괄손익계산서상 수익총액이 ₩7,000,000, 비용총액이 ₩6,500,000이고, 당기 중 주주의 출자액이 ₩1,000,000일 때 기말 자산총계는? (단, 기타포괄손익은 없는 것으로 가정한다.)

① ₩2,500,000
② ₩3,000,000
③ ₩3,500,000
④ ₩5,000,000
⑤ ₩5,500,000

04 회계처리

2. → Ⅱ 거래의 분석 및 분개 ▶ 40p

㈜한국이 차입금 ₩1,000과 이자 ₩120을 현금으로 변제 및 지급하였다. 이 거래에 대한 분석으로 옳은 것은?

① (차) 자산의 증가   (대) 부채의 증가와 수익의 발생
② (차) 자산의 증가   (대) 자산의 감소와 수익의 발생
③ (차) 부채의 감소와 비용의 발생   (대) 자산의 감소
④ (차) 자산의 증가와 비용의 발생   (대) 자산의 감소
⑤ (차) 비용의 발생   (대) 자산의 감소

05 전기

2. → Ⅲ 전기 ▶ 44p

다음과 같은 현금 원장의 내용에 기반하여 추정한 날짜별 거래로 옳지 않은 것은?

현금

1/15	용역수익	70,000	1/2	소모품	50,000
1/18	차입금	100,000	1/5	비품	75,000
			1/31	미지급급여	20,000

① 1월 2일 소모품 구입을 위하여 현금 ₩50,000을 지급하였다.
② 1월 15일 용역을 제공하고 현금 ₩70,000을 수취하였다.
③ 1월 18일 차입금 상환을 위하여 현금 ₩100,000을 지급하였다.
④ 1월 31일 미지급급여 ₩20,000을 현금으로 지급하였다.
⑤ 1월 31일 현금의 잔액은 ₩25,000이다.

06 시산표 오류

2. → Ⅵ → 실제시험 풀이용 TOOL ▶ 53p

시산표에서 대차평균의 원리를 이용하여 오류를 적발할 수 있는 경우는?

① 특정 거래 전체를 이중으로 기입한 경우
② 분개할 때 잘못된 계정과목을 사용한 경우
③ 특정 거래 전체를 누락시킨 경우
④ 분개할 때 대변 계정과목의 금액을 잘못 기입한 경우
⑤ 분개할 때 차변과 대변에 금액을 각각 잘못 기입한 경우

07 시산표 오류 2. → Ⅵ → 실제시험 풀이용 TOOL ▶ 53p

시산표에 의해 발견되지 않는 오류는?

① 매출채권 ₩720,000을 회수하고, 현금 계정 ₩720,000을 차변 기입하고, 매출채권 계정 ₩702,000을 대변 기입하다.

② 매출채권 ₩300,000을 회수하고, 현금 계정 ₩300,000을 차변 기입하고, 매출채권 계정 ₩300,000을 차변 기입하다.

③ 매출채권 ₩550,000을 회수하고, 현금 계정 ₩550,000을 차변 기입하고, 매출채권 계정 대신 매입채무 계정에 ₩550,000을 대변 기입하다.

④ 매출채권 ₩600,000을 회수하고, 현금 계정 ₩300,000을 차변 기입하고, 매출채권 계정 ₩600,000을 대변 기입하다.

⑤ 위 모든 오류가 시산표를 작성하는 과정에서 발견될 수 있다.

08 결산수정분개로 당기순이익에 미치는 영향
3. → Ⅳ → [참고] 결산수정분개를 잘못한 경우 재무제표에 미치는 영향 ▶ 68p

㈜한국의 2014년 12월 31일 결산 시 당기순이익 ₩400,000이 산출되었으나, 다음과 같은 사항이 누락되었다. 누락 사항을 반영할 경우의 당기순이익은? (단, 법인세는 무시한다.)

- 기중 소모품 ₩50,000을 구입하여 자산으로 기록하였고 기말 현재 소모품 중 ₩22,000이 남아있다.
- 2014년 12월분 급여로 2015년 1월 초에 지급 예정인 금액 ₩25,000이 있다.
- 2014년 7월 1일에 현금 ₩120,000을 은행에 예금하였다. (연 이자율 10%, 이자 지급일은 매년 6월 30일)
- 2014년도의 임차료 ₩12,000이 미지급 상태이다.

① ₩341,000 　　　　② ₩347,000

③ ₩353,000 　　　　④ ₩369,000

⑤ ₩385,000

09 결산수정분개로 당기순이익에 미치는 영향

3. → Ⅳ → [참고] 결산수정분개를 잘못한 경우 재무제표에 미치는 영향 ▶ 68p

20×1년 5월 31일에 월말 결산수정분개를 하기 전에 ㈜한국의 시산표상의 수익 합계는 ₩7,000이고 비용 합계는 ₩2,000이다. 수정전시산표에 반영되지 않은 다음의 결산수정 항목들을 반영하여 산출한 20×1년 5월분 포괄손익계산서상의 당기순이익은?

- 단기차입금에 대한 5월분 이자 발생액이 ₩800이다.
- 5월 초의 선급보험료 중 5월분에 해당하는 금액은 ₩700이다.
- 전월에 선수용역수익으로 받은 금액 가운데 5월에 용역제공이 완료된 금액은 ₩700이다.
- 용역제공은 이미 완료됐지만 아직 받지 못한 금액이 ₩600이다.

① ₩4,800
② ₩5,000
③ ₩5,100
④ ₩5,200
⑤ ₩5,300

10 결산수정분개

3. → Ⅳ → 03 소모품 ▶ 65p

㈜한국은 기초 소모품이 ₩5,000이었고, 기중에 소모품 ₩6,000을 추가로 구입하고 자산으로 처리하였다. 기말에 남아있는 소모품이 ₩3,000이라면, 소모품과 관련된 기말수정분개는?

	(차변)		(대변)	
①	소모품비	8,000	소모품	8,000
②	소모품	3,000	소모품비	3,000
③	소모품비	3,000	소모품	3,000
④	소모품	8,000	소모품비	8,000
⑤	소모품	6,000	소모품비	6,000

11 결산수정분개

3. → Ⅳ → 03 소모품 ▶ 65p

㈜한국의 2012년 말 소모품 재고액은 ₩50,000이다. ㈜한국은 2013년 중에 소모품 ₩100,000어치를 현금으로 구입하고 이를 소모품비로 회계처리하였다. 2013년 말에 소모품 재고를 실사한 결과 ₩70,000의 소모품이 남아있음을 확인하였다. 이와 관련하여 2013년 말의 결산수정분개로 옳은 것은?

① (차) 소모품   20,000   (대) 소모품비   20,000
② (차) 소모품비   20,000   (대) 소모품   20,000
③ (차) 소모품   30,000   (대) 소모품비   30,000
④ (차) 소모품비   30,000   (대) 소모품   30,000
⑤ (차) 소모품비   40,000   (대) 소모품   40,000

12 결산수정분개

3. → Ⅱ 결산수정분개의 의의 ▶ 56p

㈜한국의 2012년 12월 31일 수정전시산표와 추가적 정보는 다음과 같다. 수정분개로 옳은 것은?

〈수정전시산표〉

계정과목	잔액
매출채권	₩ 200,000
선수수익	₩ 60,000
선급임차료	₩ 120,000
선급보험료	₩ 24,000

〈추가적 정보〉

ㄱ. 2012년 12월 31일을 기준으로 선수수익의 3분의 1에 해당하는 용역을 제공하였다.
ㄴ. 2012년 9월 1일 1년분의 보험료를 지급하고, 선급보험료로 회계처리하였다.
ㄷ. 대금이 회수되지 않은 용역 제공분 ₩6,000에 대하여 회계처리하지 않았다.
ㄹ. 6개월분의 선급임차료에 대한 거래는 2012년 10월 1일에 발생하였다.

① ㄱ: (차) 선수수익   ₩ 20,000   (대) 매출원가   ₩ 20,000
② ㄴ: (차) 선급보험료 ₩ 8,000   (대) 보험료   ₩ 8,000
③ ㄷ: (차) 현금   ₩ 6,000   (대) 용역매출   ₩ 6,000
④ ㄹ: (차) 임차료   ₩ 60,000   (대) 선급임차료 ₩ 60,000
⑤ 정답 없음

㈜한국은 보험업을 영위하는 회사이며, 보험상품을 판매 시점에 전액 부채로 인식하는 회계처리방식을 선택하고 있다. ㈜한국은 기중에 보험상품 ₩20,000을 ㈜대한에 판매하였다. ㈜한국과 맺은 보험계약과 관련하여 ㈜대한이 수행한 결산수정분개는 다음과 같다. ㈜한국이 ㈜대한과 맺은 보험계약에 대해 수행해야 할 결산수정분개로 옳은 것은?

(차변) 보험료비용	₩10,000	(대변) 선급보험료	₩10,000

	(차변)		(대변)	
①	선수보험료	₩10,000	보험료수익	₩10,000
②	보험료비용	₩10,000	선급보험료	₩10,000
③	보험료수익	₩10,000	선수보험료	₩10,000
④	선수보험료	₩10,000	선급보험료	₩10,000
⑤	선급보험료	₩10,000	선수보험료	₩10,000

㈜한국의 결산수정사항이 다음과 같은 경우, 기말수정분개가 미치는 영향으로 옳지 않은 것은? (단, 법인세비용에 미치는 영향은 없다고 가정한다.)

- 4월 1일 1년간의 보험료 ₩12,000을 지급하고 전액을 선급보험료 계정에 차기하였다.
- 당해 회계연도의 임대료수익 ₩6,000이 발생되었으나 12월 31일 현재 회수되지 않고 다음 달 말일에 회수할 예정이다.

① 수정후잔액시산표의 대변 합계는 ₩6,000만큼 증가한다.
② 당기순이익이 ₩3,000만큼 증가한다.
③ 자산총액이 ₩3,000만큼 감소한다.
④ 부채총액은 변동이 없다.
⑤ 결산수정분개로 차변 합계는 ₩6,000만큼 증가한다.

15 결산수정분개 종합

㈜한국이 다음 결산수정사항들을 반영한 결과에 대한 설명으로 옳은 것은?

〈수정전시산표 잔액〉

자산	₩120,000	부채	₩80,000
수익	₩90,000	비용	₩70,000

〈결산수정사항〉

- 당기 중 건물을 임대하면서 현금 ₩6,000을 받고 모두 수익으로 처리하였다. 이 중 당기에 해당하는 임대료는 ₩2,000이다.
- 당기 중 보험료 ₩5,000을 지급하면서 모두 자산으로 처리하였다. 이 중 다음 연도에 해당하는 보험료는 ₩2,000이다.
- 차입금에 대한 당기 발생이자는 ₩1,000이다.
- 대여금에 대한 당기 발생이자는 ₩2,000이다.

① 수정후시산표상의 수익은 ₩92,000이다.
② 수정후시산표상의 비용은 ₩78,000이다.
③ 수정후시산표상의 당기순이익은 ₩14,000이다.
④ 수정후시산표상의 자산총액은 ₩121,000이다.
⑤ 정답 없음

16 결산수정분개 종합

다음은 ㈜한국과 관련된 거래이다. 기말수정분개가 재무제표에 미치는 영향으로 옳은 것은? (단, 기간은 월할 계산한다.)

- 8월 1일 건물을 1년간 임대하기로 하고, 현금 ₩2,400을 수취하면서 임대수익으로 기록하였다.
- 10월 1일 거래처에 현금 ₩10,000을 대여하고, 1년 후 원금과 이자(연 이자율 4%)를 회수하기로 하였다.
- 11월 1일 보험료 2년분 ₩2,400을 현금 지급하고, 보험료로 회계처리하였다.

① 자산이 ₩2,100만큼 증가한다.
② 비용이 ₩200만큼 증가한다.
③ 수익이 ₩100만큼 증가한다.
④ 당기순이익이 ₩900만큼 증가한다.
⑤ 대변의 합계는 ₩2,000만큼 증가한다.

객관식 문제 정답 및 해설

01 ③

⇒ A − 100 = 50(자본의 증감)

∴ A = 150

⇒ 부채: 550 = 700 − 150

(1) 자본(기초): 100 = 자산 500 − 부채 400

(2) 자본증가: 50 = 총 수익 200 − 총 비용 120 + 유상증자 20 − 현금배당 50

(3) 자본(기말): 150 = 기초 100 + 증가 50

(4) 부채(기말): 550 = 자산 700 − 자본 150

02 ③ 단순 계약에 해당함(∵ 돈을 지급할 의무가 발생하지 않았음)

∴ 재무상태의 변동(×) ⇒ 회계상의 거래(×)

▶ 오답체크

① (1) 화재 ⇒ 재무상태의 변동(○)

(2) 금액의 명시 ⇒ 신뢰성 있게 측정 가능(○)

∴ 재무상태의 변동(○) ⇒ 회계상의 거래(○)

② 판매 ⇒ 돈을 수취할 권리가 발생함

∴ 재무상태의 변동(○) ⇒ 회계상의 거래(○)

④ (1) 구입 ⇒ 자산의 증가

(2) 대금 미지급 ⇒ 돈을 지급할 의무가 발생함(= 부채의 증가)

∴ 재무상태의 변동(○) ⇒ 회계상의 거래(○)

⑤ 재고자산의 가격 하락으로 재고자산이라는 자산이 감소한다.

∴ 재무상태의 변동(○) ⇒ 회계상의 거래(○)

03 ④

⇒ A = 2,000,000 + 1,500,000

∴ A = 3,500,000

⇒ 자산: 5,000,000 = 1,500,000 + 3,500,000

(1) 자본(기초): 2,000,000 = 자산 4,000,000 − 부채 2,000,000

(2) 자본증가: 1,500,000 = 출자 1,000,000 + (총 수익 7,000,000 − 총 비용 6,500,000)

(3) 자본(기말): 3,500,000 = 기초 2,000,000 + 증가 1,500,000

(4) 자산(기말): 5,000,000 = 부채 1,500,000 + 자본 3,500,000

04 ③ 차입금 관련 회계처리

| (차) 차입금(부채) | 1,000 | (대) 현금(자산) | 1,120 |
| 이자비용(비용) | 120 | | |

If) 자본의 변동?

⇒ 이자비용의 발생으로 자본 120 감소

05 ③ 1월 18일의 거래는 차입을 통하여 현금 100,000을 수령한 거래에 해당한다.

06 ④ 시산표에서 자동으로 발견되는 오류는 대차가 일치하지 않아야 하므로 정답은 ④이다.

07 ③ 회계처리

| (차) 현금 | 550,000 | = | (대) 매입채무 | 550,000 |

▶ 오답체크

① 회계처리

| (차) 현금 | 720,000 | ≠ | (대) 매출채권 | 702,000 |

② 회계처리

| (차) 현금 | 300,000 | ≠ | (대) | |
| 매출채권 | 300,000 | | | |

④ 회계처리

| (차) 현금 | 300,000 | ≠ | (대) 매출채권 | 600,000 |

08 ①

T/B	
자산	부채
① 28,000 ↓	② 25,000 ↑
③ 6,000 ↑	④ 12,000 ↑
⇩	⇩
N/I (−)	N/I (+)
① 28,000 ↑	③ 6,000 ↑
② 25,000 ↑	
④ 12,000 ↑	

① 미사용 소모품(자산)↓: 50,000 − 22,000
② 미지급급여(부채)↑: 25,000
③ 미수이자(자산)↑: 6,000
④ 미지급임차료(부채)↑: 12,000
⇒ 수정 후 당기순이익: 341,000
= 수정 전 400,000 + 가산 6,000 − 차감 (28,000 + 25,000 + 12,000)
[참고] 미수이자(6개월분): 6,000 = 120,000 × 10% × 6/12

09 ①

T/B	
자산	부채
② 700 ↓	① 800 ↑
④ 600 ↑	③ 700 ↓
⇩	⇩
N/I (−)	N/I (+)
① 800 ↑	③ 700 ↑
② 700 ↑	④ 600 ↑

① 미지급이자(부채)↑: 800
② 선급보험료(자산)↓: 700
③ 선수수익(부채)↓: 700
④ 미수수익(자산)↑: 600
⇒ 수정 후 당기순이익: 4,800
= 수정 전 (7,000 − 2,000) + 가산 (700 + 600) − 차감 (800 + 700)

10 ①

(1) 수정분개 전 소모품: 11,000 = 기초 5,000 + 매입 6,000
(2) 기말에 남아있는 소모품: 3,000
(3) 수정대상 소모품: 8,000 = 수정 전 11,000 − 기말 3,000
(4) 수정분개

(차) 소모비	8,000	(대) 소모품	8,000

(5) T계정 분석

소모품			
기초	5,000	감소(소모품비 대체)	8,000
증가	6,000	기말	3,000

11 ①

수정전T/B			수정후T/B		
소모품	50,000		소모품	70,000	
소모품비	100,000		소모품비	80,000	

⇒ 올바른 소모품비: 80,000

소모품			
기초	50,000	감소(소모품비 대체)	80,000
증가	100,000	기말	70,000

∴ 소모품 ↑ & 소모품비 ↓ by 수정분개

⇒ 결산수정분개

(차) 소모품	20,000	(대) 소모품비	20,000

12 ④ ㄱ. 선수수익의 감소

(차) 선수수익	20,000	(대) 용역수익	20,000

* $60,000 \times 1/3 = 20,000$

ㄴ. 선급보험료의 감소

(차) 보험료	8,000	(대) 선급보험료	8,000

* $24,000 \times 4/12 = 8,000$

ㄷ. 회계처리 누락

(차) 미수수익	6,000	(대) 용역매출	6,000

ㄹ. 선급임차료 감소

(차) 임차료	60,000	(대) 선급임차료	60,000

* $120,000 \times 3/6 = 60,000$

13 ① (1) ㈜한국의 회계처리

1) 계약 시점

(차) 현금	20,000	(대) 선수보험료	20,000

2) 기말 시점

(차) 선수보험료	10,000	(대) 보험료수익	10,000

(2) ㈜대한의 회계처리

1) 계약 시점

(차) 선급보험료	20,000	(대) 현금	20,000

2) 기말 시점

(차) 보험료비용	10,000	(대) 선급보험료	10,000

14 ②

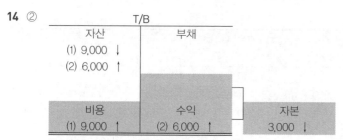

```
                    T/B
        자산        |       부채
     (1) 9,000 ↓    |
     (2) 6,000 ↑    |
                    |
        비용        |       수익            자본
     (1) 9,000 ↑    |    (2) 6,000 ↑      3,000 ↓
```

(1) 보험료의 수정분개

(차) 보험료	9,000	(대) 선급보험료	9,000

(2) 임대료수익의 수정분개

(차) 미수수익	6,000	(대) 임대수익	6,000

⇒ 당기순이익 3,000 감소(= 6,000 − 9,000)

15 ③

```
                    T/B
        자산        |       부채
     (2) 3,000 ↓    |    (1) 4,000 ↑
     (4) 2,000 ↑    |    (3) 1,000 ↑
                    |
        비용        |       수익            자본
     (2) 3,000 ↑    |    (1) 4,000 ↓      6,000 ↓
     (3) 1,000 ↑    |    (4) 2,000 ↑
```

[결산수정분개]

(1) 임대료수익

(차) 임대료수익	4,000	(대) 선수수익	4,000

(2) 보험료

(차) 보험료	3,000	(대) 선급보험료	3,000

(3) 이자비용

(차) 이자비용	1,000	(대) 미지급이자	1,000

(4) 이자수익

(차) 미수이자	2,000	(대) 이자수익	2,000

[결산수정분개사항이 미치는 영향]

(1) 자산: 120,000 − 3,000 + 2,000 ⇒ 119,000(수정후시산표)
　① 선급보험료: − 3,000
　② 미수이자: + 2,000

(2) 부채: 80,000 + 4,000 + 1,000 ⇒ 85,000(수정후시산표)
　① 선수수익: + 4,000
　② 미지급이자: + 1,000

(3) 수익: 90,000 − 4,000 + 2,000 ⇒ 88,000(수정후시산표)
　① 임대료수익: − 4,000
　② 이자수익: + 2,000

(4) 비용: 70,000 + 3,000 + 1,000 ⇒ 74,000(수정후시산표)
　① 보험료: + 3,000
　② 이자비용: + 1,000

⇒ 수정 후 당기순이익: 14,000 = 수익 88,000 − 비용 74,000

16 ④ (1) 수정분개 내역

8월 1일	(차) 임대료수익	1,400	(대) 선수임대료		1,400
	* 선수임대료: 2,400 × 7/12 = 1,400				
10월 1일	(차) 미수이자	100	(대) 이자수익		100
	* 미수이자: 10,000 × 4% × 3/12 = 100				
11월 1일	(차) 선급보험료	2,200	(대) 보험료비용		2,200
	* 선급보험료: 2,400 × 22/24 = 2,200				

(2) 자산의 증가: 2,300 = 100 + 2,200
(3) 비용의 감소: 2,200
(4) 수익의 감소: 1,300 = 1,400 − 100
(5) 당기순이익의 증가: 900 = 2,200 − 1,300

cpa.Hackers.com

Chapter **3**

재무제표 표시와 현재가치

I   재무제표의 목적

재무제표는 기업의 재무상태와 재무성과를 체계적으로 표현한 보고서로 일반목적재무보고의 가장 대표적인 수단이다. 재무제표의 목적은 다양한 정보이용자의 경제적 의사결정에 유용한 기업의 재무상태, 재무성과와 재무상태의 변동에 관한 정보를 제공하는 것이다. 또한 재무제표는 위탁받은 자원에 대한 경영진의 수탁책임에 대한 결과도 보여준다. 이러한 목적을 충족하기 위하여 재무제표는 다음과 같은 기업 정보를 제공한다.

---

① 자산, 부채, 자본   ② 수익, 비용
③ 소유주에 의한 출자와 소유주에 대한 배분   ④ 현금흐름

이러한 정보는 주석에서 제공되는 정보와 함께 재무제표의 이용자가 기업의 미래 현금흐름과 그 시기, 확실성을 예측하는 데 도움을 준다.

전체 재무제표는 다음을 모두 포함하여야 한다. 또한, 아래의 재무제표 명칭이 아닌 다른 명칭을 사용할 수도 있다.

전체 재무제표에 포함되는 항목

① 기말 재무상태표
② 기간 포괄손익계산서
③ 기간 자본변동표
④ 기간 현금흐름표
⑤ 주석(유의적인 회계정책의 요약 및 그 밖의 설명으로 구성)
⑥ 전기에 관한 비교정보
⑦ 회계정책을 소급하여 적용하거나, 재무제표의 항목을 소급하여 재작성 또는 재분류하는 경우 전기 기초 재무상태표

[예 전기 기초 재무상태표]

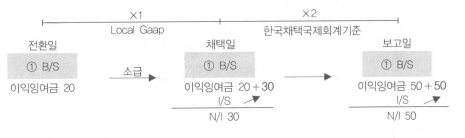

해커스 IFRS 정윤돈 회계원리

CH 3

재무제표 표시와 현재가치

Additional Comment

각각의 재무제표는 전체 재무제표에서 동등한 비중으로 표시한다. 이는 재무제표 이용자가 기업의 재무성과를 평가할 때 단일의 재무제표에서 단일의 측정치(예 당기순이익)만을 참조하여 평가하지 않는다는 관점에 기초한다.

기업은 재무제표 이외에도 그 기업의 재무성과와 재무상태의 주요 특성 및 기업이 직면한 주요 불확실성을 설명하는 경영진의 재무검토보고서를 제공하기도 한다. 또한 환경 요인의 유의적인 산업에 속해있는 경우나 종업원이 주요 재무제표이용자인 경우 재무제표 이외에 환경보고서나 부가가치보고서와 같은 보고서를 제공하기도 한다. 그러나 재무제표 이외의 보고서는 한국채택국제회계기준의 적용범위에 해당하지 않는다.

Self Study

1. 각각의 재무제표는 전체 재무제표에서 동등한 비중으로 표시한다. 또한 기업들은 기업회계기준서 제1001호 '재무제표 표시'에서 사용하는 재무제표의 명칭이 아닌 다른 명칭을 사용할 수 있다.
2. 전체 재무제표는 전기에 관한 비교정보를 포함한다(예 당기와 전기의 비교식 공시). 다만, 회계정책의 변경이나 중요한 오류수정으로 전기 이전의 재무제표를 소급재작성하는 경우에는 재무상태표 3개(당기 말 재무상태표, 전기 말 재무상태표, 전기 초 재무상태표)를 작성하여야 한다.
3. 재무제표 이외의 보고서는 한국채택국제회계기준의 적용범위에 해당하지 않는다.

01 공정한 표시와 한국채택국제회계기준의 준수

재무제표는 기업의 재무상태, 재무성과 및 현금흐름을 공정하게 표시해야 한다. 공정하게 표시하기 위해서는 '개념체계'에서 정한 자산, 부채, 수익 및 비용에 대한 정의와 인식요건에 따라 거래, 그 밖의 사건과 상황의 효과를 충실하게 표현해야 한다. 한국채택국제회계기준에 따라 작성된 재무제표(필요에 따라 추가 공시한 경우 포함)는 공정하게 표시된 재무제표로 본다.

또한 한국채택국제회계기준을 준수하여 작성된 재무제표는 국제회계기준을 준수하여 작성된 재무제표임을 주석으로 공시할 수 있다.

재무제표가 한국채택국제회계기준의 요구사항을 모두 충족한 경우가 아니라면 한국채택국제회계기준을 준수하여 작성되었다고 기재하여서는 안 된다. 부적절한 회계정책은 이에 대하여 공시나 주석 또는 보충자료를 통해 설명하더라도 정당화될 수 없다.

[공정한 표시와 한국채택국제회계기준의 준수]

구분	내용	비고
재무제표의 공정한 표시	한국채택국제회계기준을 준수함으로써 달성	부적절한 회계정책은 정당화될 수 없음

* 한국채택국제회계기준의 요구사항을 모두 충족한 경우에만 한국채택국제회계기준을 준수하여 작성하였다고 기재할 수 있음

02 계속기업의 가정

재무제표는 일반적으로 기업이 계속기업이며, 예상 가능한 기간 동안 영업을 계속할 것이라는 가정하에 작성된다. 경영진은 재무제표를 작성할 때 계속기업으로서의 존속가능성을 평가해야 한다. 경영진이 기업을 청산하거나 경영활동을 중단할 의도를 가지고 있지 않거나, 청산 또는 경영활동을 중단 외에 다른 현실적 대안이 없는 경우가 아니면 계속기업을 전제로 재무제표를 작성한다. 그러므로 계속기업으로서의 존속능력에 유의적인 의문이 제기될 수 있는 사건이나 상황과 관련된 중요한 불확실성을 알게 된 경우, 경영진은 그러한 불확실성을 공시하여야 한다.

재무제표가 계속기업의 기준하에 작성되지 않는 경우에는 그 사실과 함께 재무제표가 작성된 기준 및 그 기업을 계속기업으로 보지 않는 이유를 주석 공시하여야 한다. 계속기업의 가정이 적절한지의 여부를 평가할 때 경영진은 적어도 보고기간 말부터 향후 12개월 기간에 대하여 이용 가능한 모든 정보를 고려한다.

Additional Comment

> 경영자가 보고기간 말로부터 12개월을 초과하는 기간에 대해서도 계속기업으로서 존속할 것인지를 평가하는 것은 어렵기 때문에 보고기간 말로부터 12개월 이내의 기간으로 평가기간을 제한하는 것이다.

기업이 상당기간 계속 사업이익을 보고하였고, 보고기간 말 현재 경영에 필요한 재무자원을 확보하고 있는 경우에는 자세한 분석이 없어도 계속기업을 전제로 한 회계처리가 적절하다는 결론을 내릴 수 있다.

03 발생기준 회계

기업은 현금흐름정보(현금흐름표)를 제외하고는 발생기준 회계를 사용하여 재무제표를 작성한다. 발생기준 회계는 미래 현금흐름의 예측에 필요한 정보를 제공할 수 있기 때문에 현금기준 회계보다 더 유용하다는 데에는 이견이 없다. 발생기준 회계를 사용하는 경우, 각 항목이 개념체계의 정의와 인식요건을 충족할 때 자산, 부채, 자본, 광의의 수익 및 비용으로 인식한다.

04 중요성과 통합표시

유사한 항목은 중요성 분류에 따라 재무제표에 구분하여 표시하며, 상이한 성격이나 기능을 가진 항목을 구분하여 표시한다. 단, 중요하지 않은 항목은 성격이나 기능이 유사한 항목과 통합하여 표시(예 현금및현금성자산)할 수 있다. 재무제표에는 중요하지 않아 구분하여 표시하지 않은 항목이라도 주석에는 구분표시해야 할 만큼 충분히 중요할 수 있다.

기업은 중요하지 않은 정보로 중요한 정보가 가려져서 불분명하게 하거나, 다른 성격과 기능을 가진 중요한 항목들을 통합함으로써 기업의 재무제표의 이해가능성을 저하시키지 말아야 한다. (⇒ 개별적으로 중요하지 않은 항목은 상기 재무제표나 주석의 다른 항목과 통합한다.)

[중요성과 통합표시]

성격이나 기능		재무제표 표시
상이한 항목		구분하여 표시
유사한 항목	중요한 경우	구분하여 표시
	중요하지 않은 경우	성격이나 기능이 유사한 항목과 통합하여 표시 가능

현재 한국채택국제회계기준을 적용하여 공시되고 있는 회사들의 재무제표를 비교해보면 매우 다양하게 구분표시 또는 통합표시를 하고 있음을 확인할 수 있는데, 이는 회사마다 적용한 중요성 기준이 동일하지 않기 때문이다.

05 상계표시

한국채택국제회계기준에서 요구하거나 허용하지 않는 한 자산과 부채 그리고 수익과 비용은 상계하지 아니한다. 이들 항목을 상계표시하면 발생한 거래, 그 밖의 사건과 상황을 이해하고 기업의 미래 현금흐름을 분석할 수 있는 재무제표이용자의 능력을 저해할 수 있다.

동일 거래에서 발생하는 수익과 관련 비용의 상계표시가 거래나 그 밖의 사건의 실질을 반영한다면 그러한 거래의 결과는 상계하여 표시한다. 이러한 상계표시의 예를 들면 다음과 같다.

투자자산 및 영업용 자산을 포함한 비유동자산의 처분손익은 처분대금에서 그 자산의 장부금액과 관련 처분비용을 차감하여 표시한다.

⊞ 참고 | 상계표시의 예시

토지(장부금액 ₩200)를 ₩250에 처분하면서 수수료 ₩10이 발생하였다.

(차) 현금	240	(대) 토지	200
		유형자산처분손익(상계)	40

[상계표시]

원칙	자산과 부채, 수익과 비용은 상계하지 않음 * 평가충당금의 순액 측정은 상계 ×
상계표시하는 경우	비유동자산처분손익(처분비용도 상계, 강제사항)

Self Study

재고자산에 대한 재고자산평가충당금과 매출채권에 대한 손실충당금과 같은 평가충당금을 차감하여 관련 자산을 순액으로 측정하는 것은 상계표시에 해당하지 아니한다. 재고자산평가충당금이나 손실충당금은 부채가 아니라 자산의 차감계정이므로 이를 해당 자산에서 차감표시하는 것은 자산과 부채의 상계가 아니기 때문이다.

06 보고빈도

전체 재무제표(비교정보를 포함)는 적어도 1년마다 작성한다. 보고기간 종료일을 변경하여 재무제표의 보고기간이 1년을 초과하거나 미달하는 경우 재무제표가 해당하는 기간뿐만 아니라 다음의 사항을 추가로 공시한다.

① 보고기간이 1년을 초과하거나 미달하게 된 이유
② 재무제표에 표시된 금액이 완전하게 비교 가능하지 않다는 사실

일반적으로 재무제표는 일관성 있게 1년 단위로 작성한다. 그러나 실무적인 이유로 보고 빈도를 1년에 2회, 4회로 할 수도 있으며 이러한 보고 관행을 금지하지 않는다.

07 비교정보

한국채택국제회계기준이 달리 허용하거나 요구하는 경우를 제외하고는 당기 재무제표에 보고되는 모든 금액에 대해 전기 비교정보를 표시한다. 당기 재무제표를 이해하는 데 목적 적합하다면 서술형 정보의 경

우에도 비교정보를 포함한다. 그러므로 최소한 두 개의 재무상태표와 두 개의 포괄손익계산서, 두 개의 별개 손익계산서(표시하는 경우), 두 개의 현금흐름표, 두 개의 자본변동표 그리고 관련 주석을 표시해야 한다.

회계정책을 소급하여 적용하거나, 재무제표 항목을 소급하여 재작성 또는 재분류하고 이러한 소급적용, 소급재작성 또는 소급재분류가 전기 기초 재무상태표의 정보에 중요한 영향을 미치는 경우에는 세 개의 재무상태표를 표시한다. 이 경우 각 시점(당기 말, 전기 말, 전기 초)에 세 개의 재무상태표를 표시하되 전기 기초의 개시 재무상태표에 관련된 주석을 표시할 필요는 없다.

[비교 공시]

구분	재무상태표	다른 재무제표(주석 포함)
일반적인 경우	당기 말, 전기 말	당기, 전기
회계정책을 소급적용하거나 재무제표 항목을 소급하여 재작성하는 경우[1]	당기 말, 전기 말, 전기 초	당기, 전기

[1] 재무제표 항목의 표시나 분류를 변경하는 경우 비교금액도 재분류

08 표시의 계속성

재무제표 항목의 표시와 분류는 다음의 경우를 제외하고는 매기 동일하여야 한다.

① 사업내용의 유의적인 변화나 재무제표를 검토한 결과 다른 표시나 분류방법이 더 적절한 것이 명백한 경우
② 한국채택국제회계기준에서 표시방법의 변경을 요구하는 경우

연습문제

1. '재무제표의 표시'의 일반 사항에 대한 설명으로 옳지 않은 것은?

① 계속기업으로서의 존속능력에 유의적인 의문이 제기될 수 있는 사건이나 상황과 관련한 중요한 불확실성을 알게 된 경우, 경영진은 그러한 불확실성을 공시하여야 한다.

② 매출채권에 대한 손실충당금과 같은 평가충당금을 차감하여 관련 자산을 순액으로 측정하는 것은 상계표시에 해당하지 아니한다.

③ 한국채택국제회계기준이 달리 허용하거나 요구하는 경우를 제외하고는 당기 재무제표에 보고되는 모든 금액에 대해 전기 비교정보를 표시하며, 서술형 정보는 당기 정보만 표시한다.

④ 기업은 현금흐름 정보를 제외하고는 발생기준 회계를 사용하여 재무제표를 작성한다.

⑤ 각각의 재무제표는 전체 재무제표에서 동등한 비중으로 표시한다.

해설

한국채택국제회계기준이 달리 허용하거나 요구하는 경우를 제외하고는 당기 재무제표에 보고되는 모든 금액에 대해 전기 비교정보를 공시한다. 당기 재무제표를 이해하는 데 목적 적합하다면 서술형 정보의 경우에도 비교정보를 포함한다.

답 ③

2 재무상태표

01 재무상태표의 의의와 양식

(1) 재무상태표의 의의

재무상태표는 특정 시점 현재 기업의 자산, 부채 및 자본의 잔액을 보고하는 재무제표이다. 재무상태표는 기업의 재무구조, 유동성과 지급능력, 영업환경 변화에 대한 적응능력을 평가하는 데 필요한 정보를 제공한다.

> **Additional Comment**
>
> 재무상태표는 자산에 대한 측정기준을 선택하여 적용할 수 있고, 가치가 있는 내부창출 무형자산을 비용으로 인식하며, 재무상태표에 인식되지 않는 외부 항목이 발생할 수 있는 한계점이 있다. 그러므로 기업의 재무상태를 평가할 때 주석으로 공시한 사항도 함께 분석해야 한다.

(2) 재무상태표에 표시되는 정보

일정 시점에 기업의 경제적 자원과 보고기업에 대한 청구권에 관한 정보를 제공하는 재무상태표는 적어도 다음에 해당하는 금액을 나타내는 항목을 표시하도록 기준서에서 규정하고 있다. 아래의 항목은 최소한 재무상태표에 표시되어야 할 항목이므로 기업의 재량에 따라 더 많은 항목이 재무상태표에 표시될 수 있다.

> ① 유형자산
> ② 투자부동산
> ③ 무형자산
> ④ 금융자산 (단, ⑤, ⑧ 및 ⑨ 제외)
> ⑤ 지분법에 따라 회계처리하는 투자자산
> ⑥ 생물자산
> ⑦ 재고자산
> ⑧ 매출채권 및 기타 채권
> ⑨ 현금및현금성자산
> ⑩ 기준서 제1105호 '매각예정비유동자산과 중단영업'에 따라 매각예정으로 분류된 자산과 매각예정으로 분류된 처분자산집단에 포함된 자산의 총계
> ⑪ 매입채무 및 기타 채무
> ⑫ 충당부채
> ⑬ 금융부채 (단, ⑪과 ⑫ 제외)

⑭ 기준서 제1021호 '법인세'에서 정의된 당기 법인세와 관련한 부채와 자산
⑮ 기준서 제1012호에서 정의된 이연법인세부채 및 이연법인세자산
⑯ 기준서 제1105호에 따라 매각예정으로 분류된 처분자산집단에 포함된 부채
⑰ 자본에 표시된 비지배지분
⑱ 지배기업의 소유주에게 귀속되는 납입자본과 적립금

(3) 재무상태표의 양식

기준서 제1001호의 실무적용지침에서 예시하고 있는 재무상태표 양식은 다음과 같다.

재무상태표			
㈜××회사			(단위: 원)
과목	20×2년 말		20×1년 말
자산			
유동자산		×××	×××
현금및현금성자산	×××		×××
재고자산	×××		×××
매출채권	×××		×××
기타 비유동자산	×××		×××
…	×××		×××
비유동자산		×××	×××
유형자산	×××		×××
영업권	×××		×××
기타 무형자산	×××		×××
관계기업투자자산	×××		×××
…	×××		×××
자산총계		×××	×××
부채			
유동부채		×××	×××
매입채무와 기타미지급금	×××		×××
단기차입금	×××		×××
유동성장기차입금	×××		×××
당기법인세부채	×××		×××
단기충당부채	×××		×××
…	×××		×××
비유동부채		×××	×××
장기차입금	×××		×××
이연법인세부채	×××		×××
장기충당부채	×××		×××
부채총계		×××	×××
자본			
납입자본	×××		×××
이익잉여금	×××		×××
기타 자본요소	×××		×××
비지배지분		×××	×××
자본총계		×××	×××
자본 및 부채총계		×××	×××

Ⅱ 자산과 부채의 유동·비유동의 구분

01 표시방법

유동 항목과 비유동 항목을 재무상태표에 표시하는 방법은 아래와 같으며 한국채택국제회계기준은 각 방법을 모두 인정하고 있다.

(1) 유동·비유동 항목 구분법

자산과 부채를 유동성 순서에 따라 표시하는 방법이 신뢰성 있고 더욱 목적 적합한 정보를 제공하는 경우를 제외하고는 자산과 부채를 유동 항목과 비유동 항목으로 구분하여 재무상태표에 표시한다. 이는 기업이 명확히 식별할 수 있는 영업주기 내에서 재화나 용역을 제공하는 경우, 재무상태표에 유동자산과 비유동자산 및 유동부채와 비유동부채를 구분하여 표시한다. 이는 운전자본으로서 계속 순환되는 순자산과 장기 영업활동에서 사용하는 순자산을 구분함으로써 기업의 지급능력에 대한 유용한 정보를 제공할 수 있기 때문이다. 단, 유동 항목과 비유동 항목을 구분할 경우 재무상태표의 표시 순서는 기업이 정한다.

(2) 유동성 순서법

금융기관과 같이 재화나 용역 제공에 따른 영업주기가 명확히 식별되지 않는 경우에는 자산과 부채를 유동성 순서에 따라 표시하는 것이 신뢰성 있고 더욱 목적 적합한 정보를 제공할 수 있다. 현재 우리나라 금융기관들은 재무상태표에 자산과 부채를 유동성 순서에 따라 표시하고 있다. 이때에도 기업의 선택에 따라 유동성이 높은 항목부터 표시하거나 유동성이 낮은 항목부터 표시할 수 있다.

(3) 혼합표시방법

신뢰성 있고 더욱 목적 적합한 정보를 제공한다면 자산과 부채의 일부는 유동과 비유동 구분법을, 나머지는 유동성 순서에 따른 표시방법으로 표시하는 것이 허용된다. 이러한 혼합표시방법은 기업이 다양한 사업을 영위하는 경우에 필요할 수 있다.

02 유동자산과 비유동자산

보고기간 후 12개월 이내 또는 정상영업주기 이내에 실현되거나 판매하거나 소비할 의도가 있는 자산은 유 동자산으로 분류하며, 그 밖의 모든 자산은 비유동자산으로 분류한다. 유동자산으로 분류하는 자산의 예 는 다음과 같다.

유동자산의 예시 항목

① 기업의 정상영업주기 내에 실현될 것으로 예상하거나, 정상영업주기 내에 판매하거나 소비할 의도가 있다.
② 주로 단기매매 목적으로 보유하고 있다.
③ 보고기간 후 12개월 이내에 실현될 것으로 예상된다.
④ 현금이나 현금성자산으로서, 교환이나 부채상환 목적으로서의 사용에 대한 제한기간이 보고기간 후 12개월 이상 이 아니다.

Additional Comment

유동·비유동을 판단하는 시점은 보고기간 말이며, 보고기간 말 현재 위의 4가지 요건을 충족하는지의 판단에 따라 분류한다. 그러나 유동자산은 보고기간 후 12개월 이내에 실현될 것으로 예상하지 않는 경우에도 재고자산과 매출채권 과 같이 정상영업주기의 일부로서 판매, 소비 또는 실현되는 자산을 포함한다. 또한 유동자산은 주로 단기매매 목적으 로 보유하고 있는 자산(FVPL금융자산)과 비유동금융자산의 유동성 대체 부분을 포함한다.

03 유동부채와 비유동부채

보고기간 후 12개월 이내 또는 정상영업주기 이내에 결제되거나 혹은 정상영업주기 내에 결제될 것으로 예 상되는 부채는 유동부채로 분류하며, 그 밖의 모든 부채는 비유동부채로 분류한다. 유동부채로 분류하는 부채의 예는 다음과 같다.

Additional Comment

매입채무 그리고 종업원 및 그 밖의 영업원가에 대한 미지급비용과 같은 유동부채는 기업의 정상영업주기 내에 사용되는 운전자본의 일부이기 때문에 이러한 항목은 보고기간 후 12개월을 초과하여 결제일이 도래한다 하더라도 유동부채로 분류한다. 기타의 유동부채는 정상영업주기 이내에 결제되지 않지만 보고기간 후 12개월 이내에 결제일이 도래하거나 주로 단기매매 목적으로 보유한다.

연습문제

2. 유동자산과 유동부채에 대한 설명으로 옳지 않은 것은?

① 기업의 정상영업주기 내에 실현될 것으로 예상하거나, 정상영업주기 내에 판매하거나 소비할 의도가 있는 자산은 유동자산으로 분류한다.
② 보고기간 후 12개월 이내에 실현될 것으로 예상되는 자산은 유동자산으로 분류한다.
③ 보고기간 후 12개월 이상 부채의 결제를 연기할 수 있는 무조건의 권리를 가지고 있지 않은 부채는 유동부채로 분류한다.
④ 매입채무와 같이 기업의 정상영업주기 내에 사용되는 운전자본의 일부 항목이라도 보고기간 후 12개월 후에 결제일이 도래할 경우 비유동부채로 분류한다.
⑤ 이연법인세자산(부채)은 유동자산(부채)으로 분류하지 않는다.

해설 ┄┄

정상영업주기 내에 결제가 예상되는 부채는 유동부채로 분류한다. 다만, 정상영업주기를 명확하게 식별할 수 없는 경우에는 정상영업주기를 12개월인 것으로 가정한다. 따라서, 보고기간 후 12개월 이내에 결제되는 부채는 유동부채로 분류하게 된다.
매입채무와 같이 정상영업주기 내에 사용되는 운전자본의 일부인 항목은 정상영업주기 내에 결제되기 때문에 보고기간 후 12개월 후에 결제일이 도래한다고 하더라도 유동부채로 분류한다. 　　　　　　답 ④

3 포괄손익계산서

I   포괄손익계산서의 의의와 표시되는 정보

01 포괄손익계산서의 의의

포괄손익계산서란 일정 기간 동안 발생한 모든 수익과 비용을 보고하는 재무제표이다. 즉, 포괄손익계산서는 소유주(주주)와의 자본거래에 따른 자본의 변동을 제외한 기업 순자산의 변동을 표시하는 보고서이다. 포괄손익계산서는 기업의 성과평가에 유용한 정보를 제공한다.

Additional Comment

> 포괄손익계산서에서 보여주는 영업손익, 당기순손익 등의 정보를 통해서 기업이 얼마나 효과적이고 효율적으로 성과를 달성하였는지 평가할 수 있다. 그러나 포괄손익계산서를 작성할 때 내부창출 무형자산과 관련된 특정 지출을 비용으로 인식하며, 자산의 손상차손 등 비용을 추정하는 과정에 경영자의 주관적 재량이 개입되어 이익조정이 가능하다는 한계점도 존재한다.

02 포괄손익계산서에 표시되는 정보

(1) 당기순이익

한 회계기간에 인식되는 모든 수익과 비용 항목은 한국채택국제회계기준이 달리 정하지 않는 한 당기손익으로 인식한다. (수익과 비용의 정의를 만족하지만 당기손익에 반영되지 않는 항목은 기타포괄손익과 오류수정과 회계정책의 변경효과이다.)

(2) 기타포괄손익

한국채택국제회계기준에서 요구하거나 허용하여 당기손익으로 인식하지 않은 수익과 비용 항목으로 모두 장기성 미실현보유이익 성격의 계정이다.

수익과 비용의 분류

수익과 비용	원칙적으로 당기손익으로 인식
당기손익으로 분류하지 않는 경우	① 오류수정과 회계정책의 변경효과 ② 기타포괄손익

수익과 비용 중 어느 항목을 당기순손익이나 기타포괄손익으로 구분하는지에 대한 논리적 기준은 없다. 그러나 당기순손익으로 구분되는 수익과 비용 항목이 기타포괄손익으로 구분되는 수익과 비용 항목보다 더 높은 미래의 현금흐름에 대한 예측능력이 있고, 경영자의 수탁책임 이행 여부를 판단할 수 있는 증거를 제시하고 있다. 그러므로 대체로 미래의 현금흐름을 예측하거나 기업의 경영성과를 평가하는 데 관련이 많은 항목을 당기순손익으로 구분하고, 그렇지 않은 항목을 기타포괄손익으로 구분한다.

(3) 당기순손익과 기타포괄손익의 구분

수익에서 비용을 차감한 순액을 총포괄손익이라고 한다. 포괄손익계산서는 당기에 발생한 총포괄손익에 대한 정보를 제공하기 때문에 붙여진 명칭이다. 총포괄손익은 당기순손익과 기타포괄손익(Other Comprehensive Income)으로 구분할 수 있다.

(총)포괄손익 = 당기순손익 + 기타포괄손익의 변동(재분류조정 포함)

포괄손익계산서에는 당기순손익을 구성하는 수익과 비용을 먼저 표시하고, 그 아래에 기타포괄손익을 구성하는 수익과 비용을 표시한 후 당기순손익과 기타포괄손익의 합계를 총포괄손익으로 표시한다. 대부분의 수익과 비용은 당기순손익 항목이며, 일부의 수익과 비용이 기타포괄손익으로 구분된다.

수익과 비용의 포괄손익계산서 표시

포괄손익계산서
수익 − 비용
= 당기순손익(I)
수익 − 비용
= 기타포괄손익(II)
총포괄손익

Ⅱ   포괄손익계산서의 표시방법 및 비용의 분류

01 포괄손익계산서의 표시방법

(1) 단일보고와 별도보고

한국채택국제회계기준에서는 포괄이익개념으로 손익을 접근하므로 당기순손익의 구성요소는 단일 포괄손익계산서의 일부로 표시하거나, 두 개의 손익계산서 중 별개의 손익계산서에 표시할 수 있다. (선택 가능) 단일의 포괄손익계산서에 두 부분으로 나누어 표시할 경우 당기손익 부분을 먼저 표시하고 바로 이어서 기타포괄손익 부분을 함께 표시하고, 별개의 손익계산서에 표시할 경우 별개의 손익계산서는 포괄손익을 표시하는 보고서 바로 앞에 위치한다.

단일보고와 별도보고

구분	내용	비고
단일의 포괄손익계산서	당기손익을 먼저 표시하고 기타포괄손익을 이어서 표시	
두 개의 포괄손익계산서(선택 가능)	① 별개의 손익계산서 ② 포괄손익계산서(당기순손익으로부터 시작)	별개의 손익계산서를 먼저 표시

Additional Comment

포괄손익계산서는 당기순손익과 기타포괄손익을 함께 표시한다. 그러나 경영자는 자신이 통제하기 어려운 기타포괄손익 항목을 기업의 경영성과로 간주되는 당기순손익과 함께 표시하는 것을 꺼리는 경향이 있다. 이에 많은 기업들이 기타포괄손익을 당기순손익과 함께 표시하는 단일보고방법을 적용하지 않고 별도보고방법을 선택하여 기타포괄손익이 당기순손익에 미치는 영향을 차단하고, 오로지 당기순손익으로만 경영자의 성과를 평가받을 수 있게 하고 있다.

⊞ 참고 | 단일의 포괄손익계산서

포괄손익계산서
당기: 20×1년 1월 1일부터 20×1년 12월 31일까지
전기: 20×0년 1월 1일부터 20×0년 12월 31일까지

A회사 (단위: 원)

구분	당기	전기
매출액	××	××
매출원가	(××)	(××)
매출총이익	××	××
판매비와 관리비	(××)	(××)
영업이익	××	××
영업외수익과 차익	××	××
영업외비용과 차손	(××)	(××)
법인세비용차감전순이익	××	××
법인세비용	(××)	(××)
계속영업이익	××	××
세후중단영업손익	××	××
당기순이익	××	××
기타포괄손익		
당기손익으로 재분류되지 않는 세후기타포괄손익	××	××
당기손익으로 재분류되는 세후기타포괄손익	××	××
총포괄이익	××	××

(별개의) 손익계산서

당기: 20×1년 1월 1일부터 20×1년 12월 31일까지

전기: 20×0년 1월 1일부터 20×0년 12월 31일까지

A회사 (단위: 원)

구분	당기	전기
매출액	××	××
매출원가	(××)	(××)
매출총이익	××	××
판매비와 관리비	(××)	(××)
영업이익	××	××
영업외수익과 차익	××	××
영업외비용과 차손	(××)	(××)
법인세비용차감전순이익	××	××
법인세비용	(××)	(××)
계속영업이익	××	××
세후중단영업손익	××	××
당기순이익	××	××

포괄손익계산서

A회사 (단위: 원)

구분	당기	전기
당기순이익	××	××
기타포괄손익		
당기손익으로 재분류되지 않는 세후기타포괄손익	××	××
당기손익으로 재분류되는 세후기타포괄손익	××	××
총포괄이익	××	××

(2) 기타포괄손익의 표시방법

기타포괄손익은 다른 한국채택국제회계기준서에서 요구하거나 허용하여 당기손익으로 인식하지 않은 수익과 비용 항목을 말하며 기타포괄손익 부분에 해당 기간의 금액을 표시하는 항목은 다음과 같다.

① 성격별로 분류하고 다른 한국채택국제회계기준에 따라 다음의 집단으로 묶은 기타포괄손익의 항목(②의 금액은 제외)

ⓐ 후속적으로 당기손익으로 재분류되지 않는 항목

ⓑ 특정 조건을 충족할 때에 후속적으로 당기손익으로 재분류되는 항목

② 지분법으로 회계처리하는 관계기업과 공동기업의 기타포괄손익에 대한 지분으로서 다른 한국채택국제회계기준에 따라 다음과 같이 구분되는 항목에 대한 지분

ⓐ 후속적으로 당기손익으로 재분류되지 않는 항목

ⓑ 특정 조건을 충족할 때에 후속적으로 당기손익으로 재분류되는 항목

기타포괄손익은 후속적으로 당기손익으로 재분류되지 않는 항목과 당기손익으로 재분류되는 항목으로 구분되며 이를 각각 포괄손익계산서에 표시한다. (강제사항)

[기타포괄손익의 표시방법]

항목	강제·선택사항
재분류조정 가능 항목과 재분류조정 불가 항목의 구분표시	강제사항

Additional Comment

수익과 비용은 결산 과정을 거쳐 재무상태표의 자본에 반영된다. 당기순손익을 구성하는 수익과 비용은 차기로 이월되는 것이 아니라 마감 과정을 거쳐 그 순액이 재무상태표의 자본 중 이익잉여금에 집합된다. 그러나 기타포괄손익을 구성하는 수익과 비용 항목은 각각 재무상태표의 자본 중 기타포괄손익누계액에 집합되어 다음 연도로 이월된다. 그런데 기타포괄손익 중 어느 항목은 다음 연도 이후에 당기손익으로 재분류되기도 하고, 어느 항목은 다음 연도 이후에 당기손익으로 재분류되지 않기도 한다.

(3) 기타포괄손익의 후속적 당기손익 재분류

재분류조정은 당기나 과거 기간에 기타포괄손익으로 인식되었으나 당기손익으로 재분류된 금액을 말한다. 또한 다른 기준서들은 과거 기간에 기타포괄손익으로 인식한 금액을 당기손익으로 재분류할지 여부와 그 시기에 대하여 규정하고 있는데 재분류를 재분류조정으로 규정하고 있다.

재분류조정은 포괄손익계산서나 주석에 표시할 수 있는데, 재분류조정을 주석에 표시하는 경우에는 관련 재분류조정을 반영한 후에 기타포괄손익의 항목을 표시한다.

Self Study

1. **재분류조정 대상 기타포괄손익:** 당기나 과거 기간에 인식한 기타포괄손익을 당기손익으로 재분류할 금액을 말한다.
2. **재분류조정 대상이 아닌 기타포괄손익:** 최초에 기타포괄손익으로 인식하고 후속 기간에 당기손익으로 재분류하지 않으며, 이익잉여금으로 직접 대체할 수 있는 금액을 말한다.
3. 재분류조정은 포괄손익계산서나 주석에 표시할 수 있다. 재분류조정을 주석에 표시하는 경우에는 관련 재분류조정을 반영한 후에 기타포괄손익의 구성요소를 표시한다.

(4) 영업이익의 구분표시

기업은 수익에서 매출원가 및 판매비와 관리비(물류원가 등을 포함)를 차감한 영업이익(또는 영업손실)을 포괄손익계산서에 구분하여 표시한다. 영업손익 산출에 포함된 주요 항목과 그 금액을 포괄손익계산서의 본문에 표시할 수도 있고 주석으로 공시할 수도 있다.

[영업이익의 구분표시]

항목	강제·선택사항
영업이익의 구분표시	강제사항

Self Study

1. 영업활동과 관련하여 비용이 감소함에 따라 발생하는 퇴직급여충당부채환입, 판매보증충당부채환입 및 손실충당금환입 등은 판매비와 관리비의 부(−)의 금액으로 한다.
2. 영업의 특수성을 고려할 필요가 있는 경우(예 매출원가를 구분하기 어려운 경우)나 비용을 성격별로 분류하는 경우 영업수익에서 영업비용을 차감한 영업이익을 포괄손익계산서에 구분하여 표시할 수 있다.

당기손익 항목		내용
영업이익	매출원가 구분이 가능	매출액 − 매출원가 − 판매비와 관리비
	매출원가 구분이 불가능	영업수익 − 영업비용
당기순이익		영업이익 + 영업외수익 − 영업외비용 − 법인세비용

02 비용의 분류

기업이 포괄손익계산서에 비용을 분류하는 방법은 성격별 비용으로 표시하는 방법과 기능별 비용으로 표시하는 방법이 있고 한국채택국제회계기준은 신뢰성 있고 더욱 목적 적합한 정보를 제공할 수 있는 방법을 경영진이 선택하여 분류할 수 있도록 규정하고 있다.

(1) 성격별 분류방법

성격별 분류방법은 당기손익에 포함된 비용을 그 성격(예 감가상각비, 원재료의 구입, 운송비, 종업원급여와 광고비)별로 통합하여 분류하는 것을 말한다. 비용을 기능별 분류로 배분할 필요가 없기 때문에 적용이 간단할 수 있으며 미래 현금흐름을 예측하는 데 유용하다.

비용의 성격별 분류방식에 기초한 비용 분석을 표시할 경우 당기의 재고자산 순변동액과 함께 비용으로 인식한 원재료 및 소모품, 노무원가와 기타원가를 주석에 공시하여야 한다.

(2) 기능별 분류방법

기능별 분류방법은 비용을 매출원가, 그리고 물류원가와 관리활동원가 등과 같이 기능별로 분류하는 것을 말한다. 이 방법은 적어도 매출원가를 다른 비용과 분리하여 공시한다. 이 방법은 성격별 분류보다 재무제표이용자에게 더욱 목적 적합한 정보를 제공할 수 있지만 비용을 기능별로 배분하는 데 자의적인 배분과 상당한 정도의 판단이 개입될 수 있다.

비용을 기능별로 분류하는 기업은 감가상각비, 기타 상각비와 종업원급여비용을 포함하여 비용의 성격에 대한 추가 정보를 주석에 공시하여야 한다.

비용을 기능별로 분류하는 기업은 감가상각비, 기타 상각비와 종업원급여비용을 포함하여 비용의 성격에 대한 추가 정보를 주석 공시한다. (비용을 성격별로 분류하는 기업은 비용의 기능에 대한 추가 정보를 공시하지 않는다.)

4 기타 재무제표

I 자본변동표

자본변동표란 당해 기간 동안 변동된 자본의 증가 및 감소의 내용을 보고하는 재무제표이다.

II 현금흐름표

현금흐름표는 기업의 현금및현금성자산에 대한 창출능력과 기업의 현금흐름 사용 필요성에 대한 평가를 위한 정보를 제공하는 재무제표로 당해 기간 동안 발생한 현금흐름을 영업활동 현금흐름, 투자활동 현금흐름 및 재무활동 현금흐름으로 분류하여 표시한다.

III 주석

주석은 재무제표 작성 근거와 기업이 적용한 회계정책에 대한 정보, 한국채택국제회계기준에서 요구하는 정보이지만 재무제표 어느 곳에도 표시되지 않는 정보 및 재무제표 어느 곳에도 표시되지 않지만 재무제표를 이해하는 데 목적 적합한 정보를 제공한다. 주석은 일반적으로 다음의 순서로 표시한다.

① 한국채택국제회계기준을 준수하였다는 사실
② 적용한 중요한 회계정책의 요약
③ 재무상태표, 포괄손익계산서, 별개의 손익계산서(표시하는 경우), 자본변동표 및 현금흐름표에 표시된 항목에 대한 보충정보, 재무제표의 배열 및 각 재무제표에 표시된 개별 항목의 순서에 따라 표시
④ 다음을 포함한 기타 공시
　㉠ 우발부채와 재무제표에서 인식하지 아니한 계약상 약정사항
　㉡ 비재무적 공시 항목(예 기업의 재무위험관리목적과 정책)

5 현재가치 측정

I 화폐의 시간가치의 이해

01 유동성선호와 이자

화폐의 가치는 시간의 경과에 따라 달라진다. 동일한 현금이라면 미래의 현금보다 현재의 현금이 더 가치가 있다. 이는 일반적으로 경제적 주체들이 미래의 현금보다 현재의 현금을 선호하기 때문이며, 이러한 선호 현상을 유동성 선호라고 한다.

Additional Comment

지금 ₩1,000을 받는 것이 1년 후에 ₩1,000을 받는 것보다 더 유리하다. 이와 같은 의사결정은 인플레이션이 없다고 하더라도 마찬가지이다. 일반적으로 이자율은 0%보다 높기 때문에 지금 ₩1,000을 받아서 이자가 발생하는 금융상품에 투자한다면 1년 후에 금액은 ₩1,000보다 더 큰 금액이 된다. 그러므로 지금 ₩1,000을 받는 것이 1년 후에 ₩1,000을 받는 것보다 더 유리한 의사결정이다.

화폐는 시간가치를 갖는데 이를 이자라고 한다. 이자는 화폐를 사용하는 과정에서 그 대가로 발생하는 원가이다. 돈을 차입하는 입장에서 보면 빌린 금액보다 나중에 더 많은 금액을 갚아야 하는데 그 차이가 바로 이자비용이며, 돈을 대여하는 입장에서 보면 빌려준 금액보다 나중에 더 많은 금액을 회수하는데 그 차이가 이자수익이다. 그런데 이자율이 일정하게 유지되더라도 이자는 시간의 길이에 따라 증가한다. 즉, 화폐의 시간가치는 시간의 경과에 따라 변화하는 특징이 있다.

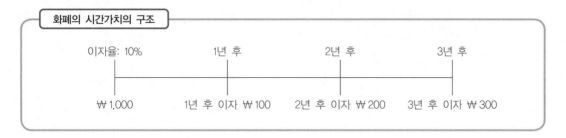

현재의 현금을 소비할 수 있는 기회를 미래로 연기하게 되면 적절한 대가를 요구하며, 이를 이자라고 한다. 이때 현재의 현금에 대한 이자의 비율을 이자율, 할인율 또는 수익률이라고 한다. 쉽게 말해 이자율은 현재 ₩1을 소비할 수 있는 기회를 미래로 연기하면서 요구하는 이자이다.

02 이자의 계산방법

(1) 이자를 발생시키는 거래

이자를 발생시키는 거래는 통상적으로 원금, 이자 계산의 기간, 이자율 그리고 미래 현금흐름의 요소를 가진다. 각각에 대한 설명은 아래와 같다.

① 원금: 원금은 대여자와 차입자의 관계에서 최초 대출 또는 차입되는 금액으로 초기 이자 발생의 근거가 되는 화폐금액을 말한다.

② 이자 계산의 기간: 이자 계산의 기간은 대여자에게는 투자 또는 대여기간이라고 할 수 있으며, 차입자에게는 차입기간이 된다. 보통 이 기간이 1년을 초과하는 경우 1년 단위로 구분하여 이자를 계산하는 것이 일반적이다.

③ 이자율: 이자율은 이자의 계산 대상 금액에 대하여 발생된 이자의 비율을 나타내는 것으로 계산 대상 금액은 원금만이 포함될 수도 있고 원금과 과거 기간에 발생한 이자금액이 함께 포함될 수도 있다.

④ 미래 현금흐름: 미래 현금흐름은 최초 거래 발생 이후 원금에 이자가 가산된 금액의 합계액으로 원금과 이자의 합계액이라고 볼 수 있다.

(2) 단리와 복리를 통한 이자의 계산방법

이자는 시간이 경과함에 따라 계속 발생한다. 흔히 이자율이라고 하면 연 이자율을 의미한다. 이자의 발생은 단리와 복리의 형태로 구분할 수 있다. 단리는 매년 동일한 이자가 발생하는 형태이며, 복리는 발생한 이자가 원금과 합쳐져 그 원금과 이자의 합계액에 다시 이자가 발생하는 형태이다. 이자의 계산 방법 중 단리 계산방법은 투자자의 입장에서 이자 계산의 기간별로 투자수익률이 일정하지 않은 점 등 여러 가지 측면에서 불합리한 점이 존재하므로 일반적으로 재무회계에서는 복리를 전제로 하여 이자 계산을 한다.

Example 단리와 복리를 통한 이자의 계산

현재 원금이 ₩1,000인 금융상품에 투자하였고, 3년 동안 투자할 예정이며, 이자율은 10%를 적용한다.

① 단리를 적용한 경우

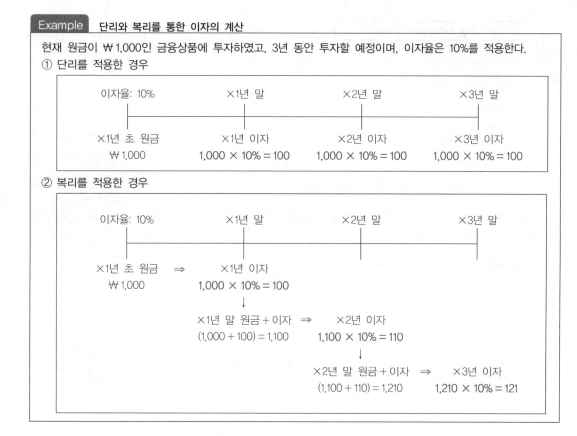

② 복리를 적용한 경우

03 현재가치 및 미래가치의 계산

(1) 단순 현금흐름의 현재가치와 미래가치

단순 현금흐름이란 현재 또는 미래에 단 한 번의 현금흐름이 발생하는 경우를 말한다. 미래가치란 현재에 존재하는 일정한 금액과 등가관계에 있는 미래 특정 시점의 가치를 말하며, 일반적으로 특정한 금액으로 표시하게 된다.

예를 들어 현재의 시장이자율이 10%이고 이자는 1년마다 지급하지 않고 만기에 일시 지급하는 조건이라고 가정하면 현재 ₩1,000을 10%의 이자가 발생하는 금융상품에 투자할 경우 1년 후에 받게 될 원금과 이자의 합계는 ₩1,100{$= 1,000 + 1,000 \times 10\%$ or $1,000 \times (1 + 10\%)$}이고, 2년 후에 받게 될 원금과 이자의 합계는 ₩1,210{$= 1,000 \times (1 + 10\%) \times (1 + 10\%)$ or $1,000 \times (1 + 10\%)^2$}이다. 이 경우 현재 시점의 ₩1,000의 1년 후 미래가치는 ₩1,100이고, 현재 시점의 ₩1,000의 2년 후 미래가치는 ₩1,210이다.

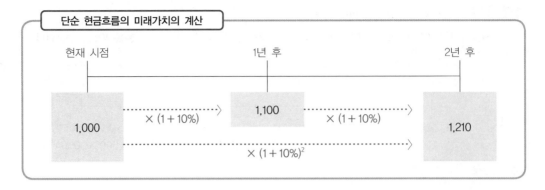

또한, 현재 이자율이 10%일 때 1년 후의 ₩1,100의 현재가치는 ₩1,000이고, 2년 후의 ₩1,210의 현재가치는 ₩1,000이다.

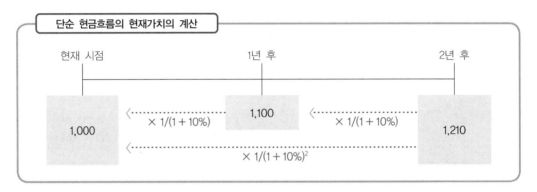

따라서 현재가치와 미래가치는 다음과 같은 식으로 정리할 수 있다.

① 미래가치 = 현재가치 × $(1 + R)^n$
② 현재가치 = 미래가치 ÷ $(1 + R)^n$
* R: 이자율
* n: 기간

Additional Comment

현재의 현금흐름을 미래가치로 전환하기 위해서 현재가치에 $(1 + R)^n$을 곱해야 하며 미래의 현금흐름을 현재가치로 전환하기 위해서는 미래가치를 $(1 + R)^n$으로 나누어야 한다. 이 경우, 기간이 길지 않다면 $(1 + R)^n$을 직접 곱하거나 나누는 것이 가능하나 기간이 길어지면 이에 대한 계산이 번거로울 수 있어 본서의 부록에 미래가치표와 현재가치표가 제시되어 있으며, 이자를 계산할 때에는 해당 표의 해당 계수를 이용하면 된다. 즉, 부록에 제시되어 있는 미래가치표와 현재가치표에는 소수로 표시되어 있는 계수가 제시되어 있는데, 현재가치에 미래가치계수를 곱하면 미래가치로 전환되고, 미래 현금흐름에 현재가치계수를 곱하면 현재가치로 전환된다.

(2) 연금의 현재가치

단순 현금흐름은 오직 한 번 현금흐름이 발생하는 것을 의미한다. 그러나 연금이란 일정액의 현금흐름이 2번 이상 계속되는 것을 의미한다. 즉, 동일한 금액이 연속적이고 규칙적으로 발생하는 현금흐름의 형태를 연금이라고 한다.

예를 들어 현재 시장이자율이 10%일 경우, 매년 ₩1,000씩 2년 동안 유입되는 자산의 현재가치를 계산하면 아래와 같다.

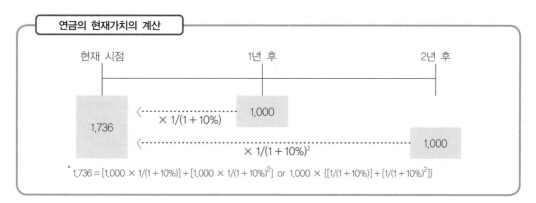

위의 예와 같이 연금의 현재가치는 각각 단순 현금의 현재가치를 합친 수치이다. 또한 매년의 동일한 현금흐름에 $[1 / (1 + 10\%) + 1/(1 + 10\%)^2]$만 곱하면 현재가치가 계산되므로, 본서 부록의 연금의 현재가치표에서 이러한 금액이 미리 계산되어 있는 연금의 현재가치계수를 이용하면 쉽게 계산할 수 있다.

★ 사례연습 1. 현재가치의 계산

각 물음별 현재가치를 계산하시오. (단, 모든 물음에 적용되는 이자율은 연 10%이다.)

[물음 1]
3년 후 ₩100,000을 수령하는 금융상품의 현재가치 (3년, 10% 현재가치계수 0.75)

[물음 2]
3년간 매년 말에 ₩100,000씩 수령하는 금융상품의 현재가치 (3년, 10% 연금의 현재가치계수 2.48)

[물음 3]
3년간 매년 말에 ₩5,000씩 수령하고 3년 후에 ₩100,000을 수령하는 금융상품의 현재가치 (3년, 10% 현재가치계수 0.75, 3년, 10% 연금의 현재가치계수 2.48)

풀이

[물음 1]

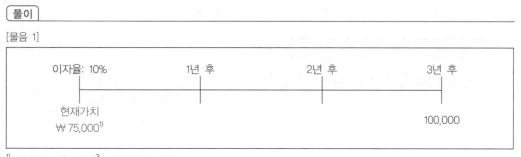

[1] $100,000 \times 1/(1 + 10\%)^3$ or $100,000 \times 0.75$

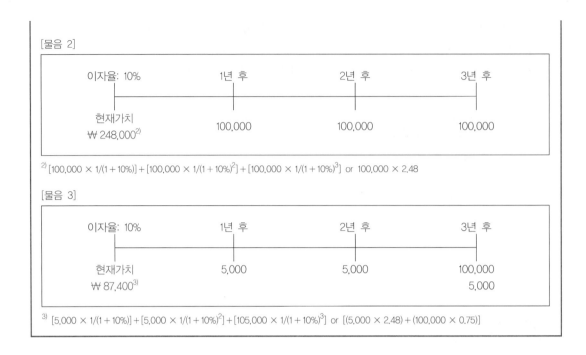

[물음 2]

이자율: 10%	1년 후	2년 후	3년 후
현재가치 ₩ 248,000[2]	100,000	100,000	100,000

[2] $[100,000 \times 1/(1+10\%)] + [100,000 \times 1/(1+10\%)^2] + [100,000 \times 1/(1+10\%)^3]$ or $100,000 \times 2.48$

[물음 3]

이자율: 10%	1년 후	2년 후	3년 후
현재가치 ₩ 87,400[3]	5,000	5,000	100,000 5,000

[3] $[5,000 \times 1/(1+10\%)] + [5,000 \times 1/(1+10\%)^2] + [105,000 \times 1/(1+10\%)^3]$ or $[(5,000 \times 2.48) + (100,000 \times 0.75)]$

Ⅱ 현재가치 평가의 재무회계 적용

01 현재가치 평가의 대상

장기성 채권·채무는 장기연불조건의 매매거래나 장기금전대차거래에서 발생하는 채권·채무를 말한다. 장기성 채권·채무는 장기간에 걸쳐서 회수되거나 결제되기 때문에 만기에 수수되는 금액에는 금융요소가 포함되어 있다. 여기서 금융요소는 별도로 구분하여 이자수익이나 이자비용으로 인식하는 것이 타당하며, 이를 위해서 장기성 채권·채무를 적정한 이자율로 할인한 현재가치로 평가하여야 한다.

(1) 장기연불조건의 매매거래

장기연불조건의 매매거래는 거래의 대상이 재화나 용역인 경우를 말하며, 일반적으로 상거래에서 발생하는 재화의 매매거래, 용역의 수수거래 및 유형자산의 매매거래 등을 포함한다.

장기연불조건의 매매거래의 자산과 부채		
구분		계정과목
장기연불조건의 매매거래	자산	장기매출채권, 장기미수금 등
	부채	장기매입채무, 장기미지급금 등

(2) 장기금전대차거래

장기금전대차거래는 거래의 대상이 금전인 경우를 말하며, 투자채무증권, 장기대여금, 사채 및 장기차입금 등의 계정들이 나타난다.

장기금전대차거래의 자산과 부채		
구분		**계정과목**
장기금전대차거래	자산	투자채무상품, 장기대여금 등
	부채	사채, 장기차입금 등

Self Study

1. 기업이 고객에게 약속한 재화나 용역을 이전하는 시점과 고객이 그에 대한 대가를 지급하는 시점 간의 기간이 1년 이내일 것이라고 예상한다면 유의적인 금융요소의 영향을 반영하여 약속한 대가를 조정하지 않는 실무적 간편법을 사용할 수 있다.
2. 미래 현금흐름의 현재가치는 자산 및 부채의 평가에 모두 적용할 수 있다. 다만, 미래 현금흐름의 금액 및 시기를 알 수 있어야만 현재가치 평가가 가능하기 때문에 계약 등에 의해서 미래에 수령하거나 지불할 현금의 크기 및 시점을 명확하게 알 수 있는 자산 및 부채가 현재가치 평가 대상이 된다.

02 현재가치 적용의 필요성

현재가치는 미래 현금흐름을 적절한 할인율로 할인하여 이자요소를 제거한 금액이다. 이는 일반적으로 해당 재화나 용역의 공정가치와 일치한다. 예를 들어 토지를 처분하면서 3년 후에 그 처분대가로 ₩300,000을 수령하기로 하였다. 처분대가 ₩300,000에는 3년 후에 수령하는 대가인 이자가 포함되어 있다. 회사가 토지의 처분 시점에 ₩300,000을 전액 미수금으로 인식하게 되면 자산이 과대계상됨은 물론이고 3년간의 이자수익까지 처분 시점에 처분이익으로 인식되어 손익의 구분과 손익의 귀속시기가 모두 잘못 될 수 있다. 이러한 문제를 극복하기 위해서 현재가치를 적용하는 것이다.

Example 현재가치 적용의 필요성

×1년 초에 외상으로 재화를 판매하였다. 대금은 2년 후에 ₩121을 수령하기로 하였고, 적용되는 이자율은 10%이다.

일자	현재가치 적용 ×					현재가치 적용 ○				
×1 초	(차) 매출채권	121	(대) 매출	121		(차) 매출채권	100	(대) 매출	100	
×1 말		회계처리 없음				(차) 매출채권	10	(대) 이자수익	10	
×2 말	(차) 현금	121	(대) 매출채권	121		(차) 매출채권	11	(대) 이자수익	11	
						(차) 현금	121	(대) 매출채권	121	

현재가치를 적용하지 않으면 적용하였을 때 보다 ×1년 초에 매출채권이 ₩21만큼 과대계상되고 ×1년에 매출로 ₩121을 인식하고 ×2년에는 인식할 수익이 없다. 즉, 현재가치를 적용하지 않으면 자산은 과대계상되고 손익의 구분(매출, 이자수익 등)과 손익의 귀속시기가 모두 적절하게 표시되지 못할 수 있다.

03 현재가치 평가 시 적용할 이자율

장기성 채권·채무는 최초 인식 시점에 현재가치로 측정해야 하기 때문에 적절한 이자율로 할인한 현재가치로 평가해야 한다. 이러한 현재가치 평가 시 적용할 이자율은 당해 거래의 유효이자율이다. 여기서 유효이자율이란 금융상품의 기대존속기간에 예상되는 미래 현금흐름의 현재가치를 재화나 용역의 현금결제 가격과 일치시키는 이자율을 말하며, 이를 거래의 내재이자율이라고도 한다.

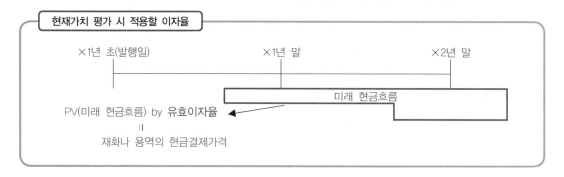

04 현재가치 측정 시 회계처리

(1) 유효이자율법의 적용

장기성 채권·채무의 명목 미래 현금흐름 총액과 자산·부채 최초 인식 시 현재가치의 차액은 현금을 수령하거나 지급하는 기간 동안 총 이자수익 또는 총 이자비용으로 인식한다.

> **총 이자수익 or 총 이자비용의 구조**
>
> 총 이자수익(비용) = 미래 현금흐름의 합계 − 자산·부채의 최초 인식 시 현재가치

장기성 채권·채무의 현재가치 측정에 따른 회계처리의 핵심은 유효이자율법의 적용이다. 유효이자율법이란 장기성 채권·채무의 현재가치를 계산하고 관련 기간에 걸쳐 이자수익이나 이자비용을 배분하는 방법을 말한다. 즉, 현금을 수령하거나 지급하는 기간 동안 발생하는 총 이자수익 또는 총 이자비용을 유효이자율에 따라 기간에 걸쳐 배분하는 것이 현재가치 측정에 대한 회계처리(유효이자율법의 적용)이다.

(2) 현재가치 측정에 따른 매기 보고기간 말 회계처리

최초 인식할 때 현재가치로 측정한 자산과 부채는 현금을 수령하거나 지급하는 기간 동안 이자수익과 이자비용을 인식한다. 각 회계기간 별로 인식할 이자수익과 이자비용은 자산·부채의 기초 장부금액에 유효이자율을 곱하여 계산한다.

> **이자수익(비용)의 계산**
>
> 이자수익(비용) = 기초 장부금액 × 유효이자율

유효이자율법으로 계산된 유효이자와 표시이자의 차액은 자산·부채의 장부금액에 가감된다. 유효이자와 표시이자의 차액을 상각액이라고 한다. 따라서 특정 시점의 자산·부채의 장부금액은 이전 장부금액에 상각액이 가감되고 수수되는 명목금액만큼 차감되어 결정되는데, 이렇게 결정된 장부금액을 상각후원가라고 한다. 즉 상각액은 해당 자산·부채의 장부금액의 변동액을 의미한다. 또한 유효이자율법으로 회계처리하면 특정 시점의 장부금액이 그 시점부터 남아있는 미래 현금흐름을 유효이자율로 할인한 현재가치가 된다.

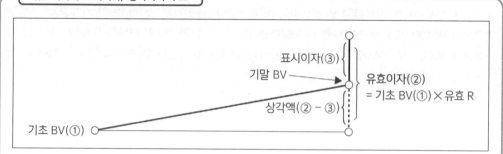

1. 기말 장부금액 산정방법
   (1) 기초 장부금액(①) + 유효이자(②) − 표시이자(③)
   (2) 기초 장부금액(①) + 유효이자(① × R) − 표시이자(③) = 기초 장부금액(①) × (1 + R) − 표시이자(③)
   (3) PV(잔여 미래 현금흐름) by R
2. 매기 상각액 산정방법
   (1) 유효이자 − 표시이자
   (2) 기말 장부금액 − 기초 장부금액
   (3) 전기 상각액 × (1 + R)

사채의 현금흐름은 매기 일정액의 현금흐름(액면이자)이 있고 만기에 원금에 대한 현금흐름이 있는 유형이다.

★ **사례연습** 2. 사채의 현금흐름

20×1년 초에 A사는 장부금액 ₩80,000, 처분 시점의 공정가치 ₩86,116인 기계장치를 매각하고 액면금액 ₩100,000, 액면이자율 연 2%(매년 말 지급), 만기 2년의 어음을 교부받기로 하였다. 동 거래에 적용되는 유효이자율은 연 10%이다. (단, 이자율 10%, 2년 연금현가계수는 1.73554이고, 현가계수는 0.82645이다.)

[풀이]

1. 사채의 현금흐름 그리기

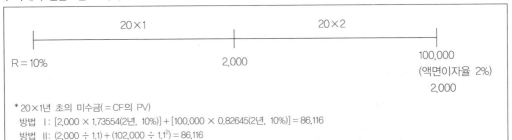

* 20×1년 초의 미수금(= CF의 PV)
  방법 I : [2,000 × 1.73554(2년, 10%)] + [100,000 × 0.82645(2년, 10%)] = 86,116
  방법 II: (2,000 ÷ 1.1) + (102,000 ÷ 1.1^2) = 86,116

2. 상각표 그리기

일자	① 기초 장부금액	② 유효이자	③ 액면이자	②-③ 상각액	①' 기말 장부금액	①'의 산정방법
20×1년	86,116	8,612	2,000	6,612	92,728	= ① + ② - ③
20×2년	92,728	9,273	2,000	7,273	100,000	= ① + (① × R) - ③
합계		17,885	4,000	13,885		= ① × (1 + R) - ③

3. 그림

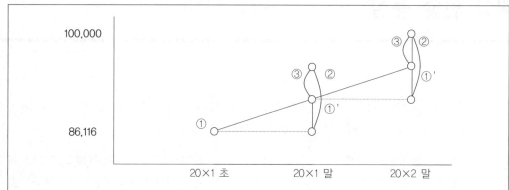

필수산식

1) 이자수익: 기초 장부금액 × 유효 R = ② = ① × 유효이자율 R

2) 기말 장부금액(상각후원가): 기초 장부금액(상각후원가) + 유효이자 − 액면이자

$$①' = ① + ② − ③ = ① + ① × 유효이자율 R − ③ = ① × (1 + 유효이자율 R) − ③$$

3) 총 이자수익: 유효이자(②)의 합계 = 액면이자(③)의 합계 + 상각액(② − ③)의 합계

　− 액면이지 × 연수 + 미수금의 액면금액 − 미수금의 최초 상각후원가

　= 총 현금 수령액 − 총 현금 지급액

4. 수식

(1) 20×1년 초 미수금의 최초 상각후원가: $(2,000 × 1.73554) + (100,000 × 0.82645) = 86,116$

　　　　　　　　　　　　　　 or $(2,000 ÷ 1.1) + (102,000 ÷ 1.1^2) = 86,116$

(2) 20×1년 이자수익: $86,116 × 10\% = 8,612$

(3) 20×1년 말 장부금액(상각후원가): $[86,116 × (1 + 10\%)] − 2,000 = 92,728$

(4) 20×1 ~ 20×2년 간 총 이자수익: $(2,000 × 2) + (100,000 − 86,116) = 17,884$

(5) 20×1년 유형자산의 처분이익: 미수금의 최초 상각후원가 − 유형자산의 장부금액 $= 86,116 − 80,000 = 6,116$

5. 회계처리(순액법)

일자	판매자			
20×1년 초	(차) 미수금	86,116	(대) 기계장치	80,000
			처분이익	6,116
20×1년 말	(차) 현금	2,000	(대) 이자수익	8,612
	미수금	6,612		
20×2년 말	(차) 현금	2,000	(대) 이자수익	9,273
	미수금	7,273		
	(차) 현금	100,000	(대) 미수금	100,000

⇒ 20×1년의 당기순이익에 미치는 영향: + 14,728

　1) 이자수익: $86,116 × 10\% = 8,612$

　2) 처분이익: $86,116 − 80,000 = 6,116$

핵심 빈출 문장

01 한국채택국제회계기준에 따라 작성된 재무제표는 공정하게 표시된 재무제표로 보며, 국제회계기준을 준수하여 작성된 재무제표임을 주석으로 공시할 수 있다.

02 재무제표가 한국채택국제회계기준의 요구사항을 모두 충족한 경우가 아니라면 한국채택국제회계기준을 준수하여 작성되었다고 기재하여서는 안된다. 또한, 부적절한 회계정책은 이에 대하여 공시나 주석 또는 보충자료를 통해 설명하더라도 정당화될 수 없다.

03 극히 드문 상황으로 한국채택국제회계기준의 요구사항을 준수하는 것이 오히려 '개념체계'에서 정하고 있는 재무제표의 목적과 상충되어 재무제표이용자의 오해를 유발할 수 있는 경우에는 관련 감독체계가 이러한 요구사항으로부터의 일탈을 의무화하거나 금지하지 않는다면, 요구사항을 달리 적용한다. 그러나 이러한 경우에도 관련 감독체계가 이러한 요구사항으로부터의 일탈을 의무화하거나 금지하는 경우에는 기업은 그러한 사항을 공시하여 오해를 유발할 수 있는 가능성을 최대한 줄여야 한다.

04 유사한 항목은 중요성 분류에 따라 재무제표에 구분하여 표시하며, 상이한 성격이나 기능을 가진 항목은 구분하여 표시한다. 단, 중요하지 않은 항목은 성격이나 기능이 유사한 항목과 통합하여 표시할 수 있다.

05 중요하지 않은 정보일 경우 한국채택국제회계기준에서 요구하는 특정 공시를 제공할 필요는 없다.

06 재고자산에 대한 재고자산평가충당금과 매출채권에 대한 손실충당금과 같은 평가충당금을 차감하여 관련 자산을 순액으로 측정하는 것은 상계표시에 해당하지 아니한다.

07 재무상태표에 표시되는 자산과 부채는 반드시 유동자산과 비유동자산, 유동부채와 비유동부채로 구분하여 표시하지 않을 수 있다.

08 매입채무 그리고 종업원 및 그 밖의 영업원가에 대한 미지급비용과 같은 유동부채는 기업의 정상영업주기 내에 사용되는 운전자본의 일부이므로, 이러한 항목은 보고기간 후 12개월 후에 결제일이 도래하더라도 유동부채로 분류한다.

09 영업이익 산정에 포함된 항목 이외에도 기업의 고유의 영업환경을 반영하는 그 밖의 수익 또는 비용 항목은 영업이익에 추가하여 별도의 영업성과 측정치를 산정하여 조정영업이익으로 주석에 공시할 수 있다.

10 수익과 비용의 어느 항목도 당기손익과 기타포괄손익을 표시하는 보고서 또는 주석에 특별손익 항목으로 표시할 수 없다.

11 비용을 기능별로 분류하는 기업은 감가상각비, 기타 상각비와 종업원급여비용을 포함하여 비용의 성격에 대한 추가 정보를 주석 공시한다.

객관식 문제

01 재무제표 일반 1. → Ⅲ 일반 사항 ▶ 92p

재무제표 표시에 제시된 계속기업에 대한 설명으로 옳지 않은 것은?

① 경영진은 재무제표를 작성할 때, 계속기업으로서의 존속가능성을 평가하지 않는다.

② 경영진이 기업을 청산하거나 경영활동을 중단할 의도를 가지고 있지 않거나, 청산 또는 경영활동의 중단 외에 다른 현실적인 대안이 없는 경우가 아니면 계속기업을 전제로 재무제표를 작성한다.

③ 계속기업으로서의 존속능력에 유의적인 의문이 제기될 수 있는 사건이나 상황과 관련된 중요한 불확실성을 알게 된 경우, 경영진은 그러한 불확실성을 공시하여야 한다.

④ 재무제표가 계속기업의 기준하에 작성되지 않는 경우에는 그 사실과 함께 재무제표가 작성된 기준 및 그 기업을 계속기업으로 보지 않는 이유를 공시하여야 한다.

⑤ 경영진은 적어도 보고기간 말부터 향후 12개월 기간에 대하여 이용 가능한 모든 정보를 고려한다.

02 재무제표 일반 1. → Ⅲ 일반 사항 ▶ 92p

재무제표의 표시에 대한 설명으로 가장 옳은 것은?

① 유동성 순서에 따른 표시방법이 신뢰성 있고 더욱 목적 적합한 정보를 제공하는 경우를 제외하고는 자산과 부채를 유동 항목과 비유동 항목으로 구분하여 재무상태표에 표시한다.

② 부적절한 회계정책을 적용할 경우 공시나 주석 또는 보충자료를 통해 설명한다면 정당하다.

③ 기업은 발생기준 회계를 사용하여 모든 재무제표를 작성한다.

④ 수익과 비용의 특별손익 항목은 주석에 표시한다.

⑤ 재무상태표는 자산, 부채, 자본의 순서로 표시되어 있고 이 순서를 바꾸는 것은 허용되지 않는다.

03 재무제표 일반

1. → Ⅲ 일반 사항 ▶ 92p

재무제표 표시에 대한 설명으로 옳은 것은?

① 재무상태표에 자산과 부채는 반드시 유동성 순서에 따라 표시하여야 한다.

② 정상적인 영업활동과 구분되는 거래나 사건에서 발생하는 것으로 그 성격이나 미래
의 지속성에 차이가 나는 특별손익 항목은 포괄손익계산서에 구분해서 표시하여야
한다.

③ 부적절한 회계정책이라도 공시나 주석 또는 보충 자료를 통해 잘 설명된다면 정당화
될 수 있다.

④ 재무제표 항목의 표시와 분류방법의 적절한 변경은 회계정책 변경에 해당된다.

⑤ 재무상태표에 표시되는 자산과 부채는 반드시 유동자산과 비유동자산, 유동부채와
비유동부채로 구분하여 표시해야 한다.

04 재무제표 일반

1. → Ⅲ 일반 사항 ▶ 92p

**「한국채택국제회계기준」에 근거한 재무제표 작성과 표시의 일반원칙에 관한 설명으로 옳
지 않은 것은?**

① 기업은 현금흐름 정보를 제외하고는 발생기준 회계를 사용하여 재무제표를 작성한
다.

② 「한국채택국제회계기준」에서 요구하거나 허용하지 않는 한 자산과 부채, 그리고 수
익과 비용은 상계하지 아니한다.

③ 재무제표 본문에서 중요하지 않다고 판단하여 구분하여 표시하지 않은 항목은 주석
에서도 구분하여 표시할 수 없다.

④ 「한국채택국제회계기준」이 달리 허용하거나 요구하는 경우를 제외하고는 당기 재무
제표에 보고되는 모든 금액에 대해 전기 비교정보를 공시하며, 재무제표를 이해하는
데 목적 적합하다면 서술형 정보의 경우에도 비교정보를 포함한다.

⑤ 재고자산에 대한 재고자산평가충당금과 매출채권에 대한 손실충당금과 같이 평가충
당금을 차감하여 관련 자산을 순액으로 측정하는 것은 상계표시에 해당하지 않는다.

05 재무제표 일반
1. → Ⅲ 일반 사항 ▶ 92p

기업회계기준서 제1001호 '재무제표 표시'에 따른 재무제표 작성 및 표시의 일반원칙으로 옳지 않은 것은?

① 재무제표는 기업의 재무상태, 재무성과 및 현금흐름을 공정하게 표시해야 한다.
② 경영진이 기업을 청산하거나 경영활동을 중단할 의도를 가지고 있는 경우에도 계속 기업을 전제로 재무제표를 작성한다.
③ 유사한 항목은 중요성 분류에 따라 재무제표에 구분하여 표시한다.
④ 기업은 현금흐름 정보를 제외하고는 발생기준 회계를 사용하여 재무제표를 작성한다.
⑤ 중요하지 않은 정보일 경우 한국채택국제회계기준에서 요구하는 특정 공시를 제공할 필요는 없다.

06 재무제표 일반
1. → Ⅲ 일반 사항 ▶ 92p

재무제표 작성과 관련된 설명으로 옳은 것은?

① 기업의 재무제표는 발생기준 회계만을 사용하여 작성하며, 현금기준 회계는 사용하지 않는다.
② 포괄손익계산서상의 비용은 성격별 분류법과 기능별 분류법 중에서 매출원가를 다른 비용과 분리하여 공시하는 기능별 분류법만으로 표시해야 한다.
③ 재무제표 표시에 있어 반드시 유사한 항목은 통합하고, 상이한 성격이나 기능을 가진 항목은 구분하여 표시하여야 한다.
④ 한국채택국제회계기준에서 요구하거나 허용하지 않는 한 자산과 부채 그리고 수익과 비용은 상계처리하지 아니한다.
⑤ 수익과 비용 중 어느 항목도 당기손익과 기타포괄손익을 표시하는 보고서에 특별손익 항목으로 표시할 수 없으나 주석에는 가능하다.

124 회계사·세무사·경영지도사 단번에 합격! **해커스 경영아카데미** cpa.Hackers.com

재무상태표에 대한 설명으로 옳지 않은 것은?

① 기업이 재무상태표에 유동자산과 비유동자산, 그리고 유동부채와 비유동부채로 구분하여 표시하는 경우, 이연법인세자산(부채)은 유동자산(부채)으로 분류한다.

② 유동성 순서에 따른 표시방법이 신뢰성 있고 더욱 목적 적합한 정보를 제공하는 경우를 제외하고는 유동자산과 비유동자산, 유동부채와 비유동부채로 재무상태표에 구분하여 표시한다.

③ 유동자산은 주로 단기매매 목적으로 보유하고 있는 자산과 비유동금융자산의 유동성 대체 부분을 포함한다.

④ 보고기간 후 12개월 이상 결제를 연기할 수 있는 무조건의 권리를 가지고 있지 않으면 유동부채로 분류한다.

⑤ 유동부채와 비유동부채의 구분은 보고기간 말을 기준으로 한다.

포괄손익계산서에 대한 설명으로 옳지 않은 것은?

① 비용을 기능별로 분류하는 기업은 감가상각비, 기타 상각비와 종업원급여비용을 포함하여 비용의 성격에 대한 추가 정보를 공시한다.

② 재분류조정을 주석에 표시하는 경우에는 관련 재분류조정을 반영한 후에 당기손익의 항목을 표시한다.

③ 수익과 비용의 어느 항목도 당기손익과 기타포괄손익을 표시하는 보고서 또는 주석에 특별손익 항목으로 표시할 수 없다.

④ 유형자산의 재평가잉여금을 이익잉여금으로 대체하는 경우 그 금액은 당기손익으로 인식하지 않는다.

⑤ 영업이익의 산정에 포함된 항목 이외에도 기업의 고유 영업환경을 반영하는 그 밖의 수익 또는 비용 항목은 영업이익에 추가하여 별도의 영업성과 측정치를 산정하여 조정영업이익으로 주석에 공시할 수 있다.

3. → Ⅱ 포괄손익계산서의 표시방법 및 비용의 분류 ▶ 102p

09 포괄손익계산서

㈜한국은 포괄손익계산서에 표시되는 비용을 매출원가, 물류원가, 관리활동원가 등으로 구분하고 있다. 이는 비용 항목의 구분표시방법 중 무엇에 해당하는가?

① 성격별 분류   ② 기능별 분류
③ 증분별 분류   ④ 행태별 분류
⑤ 원가별 분류

3. → Ⅱ 포괄손익계산서의 표시방법 및 비용의 분류 ▶ 102p

10 포괄손익계산서

포괄손익계산서에 대한 설명으로 옳지 않은 것은?

① 비용을 기능별로 분류하는 기업은 감가상각비, 기타 상각비와 종업원급여비용을 포함하여 비용의 성격에 대한 추가 정보를 공시한다.
② 수익과 비용 항목의 별도 공시가 필요할 수 있는 상황은 유형자산의 취득, 투자자산의 취득, 소송사건의 해결을 포함한다.
③ 비용은 빈도, 손익의 발생 가능성 및 예측 가능성의 측면에서 서로 다를 수 있는 재무성과의 구성요소를 강조하기 위해 세분류로 표시하며, 성격별로 분류하거나 기능별로 분류하여 표시한다.
④ 수익과 비용 항목이 중요한 경우, 그 성격과 금액을 별도로 공시한다.
⑤ 영업활동과 관련하여 비용이 감소함에 따라 발생하는 퇴직급여충당부채환입, 판매보증충당부채환입 및 손실충당금환입 등은 판매비와 관리비의 부(−)의 금액으로 한다.

재무제표 표시 중 포괄손익계산서에 대한 설명으로 옳지 않은 것은?

① 기타포괄손익의 항목(재분류조정 포함)과 관련한 법인세비용 금액은 포괄손익계산서나 주석에 공시하지 않는다.

② 기업의 재무성과를 이해하는 데 목적 적합한 경우에는 당기손익과 기타포괄손익을 표시하는 보고서에 항목, 제목 및 중간합계를 추가하여 표시한다.

③ 한 기간에 인식되는 모든 수익과 비용 항목은 한국채택국제회계기준이 달리 정하지 않는 한 당기손익으로 인식한다.

④ 기업은 수익에서 매출원가 및 판매비와 관리비(물류원가 등을 포함)를 차감한 영업이익(또는 영업손실)을 포괄손익계산서에 구분하여 표시한다.

⑤ 기업은 수익에서 매출원가 및 판매비와 관리비를 차감한 영업이익을 포괄손익계산서에 구분하여 표시한다.

객관식 문제 정답 및 해설

01 ①   경영진은 재무제표를 작성할 때, 계속기업으로서의 존속가능성을 평가한다.

02 ①   ▶ 오답체크
② 부적절한 회계정책은 공시나 주석 또는 보충자료를 통해 설명하더라도 정당화될 수 없다.
③ 기업은 현금흐름에 관한 정보를 제외하고는 발생기준 회계를 사용한다.
④ 특별손익 항목은 주석에도 표시하지 않는다.
⑤ 자산, 부채, 자본의 순서뿐만 아니라 자산, 자본, 부채의 순서를 사용하는 것도 허용된다.

03 ④   ▶ 오답체크
① 재무상태표에 자산과 부채는 반드시 유동성 순서에 따라 표시할 필요는 없다.
② 특별손익 항목은 포괄손익계산서 및 주석에 표시할 수 없다.
③ 부적절한 회계정책은 공시나 주석 또는 보충 자료를 통해 설명된다 해도 정당화될 수 없다.
⑤ 재무상태표에 표시되는 자산과 부채는 반드시 유동자산과 비유동자산, 유동부채와 비유동부채로 구분하여 표시하지 않을 수 있다.

04 ③   재무제표 본문에서 중요하지 않다고 판단하여 구분하여 표시하지 않은 항목은 주석에서 구분하여 표시할 수 있다.
▶ 오답체크
① 현금흐름표는 현금기준에 따라 작성되며, 이를 제외한 재무제표는 발생기준에 따라 작성된다.
② 「한국채택국제회계기준」에서 요구하거나 허용하지 않는 한 자산과 부채, 그리고 수익과 비용은 상계하지 아니한다. 다만, 동일 거래에서 발생하는 수익과 관련 비용의 상계표시가 거래나 그 밖의 사건의 실질을 반영한다면 그러한 거래의 결과는 상계하여 표시한다.
④ 재무제표는 최소 두 개의 재무상태표와 두 개의 포괄손익계산서, 두 개의 별개 손익계산서, 두 개의 현금흐름표, 두 개의 자본변동표 그리고 관련 주석을 표시해야 한다.
⑤ 재고자산평가충당금이나 손실충당금은 부채가 아니라 자산의 차감계정이므로 이를 해당 자산에서 차감표시하는 것은 자산과 부채의 상계가 아니다.

05 ②   경영활동을 청산하거나 중요하게 축소할 의도나 필요성이 있다면 계속기업을 가정한 기준과는 다른 기준을 적용하여 작성하는 것이 타당할 수 있으며 이때 적용한 기준은 별도로 공시하여야 한다.
▶ 오답체크
③ 유사한 항목은 중요성 분류에 따라 재무제표에 구분하여 표시한다. 상이한 성격이나 기능을 가진 항목은 구분하여 표시하고, 유사한 성격이나 기능을 가진 항목은 중요성에 따라 중요하면 구분하여 표시하고, 중요하지 않으면 통합하여 표시한다.
④ 현금흐름표는 현금기준에 따라 작성되며, 이를 제외한 재무제표는 발생기준에 따라 작성된다.
⑤ 중요하지 않은 정보는 한국채택국제회계기준에서 요구하더라도 공시하지 않을 수 있다.

06 ④　▶ 오답체크
　　① 현금흐름표는 현금기준에 따라 작성되며, 이를 제외한 재무제표는 발생기준에 따라 작성된다.
　　② 포괄손익계산서상의 비용은 성격별 분류법과 기능별 분류법 중에서 신뢰성 있고 보다 목적 적합한 표시방법을 경영진이 선택할 수 있다.
　　③ 유사한 항목은 중요성 분류에 따라 재무제표에 구분하여 표시한다. 상이한 성격이나 기능을 가진 항목은 구분하여 표시하고, 유사한 성격이나 기능을 가진 항목은 중요성에 따라 중요하면 구분하여 표시하고, 중요하지 않으면 통합하여 표시한다.
　　⑤ 수익과 비용의 어느 항목도 당기손익과 기타포괄손익을 표시하는 보고서 또는 주석에 특별손익 항목으로 표시할 수 없다.

07 ①　기업이 재무상태표에 유동자산과 비유동자산, 그리고 유동부채와 비유동부채로 구분하여 표시하는 경우, 이연법인세자산(부채)은 유동자산(부채)으로 분류하지 않는다.

08 ②　재분류조정은 포괄손익계산서나 주석에 표시할 수 있다. 재분류조정을 주석에 표시하는 경우에는 관련 재분류조정을 반영한 후에 기타포괄손익의 항목을 표시한다.

09 ②　기능별 분류에 대한 설명이다.

10 ②　수익과 비용 항목의 별도 공시가 필요할 수 있는 상황은 유형자산의 처분, 투자자산의 처분, 소송사건의 해결을 포함한다.

11 ①　재분류조정을 포함한 기타포괄손익의 항목과 관련한 법인세비용 금액은 포괄손익계산서나 주석에 공시한다.

회계사·세무사·경영지도사 단번에 합격!
해커스 경영아카데미 cpa.Hackers.com

해커스 IFRS 정윤돈 회계원리

Chapter **4**

재고자산

1 재고자산의 정의

I 재고자산의 정의

재고자산은 통상적인 영업과정에서 판매를 위하여 보유 중인 상품과 제품, 판매를 위하여 생산 중인 재공품 및 생산 중인 자산 및 생산이나 용역 제공에 사용될 원재료나 소모품을 말한다.

[한국채택국제회계기준에서 정의하고 있는 재고자산]

구성	해당 재고자산
통상적인 영업과정에서 판매를 위하여 보유 중인 자산	상품, 제품
통상적인 영업과정에서 판매를 위하여 생산 중인 자산	재공품, 반제품
생산이나 용역 제공에 사용될 원재료나 소모품	원재료, 소모품

Additional Comment

재고자산은 회사의 업종에 따라 세부 분류에 차이가 있다. 도소매업을 주업으로 하는 기업은 통상적인 영업과정에서 판매를 위하여 다량의 재고자산을 보유하는데, 이를 상품이라고 한다. 이에 반해 제조 및 판매를 주업으로 하는 기업이 보유하는 생산에 사용할 원재료, 생산 중인 재공품, 그리고 생산을 완료한 제품이 모두 재고자산에 해당한다. 용역 제공을 주업으로 하는 기업도 재고자산을 보유하는데, 용역 제공에 사용될 소모품(예 운수업을 하는 기업이 보유하는 차량용 경유 등)이 재고자산에 해당된다.

2 재고자산의 취득원가 및 기말 재고자산 조정

I 재고자산의 취득원가

재고자산의 취득원가는 구입가격의 정상적인 취득 과정에서 불가피하게 발생한 부대비용을 가산한 금액이다. 이에 따라 한국채택국제회계기준 제1002호 '재고자산'에서 재고자산의 취득원가는 매입원가, 전환원가 및 재고자산을 현재의 장소에 현재의 상태로 이르게 하는 데 발생한 기타 원가 모두를 포함하도록 규정하고 있다.

> 재고자산의 취득원가: 매입원가 + 전환원가 + 기타 원가

Additional Comment

기타 원가는 재고자산을 현재의 장소에 현재의 상태로 이르게 하는 데 발생한 범위 내에서만 취득원가에 포함된다. 예를 들어, 특정 고객을 위한 비제조간접원가 또는 제품의 디자인 원가는 재고자산의 원가에 포함하는 것이 적절할 수 있다.

재고자산의 취득원가에 포함할 수 없으며 발생 기간의 비용으로 인식하여야 하는 원가의 예는 다음과 같다.

> **비용으로 인식하여야 하는 원가의 예시 항목**
>
> ① 재료원가, 노무원가 및 기타 제조원가 중 비정상적으로 낭비된 부분
> ② 후속 생산단계에 투입하기 전에 보관이 필요한 경우 이외의 보관원가
> ③ 재고자산을 현재의 장소에 현재의 상태로 이르게 하는 데 기여하지 않은 관리간접원가
> ④ 판매원가

01 상품매매기업의 재고자산의 취득원가

상품매매기업이 보유하는 재고자산의 매입원가는 구입가격에 수입관세와 제세금, 매입운임, 하역료 그리고 완제품, 원재료 및 용역의 취득 과정에 직접 관련된 기타 원가를 가산한 금액이다. 매입할인, 리베이트 및 기타 유사한 항목은 매입원가를 결정할 때 차감하며, 과세당국으로부터 추후 환급받을 수 있는 수입관세나 제세금(부가가치세 등)은 매입원가에서 제외한다.

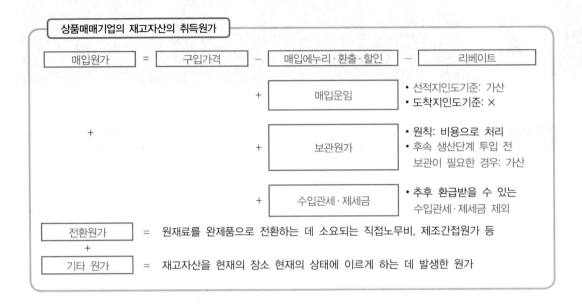

(1) 매입운임

매입운임은 통상적인 영업과정에서 재고자산 취득 시 불가피하게 발생한 지출을 말하며, 매입운임은 매입원가에 포함되므로 재고자산의 취득원가에 포함시켜야 한다. 매입운임은 선적지인도기준과 도착지인도기준에 따라 매입운임의 부담자가 달라지고 각각의 회계처리도 달라진다.

[선적지인도기준과 도착지인도기준의 매입운임의 부담자와 회계처리]

구분	매입운임의 부담자	회계처리
선적지인도기준	매입자	재고자산의 취득원가에 가산
도착지인도기준	판매자	비용(판매비)으로 처리

[구매자의 인도조건별 매입운임 회계처리의 비교]

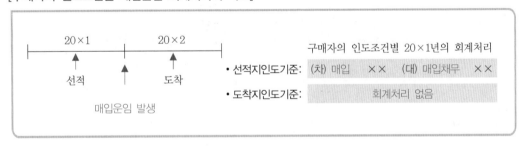

(2) 매입에누리와 환출, 매입할인

① 매입에누리와 환출

매입에누리는 매입한 재고자산을 대량으로 구매하거나 상품의 결함 혹은 파손으로 인하여 판매자가 가격을 할인해주는 것이다. 매입환출은 매입한 상품의 결함 혹은 파손으로 인하여 반품하는 것을 말한다. 따라서 매입이 취소된 것으로 보기 때문에 매입에누리와 환출은 재고자산의 취득원가에서 차감하여야 한다.

> **Example** 매입에누리와 환출의 회계처리
>
> A사가 B사로부터 상품 ₩ 100,000을 외상으로 매입하였으며, 상품의 결함 혹은 파손으로 인하여 매입에누리 ₩ 2,000과 매입환출 ₩ 1,000이 발생하였다.
>
> [상품의 외상매입 시]
>
> | (차) 매입 | 100,000 | (대) 매입채무 | 100,000 |
> |---|---|---|---|
>
> [매입에누리와 환출 발생 시]
>
> | (차) 매입채무 | 3,000 | (대) 매입(에누리 · 환출) | 3,000 |
> |---|---|---|---|
>
> [매입채무 지급 시]
>
> | (차) 매입채무 | 97,000 | (대) 현금 | 97,000 |
> |---|---|---|---|

② 매입할인

매입할인이란 매입자가 매입채무를 조기에 지급하여 가격을 할인해주는 것을 말한다. 매입할인은 매입원가를 결정할 때 차감한다. 그 이유는 매입할인은 수익창출 과정에서 발생한 순자산의 증가(즉, 수익)가 아니라 당초 그 금액만큼 매입원가가 적게 소요된 것이나 다름없기 때문이다.

> **Example** 매입할인의 회계처리
>
> A사가 B사로부터 상품 ₩ 100,000을 외상으로 매입하였으며, 매입할인 ₩ 2,000이 발생하였다.
>
> [상품의 외상매입 시]
>
> | (차) 매입 | 100,000 | (대) 매입채무 | 100,000 |
> |---|---|---|---|
>
> [매입할인 발생 시]
>
> | (차) 매입채무 | 100,000 | (대) 현금 | 98,000 |
> |---|---|---|---|
> | | | 매입(할인) | 2,000 |

[매입에누리 · 환출 · 할인의 회계처리, 취득원가 가산(차감) 여부]

구분	회계처리		취득원가 가산(차감) 여부
매입에누리와 환출	(차) 매입채무	(대) 매입(에누리 · 환출)	차감
매입할인	(차) 매입채무	(대) 현금	차감
		매입(할인)	

(3) 후불 지급조건

재고자산을 후불 지급조건으로 취득하는 경우 한국채택국제회계기준에서는 재고자산의 구입계약이 실질적으로 금융요소를 포함하고 있다면 해당 금융요소(예 정상신용조건의 구입가격과 실제 지급액 간의 차이)는 금융이 이루어지는 기간 동안 이자비용으로 인식한다. 즉, 재고자산의 취득원가는 지급할 대가의 현재가치(공정가치)로 결정한다.

후불 지급조건의 회계처리

[취득일]

(차) 재고자산	정상신용조건의 구입가격	(대) 매입채무	PV(실제 지급액)

[기말]

(차) 이자비용	N/I	(대) 매입채무	××

[지급일]

(차) 이자비용	N/I	(대) 매입채무	××
(차) 매입채무	BV	(대) 현금	명목금액

(4) 보관원가

후속 생산단계에 투입하기 전에 보관이 필요한 경우의 보관원가는 취득원가에 포함된다. 따라서 일반적으로 상품 또는 제품의 보관비용은 당기비용으로 처리하지만, 원재료의 보관비용은 자산의 취득원가로 처리한다.

[보관원가의 회계처리, 취득원가 가산(차감) 여부]

구분	회계처리		취득원가 가산(차감) 여부
상품 또는 제품	(차) 보관비용	(대) 현금	해당사항 없음(당기비용 처리)
원재료	(차) 매입	(대) 현금	가산

(5) 관세 납부금·환급금

관세 납부금은 납부 시점에 자산의 취득원가에 가산한다. 관세 환급금은 수입원재료의 구입시기와 다른 시기에 환급될 수 있으므로 원재료수입액에서 차감하기보다는 관세가 환급된 시기의 매출원가에서 차감하는 것이 합리적이다. 단, 문제에서 매출원가만을 묻는다면 매입원가에서 관세 환급금을 차감하여 매출원가를 계상하여도 답은 동일하다.

[관세 납부금과 환급금의 회계처리, 취득원가 가산(차감) 여부]

구분	회계처리		취득원가 가산(차감) 여부
관세 납부금	(차) 매입	(대) 현금	가산
관세 환급금	(차) 현금	(대) 매입	차감

★ 사례연습 1. 재고자산의 취득원가

다음은 ㈜서울의 20×1년 단일상품거래와 관련한 자료이다.

구분	금액	구분	금액
기초 재고자산	₩120,000	당기 매입	₩500,000
매입운임(선적지인도조건)	₩15,000	보험료	₩2,000
하역료	₩3,000	매입할인	₩2,000
관세 납부금	₩7,000	매입에누리	₩13,000
기말 재고자산	₩75,000	관세 환급금	₩5,000

㈜서울의 20×1년의 매입액을 구하시오.

풀이

구분	금액
조정 전 당기 매입	500,000
매입운임(선적지인도조건)	15,000
보험료	2,000
하역료	3,000
매입할인	(2,000)
매입에누리	(13,000)
관세 납부금	7,000
관세 환급금	(5,000)
조정 후 당기 매입	507,000

01 재고자산의 원가배분

상품매매기업의 판매 가능한 재고자산은 기초 재고자산에 당기 매입액을 합산한 금액으로 구성된다. 이때 판매 가능한 재고자산 중 기중 판매된 부분에 해당하는 금액은 당기비용으로 인식되며, 보고기간 말까지 판매되지 않은 부분에 해당하는 금액은 기말 재무상태표에 재고자산으로 보고되는데 이러한 과정을 재고자산의 원가배분이라고 한다.

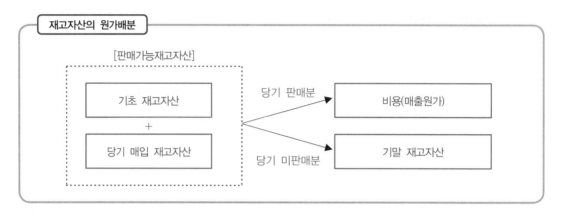

02 재고자산의 수량결정방법

재고자산의 특성상 상품의 입·출고가 빈번하고 그 금액이 크기 때문에 매출원가와 기말 재고자산으로 인식할 금액을 결정하는 문제는 매우 중요하다. 따라서 재고자산 회계의 초점은 기초 재고자산과 당기 매입 재고자산의 합(=판매가능재고자산)을 비용과 자산으로 적절하게 배분하는 데 있다.

┌─ **재고자산 회계의 핵심** ─────────────────────────────────┐

기초 재고자산 + 당기 매입 재고자산 = 매출원가 + 기말 재고자산

위 등식에서 알 수 있듯이 등식 우변의 매출원가를 먼저 확정지으면 기말 재고자산을 간접적으로 알 수 있으며, 기말 재고자산을 먼저 확정지으면 매출원가를 간접적으로 알 수 있다. 어느 금액을 먼저 확정할지는 재고자산의 수량 기록법에 따라 다르다. 기말 재고자산을 과대평가하면 그만큼 매출원가가 과소계상되어 당기순이익을 증가시킬 수 있고, 기말 재고자산을 과소평가하면 그만큼 매출원가가 과대계상되어 당기순이익을 감소시킬 수 있다. 그러므로 재고자산 회계의 핵심은 기말 재고자산을 얼마나 적정하게 인식하는가에 있다.

(1) 계속기록법

계속기록법은 상품의 입고와 출고 상황을 상품계정과 매출원가계정에 계속적으로 기록하는 방법이다. 즉, 당기 판매가능수량에서 당기에 실제로 판매된 수량을 차감하여 기말 재고자산의 수량을 역산하는 방법이다.

> 기초 재고자산의 수량 + 당기 매입수량 − ① 당기 판매수량(기록) = ② 기말 재고자산의 수량(역산)

계속기록법을 적용하면 언제든지 특정 기간의 매출원가와 특정 시점의 재고자산 잔액을 파악할 수 있다는 장점이 있다. 계속기록법의 회계처리를 요약하면 다음과 같다.

[계속기록법의 재고자산 회계처리]

기중	매입	(차) 재고자산	×× (대) 매입채무	××
	판매	(차) 매출채권	×× (대) 매출	××
		(차) 매출원가	실제 판매분 (대) 재고자산	××
결산	매출원가	회계처리 없음		

Additional Comment

계속기록법을 적용하면 재고자산을 판매할 때마다 보유 재고자산을 매출원가로 대체하기 때문에 재고자산 장부에는 기중의 증가, 감소 금액이 계속 기록된다. 따라서 특정 시점 현재 장부에 계상되어 있는 재고자산의 금액이 곧 그 시점의 재고자산 잔액이 되어 기말에 재고자산의 잔액을 구하기 위하여 별도의 회계처리를 수행할 필요가 없다는 장점이 있다. 그러나 도난, 분실 등의 사유로 감모수량이 발생한다면 재고자산의 장부상 수량과 실제 수량 간에 차이가 발생할 수 있다. 따라서 재고자산의 감모 여부를 파악하지 않고 장부상 재고자산을 재무상태표의 기말 재고자산으로 결정하면 재고자산이 과대계상될 수 있다.

(2) 실지재고조사법

실지재고조사법은 상품의 입고 시에는 매입계정에 기록하고 출고 시에는 매출원가를 계속적으로 기록하지 않고, 결산일 현재 실사(= 재고자산의 수량을 일일이 세는 것)를 통하여 기말 재고자산의 수량을 파악하여 한 번에 매출원가를 기록하는 방법이다. 즉, 당기 판매가능수량에서 기말 실사를 통한 실제 수량을 차감하여 당기 판매수량을 역산하는 방법이다.

> 기초 재고자산의 수량 + 당기 매입수량 − ① 기말 재고자산의 수량(실사) = ② 당기 판매수량(역산)

실지재고조사법을 사용하면 장부기록이 간편해지고 실제 존재하는 재고가 기말 재고자산금액으로 계상되는 장점이 있다. 실지재고조사법의 회계처리를 요약하면 다음과 같다.

[실지재고조사법의 재고자산 회계처리]

기중	매입	(차) 매입[1]	×× (대) 매입채무	××
	판매	(차) 매출채권	×× (대) 매출	××
결산	매출원가	(차) 매출원가	대차차액 (대) 재고자산(기초)	1st
		재고자산(기말)	3rd 창고에 있는 재고 매입[1]	2nd

[1] 매입 계정을 자산으로 보아야 한다는 주장과 비용으로 보아야 한다는 주장도 있지만 핵심은 임시 계정으로 기말에 모두 사라진다는 것이다.

Additional Comment

실지재고조사법을 사용하면 재고자산을 판매할 때마다 매출원가를 기록해야 하는 계속기록법의 번거로움을 피할 수 있다. 그러나 재고자산에 대하여 실사를 하지 않는 한 특정 시점 현재 재고자산의 잔액과 매출원가를 파악할 수 없고, 당기 판매수량에 도난이나 파손으로 발생한 감모수량이 포함되는 문제점이 있다.

(3) 혼합법(계속기록법과 실지재고조사법 동시 적용)

판매할 때마다 재고자산의 원가를 추적해야 하는 번거로움을 고려하지 않는다면 재고자산에 대한 관리목적상 계속기록법이 실지재고조사법보다 더 바람직한 방법이다. 그 이유는 계속기록법을 적용하면 회사는 특정 시점의 재고자산 잔액과 그때까지 발생한 매출원가에 대한 정보를 적시에 제공할 수 있기 때문이다. 그러나 계속기록법과 실지재고조사법 모두 도난이나 파손으로 발생하는 감모수량이 기말 재고자산의 수량이나 당기 판매수량에 포함되는 문제점이 있다. 그러므로 현재 우리나라에서는 소규모 기업을 제외하고는 대부분의 기업이 계속기록법과 실지재고조사법을 병행하여 사용하고, 계속기록법의 실제 판매수량과 실지재고조사법의 실제 기말 재고자산의 수량을 사용하여 감모수량을 파악한다.

기초 재고자산의 수량 + 당기 매입수량 − ① 당기 판매수량(기록) = ② 기말 재고자산의 수량(실사) + 감모수량

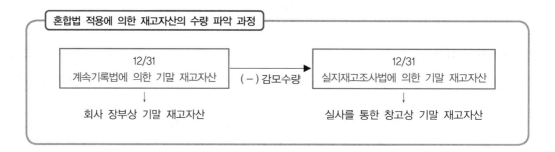

Self Study

1. 회계기간 중 재고자산의 입·출고수량을 계속 기록(계속기록법)하여 기말 장부수량을 파악한 후, 기말 실지수량(실지재고조사법)과 비교하여 차이를 감모수량으로 파악한다.
2. 계속기록법의 기말 재고자산의 수량 − 감모수량 = 실지재고조사법의 기말 재고자산의 수량

아래의 물음들은 서로 독립적이다.

[물음 1]

A사의 당기 재고자산의 수량에 대한 자료가 다음과 같을 때, A사가 계속기록법과 실지재고조사법, 혼합법을 각각 사용할 경우의 당기 판매수량과 기말 재고자산의 수량을 구하시오.

> 기초 재고자산 수량 100개, 당기 매입수량 1,000개, 회사의 창고에 기말 현재 존재하는 기말 재고자산 수량 250개, 당기 판매수량 800개

[물음 2]

계속기록법을 적용하는 B사는 기초 재고자산이 ₩1,000이고 재고자산의 당기 매입액(전액 외상매입)이 ₩10,000이며, 당기 매출액(전액 외상매출)이 ₩15,000이다. 당기 중에 판매된 재고자산에 대한 매출원가가 ₩9,500이며 B사는 이에 대한 적절한 회계처리를 하였다. 결산 시점의 수정전시산표에는 다음과 같은 금액들이 표시되어 있다.

수정전시산표			
...		...	
재고자산	1,500	매출	15,000
...		...	
매출원가	9,500		
...		...	

B사가 기말 시점에 재고자산과 관련하여 행하여야 할 회계처리를 보이시오. (단, 재고자산의 감모손실과 평가손실은 당기에 발생하지 않은 것으로 가정한다.)

[물음 3]

실지재고조사법을 적용하는 C사는 기초 재고자산이 ₩1,000이고 재고자산의 당기 매입액(전액 외상매입)이 ₩10,000이며, 당기 매출액(전액 외상매출)이 ₩15,000이다. 결산일에 재고자산을 실사한 결과 기말 재고자산이 ₩1,500인 것을 확인하였다. 결산 시점의 수정전시산표에는 다음과 같은 금액들이 표시되어 있다.

수정전시산표			
...		...	
재고자산	1,000	매출	15,000
...		...	
매입	10,000		
...		...	

C사가 기말 시점에 재고자산과 관련하여 행하여야 할 회계처리를 보이시오. (단, 재고자산의 감모손실과 평가손실은 당기에 발생하지 않은 것으로 가정한다.)

[물음 1]

1. 계속기록법 – 당기 판매수량: 800개, 기말 재고자산 수량: 300개

   ⇒ 기초 재고자산 100 + 당기 매입 1,000 – ① 당기 판매 800 = ② 기말 재고자산 300(역산)

2. 실지재고조사법 – 당기 판매수량: 850개, 기말 재고자산 수량: 250개

   ⇒ 기초 재고자산 100 + 당기 매입 1,000 – ① 기말 재고자산 250 = ② 당기 판매 850(역산)

3. 혼합법 – 당기 판매수량: 800개, 기말 재고자산 수량: 250개

   ⇒ 기초 재고자산 100 + 당기 매입 1,000 – 당기 판매 800 = 기말 재고자산 250 + 감모손실 50

[물음 2]

B사는 기중에 아래와 같은 회계처리를 수행하였고 그 결과로 수정전시산표에는 판매가능재고자산(₩ 11,000)이 당기 판매된 재고자산에 해당하는 매출원가(₩ 9,500)와 당기 미판매된 재고자산(₩ 1,500)에 배분되어져 있다. 그러므로 결산 시점에 추가적인 회계처리를 수행할 필요는 없다.

기중	매입	(차) 재고자산	10,000	(대) 매입채무	10,000
	판매	(차) 매출채권	15,000	(대) 매출	15,000
		(차) 매출원가	실제 판매분 9,500	(대) 재고자산	9,500
결산	매출원가		회계처리 없음		

*장부상 기말 재고자산: 1,000 + 10,000 – 9,500 = 1,500

[계속기록법의 수정후시산표]

수정후시산표			
...		...	
재고자산	1,500	매출	15,000
...		...	
매출원가	9,500		
...		...	

[물음 3]

C사는 기중에 아래와 같은 회계처리를 수행하였고 그 결과로 수정전시산표에는 매출원가가 표시되어 있지 않으며, 재고자산도 기말 재고자산이 아니라 기초 재고자산으로 표시되어 있다. 그러므로 회사는 결산수정분개를 아래와 같이 수행하여야 한다.

기중	매입	(차) 매입	10,000	(대) 매입채무	10,000
	판매	(차) 매출채권	15,000	(대) 매출	15,000
결산	매출원가	(차) 매출원가	대차차액 9,500	(대) 재고자산(기초)	1st 1,000
		재고자산(기말)	3rd 실제 존재하는 재고 1,500	매입	2nd 10,000

[실지재고조사법의 수정후시산표]

수정후시산표			
...		...	
재고자산	1,500	매출	15,000
...		...	
매출원가	9,500		
...		...	

03 기말 재고자산에 포함될 항목(기말 재고자산 조정)

재무상태표에 표시할 기말 재고자산의 수량은 회사 소유의 재고자산의 수량을 파악함으로써 결정할 수 있다. 여기서 회사 소유의 재고자산의 수량은 창고실사재고로만 구성되어 있지 않다. 특정 재고자산의 수량을 재무상태표의 재고자산에 포함할 것인지는 재고자산에 대한 통제권을 기업이 소유하고 있는지에 따라 결정된다. 기업이 특정 재고자산에 대한 통제권(= 실질소유권)을 보유하고 있다면 해당 재고자산은 회사소유의 재고자산에 포함된다.

[재무상태표에 가산할 기말 재고자산 조정의 유형과 처리방법]

구분(판단순서)	1st In 창고	→	2nd My 재고	→	창고실사재고자산 가산(차감) 여부
유형 1	○	→	○	→	조정사항 없음
유형 2	○	→	×	→	차감
유형 3	×	→	○	→	가산
유형 4	×	→	×	→	조정사항 없음

Additional Comment

기업의 창고에는 존재하지 않지만 통제권을 기업이 가지고 있을 때에는 창고실사재고에 해당 항목을 가산하여 기말 재고자산을 산정하고 기업의 창고에는 존재하지만 통제권을 기업이 가지고 있지 않다면 창고실사재고에서 해당 항목을 차감하여 기말 재고자산을 산정하여야 한다.

기업이 재고자산에 대한 통제권을 소유하고 있는지는 재화의 판매나 용역의 제공으로 인한 수익을 인식하였는지 여부에 따라 결정된다.

(1) 미착상품

미착상품이란 상품을 주문하였으나 운송 중에 있어 아직 도착하지 않은 상품을 말한다. 이 경우 상품에 대한 통제권(= 법적 소유권)의 이전 여부는 선적지인도조건과 도착지인도기준과 같은 매매계약조건에 따라 결정된다.

[미착상품의 재고자산 조정 판단]

구분	1st In 창고	→	2nd My 재고	→	창고실사재고자산 가산(차감) 여부
선적지인도조건 – 구매자	×	→	○	→	가산
선적지인도조건 – 판매자	×	→	×	→	조정사항 없음
도착지인도조건 – 구매자	×	→	×	→	조정사항 없음
도착지인도조건 – 판매자	×	→	○	→	가산

Additional Comment

선적지인도조건으로 재고자산을 판매한 경우 판매자가 선적하는 시점에 재고자산의 통제권이 매입자에게 이전된다. 따라서 판매자는 선적 시점에 매출을 인식하며, 매입자도 선적 시점에 매입을 인식한다. 그러나 도착지인도조건으로 재고자산을 판매하는 경우 재고자산이 목적지에 도착하여야 재고자산의 통제권이 매입자에게 이전된다. 따라서 목적지에 도착하기 전까지 판매자는 매출을 인식하지 않으며, 매입자도 매입을 인식하지 않는다.

★ 사례연습 3. 미착상품

다음은 12월 말 결산법인인 A사의 20×1년도 재고자산의 매입과 관련된 자료이다. 다음 자료를 바탕으로 물음에 답하시오.

(1) 선적지인도조건으로 매입 중인 상품 ₩3,000이 12월 31일 현재 운송 중이다. 12월 31일까지 선적서류가 도착하여 매입에 관한 회계처리를 하였다.
(2) 도착지인도조건으로 매입 중인 상품 ₩2,000이 12월 31일 현재 운송 중이다. 12월 26일 선적서류가 도착하여 매입에 관한 회계처리를 하였다.

12월 31일 현재 A사의 창고에 있는 모든 재고자산을 실사한 결과 재고자산이 ₩12,000이라면 12월 31일 현재 올바른 재고자산은 얼마인가? (단, 회사는 실지재고조사법을 적용하고 있다.)

풀이

1. 재고자산 조정의 판단

구분	1st In 창고	→	2nd My 재고	→	창고실사재고자산 가산(차감) 여부
(1)	×	→	○	→	가산
(2)	×	→	×	→	조정사항 없음

2. 12월 31일 현재 올바른 재고자산

구분	금액
12월 31일 현재 창고실사재고자산	12,000
(1)	(+) 3,000
(2)	–
합계	15,000

(2) 시용판매

시용판매는 재고자산을 고객에게 인도하고 일정 기간 사용한 후 구매 여부를 결정하는 조건부 판매로, 시용판매한 상품을 시송품이라고 한다. 매입자가 매입의사를 표시한 시점에 수익을 인식하고 매입의사 표시가 없으면 시송품이 창고실사재고자산에 포함되어 있지 않았더라도 기말 재고자산에 포함시켜야 한다.

[시용판매의 재고자산 조정 판단]

구분	1st In 창고	→	2nd My 재고	→	창고실사재고자산 가산(차감) 여부
시송품(매입의사 표시 ×)	×	→	○	→	가산
시송품(매입의사 표시 ○)	×	→	×	→	조정사항 없음

(3) 할부판매

할부판매란 상품 등을 고객에게 인도하고 대금은 미래에 분할하여 회수하기로 한 판매를 말한다. 한국채택국제회계기준에서는 할부판매의 경우 계약에 유의적인 금융요소가 포함되어 있으므로 자산에 대한 통제권이 이전되는 시점에 현재가치로 평가한 금액을 수익으로 인식하고, 유의적인 금융요소는 신용기간 동안 이자수익으로 인식하도록 규정하고 있다. 그러므로 할부판매된 재고자산은 수익의 인식 시점 이후에는 판매자의 재고자산에서 제외하여야 한다.

[할부판매의 재고자산 조정 판단]

구분	1st In 창고	→	2nd My 재고	→	창고실사재고자산 가산(차감) 여부
할부판매 – 판매자	×	→	×	→	조정사항 없음

(4) 위탁판매

위탁판매는 제품의 판매를 다른 기업에게 위탁하고 그 다른 기업이 재고자산을 판매하게 되면 그 대가로 수수료를 지급하는 형태의 판매이다. 이때 재고자산의 판매를 위탁한 기업을 위탁자, 재고자산의 판매를 위탁받은 기업을 수탁자라고 한다. 이때 위탁자가 수탁자에게 판매를 위탁하기 위해 보낸 재고자산을 적송품이라고 한다.

위탁판매가 되려면 최종 고객에게 판매하기 위해 기업이 재고자산을 중개인이나 유통업자 등 다른 당사자에게 인도하는 경우에는 그 다른 당사자(= 수탁자)가 그 시점에 재고자산을 통제하게 되었는지 여부를 먼저 평가하여야 한다.

---

① 다른 당사자(= 수탁자)가 재고자산을 통제하는 경우: 재고자산의 통제가 다른 당사자에게 이전되었으므로 수익으로 인식한다.

② 다른 당사자(= 수탁자)가 재고자산을 통제하지 못하는 경우: 재고자산의 통제가 다른 당사자(= 수탁자)에게 이전되지 않았으므로 다른 당사자(= 수탁자)가 제3자에게 재고자산에 대한 통제를 이전할 때 수익으로 인식한다(위탁판매).

[위탁판매의 재고자산 조정 판단]

구분(판단순서)	1st In 창고	→	2nd My 재고	→	창고실사재고자산 가산(차감) 여부
위탁판매 미판매분 – 위탁자	×	→	○	→	가산
위탁판매 미판매분 – 수탁자	○	→	×	→	차감
위탁판매 판매분 – 위탁자	×	→	×	→	조정사항 없음
위탁판매 판매분 – 수탁자	×	→	×	→	조정사항 없음

[★] 사례연습 4. 기말 재고자산의 조정

㈜세무의 20×1년 재고자산 관련 현황이 다음과 같을 때, 20×1년 말 재무상태표의 재고자산은?

(1) 20×1년 말 재고실사를 한 결과 ㈜세무의 창고에 보관 중인 재고자산의 원가는 ₩100,000이다.
(2) 20×1년도 중 고객에게 원가 ₩80,000 상당의 시송품을 인도하였으나, 기말 현재까지 매입의사를 표시하지 않았다.
(3) 20×1년도 중 운영자금 차입목적으로 은행에 원가 ₩80,000의 재고자산을 담보로 인도하였으며, 해당 재고자산은 재고실사 목록에 포함되지 않았다.
(4) ㈜한국과 위탁판매계약을 체결하고 20×1년도 중 원가 ₩100,000 상당의 재고자산을 ㈜한국으로 운송하였으며, 이 중 기말 현재 미판매되어 ㈜한국이 보유하고 있는 재고자산의 원가는 ₩40,000이다.
(5) ㈜대한으로부터 원가 ₩65,000의 재고자산을 도착지인도조건으로 매입하였으나 20×1년 말 현재 운송 중이다.

[풀이]

1. 재고자산 조정 판단

구분	1st In 창고	→	2nd My 재고	→	창고실사재고자산 가산(차감) 여부
시송품(매입의사 ×)	×	→	○	→	+ 80,000
담보제공(창고실사재고 포함 ×)	×	→	○	→	+ 80,000
위탁자 – 미판매분	×	→	○	→	+ 40,000
도착지인도조건(미도착)	×	→	×	→	–
합계					200,000

2. 기말 재고자산
창고보관 재고 100,000 + 재고자산 조정 200,000 = 300,000

1. 다음은 ㈜한국의 20×1년 1월 1일부터 12월 31일까지 재고자산 관련 자료이다. 20×1년 ㈜한국의 매출원가는?

   > 1. 기초 재고자산 ₩200,000
   > 2. 당기 매입액 ₩1,000,000
   > 3. 기말 재고자산 ₩100,000 (창고보관분 실사금액)
   > 4. 미착상품 ₩60,000 (도착지인도조건으로 매입하여 12월 31일 현재 운송 중)
   > 5. 적송품 ₩200,000 (이 중 12월 31일 현재 80% 판매 완료)
   > 6. 시송품 ₩60,000 (이 중 12월 31일 현재 고객이 매입의사 표시를 한 금액 ₩20,000)

   ① ₩ 780,000　　　　　　　　② ₩ 820,000
   ③ ₩ 920,000　　　　　　　　④ ₩1,020,000
   ⑤ ₩1,120,000

   해설

재고자산 조정	1st In 창고	→	2nd My 재고	→	창고실사재고자산 가산(차감) 여부
구매(도착지)	×	→	×	→	조정사항 없음
위탁판매(○)	×	→	×	→	조정사항 없음
위탁판매(×)	×	→	○	→	가산
시용판매(○)	×	→	×	→	조정사항 없음
시용판매(×)	×	→	○	→	가산

   (1) 기말 재고자산: 180,000
   = 창고 100,000 + 적송품 [200,000 × (1 − 0.8)] + 시송품 (60,000 − 20,000)
   (2) 매출원가: 1,020,000
   = 기초 200,000 + 매입 1,000,000 − 기말 180,000

   [T계정 풀이]

재고자산			
기초	200,000	매출원가	1,020,000
매입	1,000,000	기말	180,000

   매출원가: 1,020,000 = 판매가능재고자산 1,200,000 − 기말 재고자산 180,000

   답 ④

I　재고자산의 원가배분 시 수량과 단가의 고려

재고자산의 판매가능재고자산을 결산일 현재 판매된 매출원가와 판매되지 않고 기업이 보유하는 기말 재고자산의 원가로 배분하는 것을 원가의 배분이라고 한다. 재고자산의 원가배분을 하기 위해서는 판매된 부분과 판매되지 않고 보유하는 부분의 수량(Q)과 단가(P)를 결정하여야 한다.

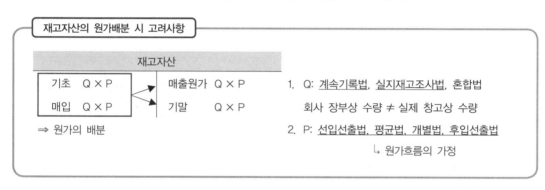

II　단위원가 결정(= 원가흐름의 가정)

당기 중에 재고자산을 여러 차례 매입할 경우 매입 시점마다 재고자산의 단위당 취득원가가 동일하다면 판매된 재고자산의 취득원가(= 매출원가)는 쉽게 파악할 수 있다. 그러나 재고자산의 단위당 취득원가가 매입 시점마다 상이하다면 얼마에 취득했던 재고자산이 판매되었는지 파악하는 것은 쉽지 않다. 따라서 재고자산의 실물흐름과 관계없이 원가흐름에 대한 가정을 선택하여야 한다.

원가흐름에 대한 가정의 필요성

재고자산				
기초	1개 @100	매출원가	2개 판매	← 매출원가에 적용: @?
매입(4/1)	1개 @120			
매입(6/1)	1개 @160	기말	1개 보유	← 기말 재고에 적용: @?

위의 예에서 판매되는 재고자산의 당초 취득원가를 식별하는 것이 어려운 경우 기업이 자의적으로 매출원가를 결정할 여지가 있다. 만약 기업이 당기순이익을 증가시키고자 한다면 매출원가를 적게 인식하기 위하여 ₩100과 ₩120에 취득한 재고자산이 판매되었다고 주장할 수 있다. 또한 당기순이익을 감소시키고자 한다면 매출원가를 많이 인식하기 위하여 ₩120과 ₩160에 취득한 재고자산이 판매되었다고 주장할 것이다.

Ⅲ   단위원가 결정방법

재고자산을 매입하는 시점이 여러 번인 경우 판매된 매출원가와 판매되지 않은 기말 재고자산의 단가를 어떻게 적용하느냐에 따라 기말 재고자산, 매출원가, 당기순이익, 법인세 지급액에 영향을 미치게 된다. 이 경우 각 원가흐름의 가정(개별법, 선입선출법, 후입선출법, 평균법)의 단위원가 결정방법과 각각의 장·단점은 아래와 같다.

Self Study

1. 원가흐름의 가정에 따라 다양한 단위원가 결정방법을 사용하여도 수량을 결정하는 계속기록법과 실지재고조사법이 결합되어 사용된다.
2. 성격과 용도 면에서 유사한 재고자산에는 동일한 단위원가 결정방법을 적용하여야 하며, 성격이나 용도에 차이가 있는 재고자산에는 서로 다른 단위원가 결정방법을 적용할 수 있다.
3. 재고자산의 지역별 위치나 과세방식이 다르다는 이유만으로 동일한 재고자산에 다른 단가 결정방법을 적용할 수 없다.

01 개별법

개별법은 식별되는 재고자산별로 특정한 원가를 부과하는 방법이다.

[개별법의 장점과 단점]

구분	장점	단점
개별법	① 실제 물량흐름과 원가흐름의 가정이 일치하므로 이론상 가장 이상적인 방법 ② 실제 원가와 실제 수익이 대응되어 수익·비용 대응이 이상적임	① 재고자산의 종류와 수량이 많고 거래가 빈번한 경우에는 실무적용이 어려움 ② 동일한 상품의 구입단가가 다른 경우 의도적인 이익조작이 가능함

Self Study

1. 통상적으로 상호 교환될 수 없는 재고자산 항목의 원가와 특정 프로젝트별로 생산되고 분리되는 재화 또는 용역의 원가는 개별법을 사용하여 결정한다. 개별법이 적용되지 않는 재고자산의 단위원가는 선입선출법이나 가중평균법을 사용하여 결정한다.
2. 통상적으로 상호 교환이 가능한 대량의 재고자산 항목에 개별법을 적용하는 것은 적절하지 않다. 이 경우 기말 재고자산으로 남아있는 항목을 선택하는 방식을 사용하여 손익을 자의적으로 조정할 수 있기 때문이다.

02 선입선출법

선입선출법은 먼저 매입 또는 생산한 재고자산이 먼저 판매되고 결과적으로 기말에 재고자산으로 남아있는 항목은 가장 최근에 매입 또는 생산된 항목이라고 가정한다. 선입선출법은 실물흐름과 원가흐름이 대체로 일치하는 방법으로서 부패하기 쉽거나 진부화 속도가 빠른 재고자산에 적용하는 것이 적절하다.

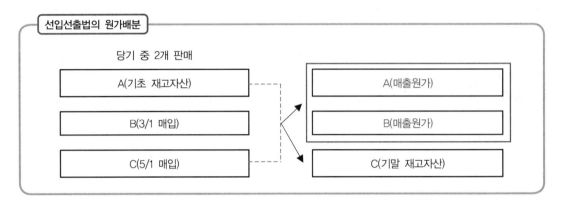

[선입선출법의 장점과 단점]

구분	장점	단점
선입선출법	① 일반적인 물량흐름과 원가흐름의 가정이 일치함 ② 기말 재고자산은 최근에 구입한 상품의 원가가 되므로 재무상태표상 재고자산금액은 현행원가에 가까움	① 물가상승 시 현재의 수익에 과거의 원가가 대응되므로 높은 이익을 계상하게 되어 실물자본유지를 어렵게 함 ② 현행수익에 과거원가를 대응시키므로 대응원칙에 충실하지 못함

03 후입선출법

후입선출법은 가장 최근에 매입 또는 생산한 재고자산 항목이 가장 먼저 판매된다고 원가흐름을 가정하는 방법이다. 그러나 후입선출법을 적용하면 재무상태표의 재고자산은 최근의 원가수준과 거의 관련 없는 금액으로 표시될 뿐만 아니라 재고자산이 과거의 낮은 취득원가로 계상되어 있을 때 의도적으로 당해 재고자산이 매출원가로 대체되도록 함으로써 이익조정의 수단으로 이용될 수 있다. 이러한 이유 때문에 한국채택국제회계기준은 후입선출법을 허용하지 않는다.

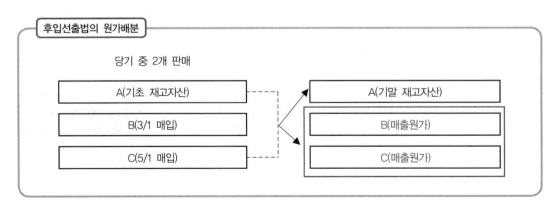

재고자산을 후입선출법으로 평가하는 경우 기업이 기말 재고자산으로 보유하고 있는 재고자산이 과거에 구입한 재고자산이 되는 것은 아니다. 기업이 기말에 보유하고 있는 재고자산은 모두 최신 재고자산들이다. 다만, 후입선출법에서는 최신 상품들에 적용하는 단가를 과거의 가격으로 한다는 것일 뿐이다.

[후입선출법의 장점과 단점 - 물가의 지속적 상승 & '기말 재고자산의 수량 〉 기초 재고자산의 수량'인 경우]

구분	장점	단점
후입선출법 (한국채택국제회계기준 인정 ×)	① 다른 방법에 비하여 현재의 수익에 현재의 원가가 대응되므로 수익·비용 대응이 적절히 이루어짐 ② 물가상승 시 기말 재고자산의 수량이 기초 재고자산의 수량과 같거나 증가하는 한 다른 방법보다 이익을 적게 계상하므로 법인세의 이연효과가 있음	① 재고자산금액은 오래 전에 구입한 원가로 구성되어 있기 때문에 공정가치를 표시하지 못함 ② 일반적인 물량흐름과 원가흐름의 가정이 일치하지 않음 ③ 물가상승 시 재고자산의 수량이 감소하면 오래된 재고가 매출원가로 계상되어 이익을 과대계상하게 되므로 과다한 법인세 및 배당을 부담하는 현상이 발생할 수 있음(LIFO청산)

1. 후입선출청산(LIFO청산)은 물가상승 시 특정 회계기간의 판매량이 급증하여 기말 재고자산의 수량이 감소하면 오래된 재고의 원가가 매출원가를 구성하여 이익을 과대계상하게 되는 것을 말한다. 이로 인하여 그동안 적게 계상한 이익을 한꺼번에 모두 인식하여 과다한 법인세를 납부하게 된다.
2. 물가상승 시 후입선출청산을 회피하기 위해 불필요한 재고를 매입하거나, 이익을 증가시키기 위해 기말 재고자산을 고갈시킴으로써 후입선출청산을 유도할 수 있어 불건전한 구매관습을 통해 당기순이익을 조작할 수 있다.

04 가중평균법

가중평균법은 기초 재고자산과 회계기간 중에 매입 또는 생산된 재고자산의 원가를 가중평균하여 단위원가를 결정하는 방법이다.

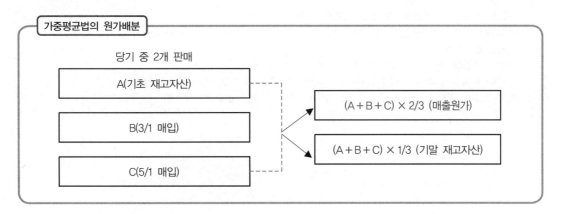

가중평균법을 적용할 경우, 기업이 실지재고조사법에 따라 장부기록을 한다면 월별 또는 분기별, 연말에 총평균법을 적용하겠지만, 계속기록법에 따라 장부기록을 한다면 판매할 때마다 재고자산의 단위당 취득원가를 파악하여 매출원가로 인식해야 하므로 이동평균법을 적용해야 할 것이다.

[가중평균법의 장점과 단점]

구분	장점	단점
가중평균법	① 실무적으로 적용하기 편리하며 객관적이어서 이익조작의 가능성이 작음 ② 실제 물량흐름을 개별 항목별로 파악하는 것은 현실적으로 불가능하므로 평균원가의 사용이 보다 적절할 수 있음	① 수익과 비용의 적절한 대응이 어려움 ② 기초 재고자산의 원가가 평균 단위원가에 합산되어 기말 재고자산의 금액에 영향을 미칠 수 있음

Self Study

실지재고조사법하에서 가중평균법(총평균법)은 한 회계기간의 판매가능재고자산 총액을 총 판매가능 수량으로 나누어 평균 단위원가를 산출한다. 이에 반해, 계속기록법하에서 가중평균법(이동평균법)은 매입할 때마다 매입 당시까지 재고자산의 취득원가(직전 매입 시 이동평균법으로 평가한 금액)와 새로 구입한 재고자산의 매입금액을 가산하고 이를 판매가능 수량으로 나누어 평균 단위원가를 산출한다.

Example 원가흐름의 가정별 가중평균법에 따른 매출원가의 비교

일자	적요	수량	단가
기초	기초 재고자산	100개	₩A/개
3/1	매입	200개	₩B/개
5/1	매출	(200)개	
7/1	매입	200개	₩C/개
9/1	매출	(100)개	

⇒ 실지재고조사법하의 가중평균법(총평균법): 기말에 한 번 평균 단위원가 계산
  ① 평균 단위원가: (100개 × A + 200개 × B + 200개 × C) ÷ 500개 = 평균 단위원가 총평균법
  ② 매출원가: 300개 × 평균 단위원가 총평균법
  * 총평균법의 경우 매출 후 매입분도 매출원가 계상 시 고려된다.
⇒ 계속기록법하의 가중평균법(이동평균법): 매출이 발생할 때마다 평균 단위원가 재계산
  ① 평균 단위원가
    • 5/1 매출분: (100개 × A + 200개 × B) ÷ 300개 = 평균 단위원가 5/1분
    • 9/1 매출분: (100개 × 평균 단위원가 5/1분 + 200개 × C) ÷ 300개 = 평균 단위원가 9/1분
  ② 매출원가: (200개 × 평균 단위원가 5/1분) + (100개 × 평균 단위원가 9/1분)

[★] **사례연습** 5. 단위원가 결정방법

다음은 A사의 20×1년 재고자산 관련 자료이다.

일자	거래	수량	단가
기초	기초 재고자산	10개	₩100
2월	매입	10개	₩120
5월	매출	(10개)	?
8월	매입	10개	₩140
기말	기말 재고자산	20개	

다음의 각 방법에 따라 A사가 20×1년에 포괄손익계산서에 인식할 매출원가와 20×1년 말에 재무상태표에 인식할 재고자산을 구하라.

(1) 계속기록법 – 개별법 (단, 2월 매입분이 판매된 것으로 가정한다.)
(2) 실지재고조사법 – 개별법 (단, 2월 매입분이 판매된 것으로 가정한다.)
(3) 계속기록법 – 선입선출법
(4) 실지재고조사법 – 선입선출법
(5) 계속기록법 – 평균법
(6) 실지재고조사법 – 평균법
(7) 계속기록법 – 후입선출법
(8) 실지재고조사법 – 후입선출법

풀이

구분	매출원가	기말 재고자산
개별법(2월분 판매)		
– 계속기록법	1,200 = @120 × 10개	2,400 = 3,600[1] − 1,200
– 실지재고조사법	1,200 = 3,600 − 2,400	2,400 = @120 × 20개
선입선출법		
– 계속기록법	1,000 = @100 × 10개	2,600 = 3,600 − 1,000
– 실지재고조사법	1,000 = 3,600 − 2,600	2,600 = @120 × 10개 + @140 × 10개
평균법		
– 계속기록법(이동평균법)	1,100 = @110[2] × 10개	2,500 = 3,600 − 1,100
– 실지재고조사법(총평균법)	1,200 = 3,600 − 2,400	2,400 = @120[3] × 20개
후입선출법		
– 계속기록법	1,200 = @120 × 10개	2,400 = 3,600 − 1,200
– 실지재고조사법	1,400 = 3,600 − 2,200	2,200 = @100 × 10개 + @120 × 10개

[1] [(@100 × 10개) + (@120 × 10개) + (@140 × 10개)] = 3,600
[2] [(@100 × 10개) + (@120 × 10개)] ÷ 20개 = @110
[3] [(@100 × 10개) + (@120 × 10개) + (@140 × 10개)] ÷ 30개 = @120

개별법과 선입선출법은 계속기록법과 실지재고조사법 사용 시 결과가 일치하지만 후입선출법과 평균법은 계속기록법과 실지재고조사법 사용 시 결과가 일치하지 않는다.

연습문제

2. ㈜한국은 재고자산에 대해 가중평균법을 적용하고 있으며, 2016년 상품 거래내역은 다음과 같다. 상품거래와 관련하여 실지재고조사법과 계속기록법을 각각 적용할 경우, 2016년도 매출원가는? (단, 상품과 관련된 감모손실과 평가손실은 발생하지 않았다.)

일자	적요	수량	단가	금액
1월 1일	기초 재고자산	100개	₩ 8	₩ 800
3월 4일	매입	300개	₩ 9	₩ 2,700
6월 20일	매출	(200개)		
9월 25일	매입	100개	₩ 10	₩ 1,000
12월 31일	기말 재고자산	300개		

	실지재고조사법	계속기록법
①	₩ 1,800	₩ 1,700
②	₩ 1,750	₩ 1,700
③	₩ 1,700	₩ 1,750
④	₩ 1,800	₩ 1,750
⑤	₩ 1,800	₩ 1,800

해설 ┆----

(1) 총평균법(= 실지재고조사법 & 가중평균법)
  1) 평균 단위원가 계산: @9 = (800 + 2,700 + 1,000) ÷ (400 + 100)개
  2) 매출원가: 1,800 = 판매수량 200개 × 단가 @9

(2) 이동평균법(= 계속기록법 & 가중평균법)
  1) 평균 단위원가 계산: @8.75 = (800 + 2,700) ÷ 400개
  2) 매출원가: 1,750 = 판매수량 200개 × 단가 @8.75

답 ④

05 원가흐름의 가정별 비교

위의 연습문제 2번을 보듯이 물가가 지속적으로 상승하고 기말 재고자산의 수량이 기초 재고자산의 수량보다 많은 경우 재고자산 원가흐름의 가정별로 당기순이익의 크기는 일정한 관계를 갖게 된다. 그 관계를 정리하면 아래와 같다.

[원가흐름의 가정별 재무제표효과 분석-물가의 지속적 상승 & 재고자산의 수량 증가 가정]

기말 재고자산의 크기		선입선출법 〉 이동평균법 〉 총평균법 〉 후입선출법
매출원가		선입선출법 〈 이동평균법 〈 총평균법 〈 후입선출법
당기순이익		선입선출법 〉 이동평균법 〉 총평균법 〉 후입선출법
법인세비용(과세소득이 있는 경우)		선입선출법 〉 이동평균법 〉 총평균법 〉 후입선출법
현금흐름	법인세효과 ×	선입선출법 = 이동평균법 = 총평균법 = 후입선출법
	법인세효과 ○	선입선출법 〈 이동평균법 〈 총평균법 〈 후입선출법

참고   물가가 지속적으로 하락할 때에는 위의 부호는 반대가 된다.

선입선출법의 경우에는 최근에 높은 가격으로 매입한 재고자산부터 기말 재고자산의 장부금액을 구성하는 것으로 가정하는 반면, 가중평균법에서는 기초 재고자산과 당기 매입 재고자산의 평균 단위원가를 기말 재고자산의 장부금액으로 결정하기 때문에 선입선출법의 기말 재고자산의 장부금액이 가중평균법의 기말 재고자산의 장부금액보다 더 많다. 그 결과 매출원가는 선입선출법이 가중평균법보다 더 적으며, 법인세 부담액과 당기순이익은 선입선출법이 가중평균법보다 더 많다. 후입선출법은 이 반대의 경우를 적용하여 판단하면 된다.

Self Study

1. 법인세가 있는 경우 법인세는 당기순이익에 비례하므로 당기순이익의 크기를 비교한 순서와 동일하며, 법인세가 클수록 기업의 현금흐름이 나빠지므로 현금흐름의 크기는 당기순이익의 크기 순서의 반대가 된다.
2. 법인세가 없다고 가정하면 현금흐름의 크기는 재고자산 원가흐름의 가정에 관계없이 동일한 금액이다. 각 방법별로 판매가능재고자산을 매출원가와 기말 재고자산으로 배분하는 가정의 차이만 있을 뿐이지 실제 현금흐름(매출, 매입)과 원가배분과는 무관하다. 그러므로 법인세를 고려하지 않으면 현금흐름은 모두 동일하다.

I/S		재고자산		
매출원가	매출	판매가능 재고자산	┌ 기초 └ 매입	매출원가 기말

3. ㈜한국의 7월 상품 매매거래는 다음과 같다. 7월의 매출원가와 7월 말의 상품에 관한 설명으로 옳은 것은? (단, 장부상 기말 재고자산은 실사수량과 일치한다.)

7월 1일	월초 재고자산	10개 (단위당 ₩20)
7월 5일	매입	40개 (단위당 ₩21)
7월 15일	매출	30개
7월 20일	매입	50개 (단위당 ₩22)
7월 30일	매출	40개

① 7월 15일자 매출에 대한 선입선출법의 매출원가는 이동평균법의 매출원가보다 ₩4이 많다.
② 7월 30일자 매출에 대한 선입선출법의 매출원가는 이동평균법이나 후입선출법의 매출원가보다 많다.
③ 선입선출법의 7월 말 재고액이 총평균법의 7월 말 재고액보다 ₩18이 많다.
④ 선입선출법의 7월 말 재고액은 이동평균법이나 후입선출법의 7월 말 재고액보다 적다.
⑤ 선입선출법의 7월 매출총이익은 총평균법의 7월 매출총이익보다 적다.

해설 --

단위당 원가가 20 → 21 → 22이므로 인플레이션하의 상황이라는 것을 알 수 있다.

▶ 오답체크
① 7월 15일자 매출에 대한 선입선출법의 매출원가는 이동평균법의 매출원가보다 작아야 한다.
② 7월 30일자 매출에 대한 선입선출법의 매출원가는 이동평균법이나 후입선출법의 매출원가보다 작아야 한다.
④ 선입선출법의 7월 말 재고액은 이동평균법이나 후입선출법의 7월 말 재고액보다 많아야 한다.
  – 선입선출법하의 7월 말 재고자산: 7월 20일 매입분 재고만 남아있으므로 재고자산은 30개
    * (10 + 40 + 50 − 30 − 40) × @22 = 660
  – 총평균법하의 7월 말 재고자산: 30개 × @21.4* = 642
    * (10개 × @20) + (40개 × @21) + (50개 × @22) ÷ 100개 = @21.4
  – 선입선출법하의 7월 말 재고자산이 총평균법보다 ₩18(= 660 − 642) 많다.
⑤ 선입선출법의 7월 매출총이익은 총평균법의 7월 매출총이익보다 크다. 매출총이익은 매출원가와 반비례 관계에 있기 때문이다.
답 ③

4 재고자산의 감모손실과 평가손실

Ⅰ 재고자산의 감모손실

01 재고자산의 감모손실의 정의와 인식

재고자산의 창고실사수량이 장부수량보다 적은 경우 차액을 재고자산감모손실이라고 한다. 재고자산감모손실은 아래의 그림과 같이 구할 수 있다.

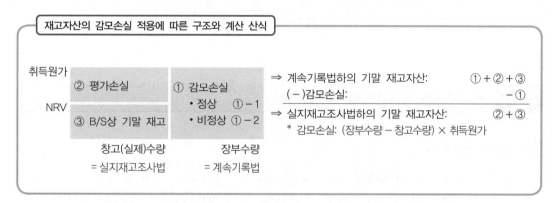

재고자산의 감모손실은 정상적인 경우(정상감모손실)와 비정상적(비정상감모손실)인 경우로 나눌 수 있다.

[정상감모손실과 비정상감모손실의 정의와 계산 산식]

구분	정의	산식
정상적인 경우 = 정상감모손실	재고자산의 특성으로 인해 정상적인 영업활동에서 감소하는 것	(장부수량 − 창고수량) × 취득원가 × 정상감모손실 비율
비정상적인 경우 = 비정상감모손실	영업활동과 관련 없이 특별한 사유로 인해 감소하는 것	(장부수량 − 창고수량) × 취득원가 × 비정상감모손실 비율

02 재고자산의 감모손실 회계처리

재고자산감모손실은 재고자산이 수익에 공헌하지 못하고 소멸된 부분이므로 장부상 재고자산금액을 감소시키고 동 금액을 비용으로 인식하여야 한다. 한국채택국제회계기준에서는 모든 감모손실은 감모가 발생한 기간에 비용으로 인식하도록 규정하고 있다.

┌───┐
│ **재고자산의 감모손실 회계처리 - 정상감모손실은 매출원가에 포함 가정** │
├───┤
│ [계속기록법하의 감모손실] │
│ (차) 매출원가   정상감모손실   (대) 재고자산   감모손실 │
│   기타 비용(영업외비용)   비정상감모손실 │
│ [실지재고조사법하의 감모손실] │
│ (차) 기타 비용(영업외비용) 비정상감모손실   (대) 매출원가   비정상감모손실 │
└───┘

Additional Comment

재고자산의 감모손실은 실제로 판매할 수 있는 재고자산이 존재하지 않으므로 충당금을 설정하는 방법을 사용할 수 없다.

Ⅱ 재고자산의 평가손실과 저가법 적용

01 재고자산의 평가

재고자산의 회계처리는 취득원가에 기초하여 매출원가와 기말 재고자산을 결정하는 과정을 중시하고 있다. 그러나 재고자산의 취득원가보다 순실현가능가치(Net Realizable Value)가 낮음에도 불구하고 재무상태표에 재고자산을 취득원가로 보고한다면 재고자산금액이 과대표시되는 문제가 발생한다. 그러므로 재고자산은 취득원가와 순실현가능가치 중 낮은 금액으로 측정하여야 하는데 이를 저가법이라고 한다. 저가법은 재고자산의 원가를 회수하기 어려운 다음의 경우에 적용한다.

[저가법을 적용하는 경우]

① 물리적으로 손상된 경우
② 완전히 또는 부분적으로 진부화된 경우
③ 판매가격이 하락한 경우
④ 완성하거나 판매하는 데 필요한 원가가 상승한 경우

Additional Comment

재고자산의 순실현가능가치가 취득원가보다 낮은 경우에도 재고자산을 취득원가로 보고하면, 미래 현금 유입액에 대한 정보이용자의 예측을 오도할 수 있다. 그러므로 재고자산의 장부금액은 순실현가능가치와 취득원가 중 낮은 금액으로 표시되어야 한다. 이는 저가법이 재고자산의 장부금액이 판매(제품, 상품)나 사용(원재료)으로부터 실현될 것으로 기대되는 금액을 초과해서는 안 된다는 견해와 일치한다.

02 재고자산의 재무상태표 표시

재고자산의 순실현가능가치가 장부금액 이하로 하락하여 발생한 평가손실은 발생한 기간에 비용으로 인식한다. 비용으로 인식한 평가손실은 재고자산평가충당금의 과목으로 하여 재고자산의 차감계정으로 표시한다.

재고자산의 재무제표 표시

1. 저가법에 의한 기말 재고자산의 장부금액(③) = Min[취득원가, 순실현가능가치] × 실사수량
2. 저가법에 의한 기말 재무상태표상 재고자산평가충당금(②) = 실사수량 × (단위당 취득원가 − NRV)

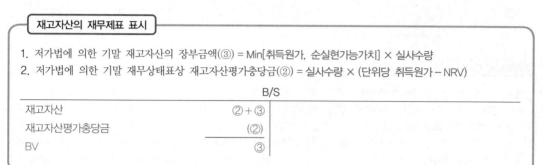

	B/S	
재고자산	②+③	
재고자산평가충당금	(②)	
BV	③	

Additional Comment

한국채택국제회계기준에서는 재고자산의 평가손실의 분류표시에 대해서 언급하고 있지 않으므로 기업의 판단에 따라 재고자산평가손실을 매출가 또는 기타의 비용으로 분류할 수 있을 것이다. 또한 재고자산평가충당금 계정의 사용에 대해서도 기준서 제1002호에는 명시적으로 언급하고 있지 않으나 기준서 제1001호에서 재고자산평가충당금의 표시를 언급하고 있기 때문에 재고자산평가충당금으로 회계처리한다. 또한 재고자산평가손실을 인식하면서 직접 재고자산을 감소시키면 재고자산의 감소가 저가법을 적용한 결과인지, 판매한 결과인지 구분하기가 어렵기 때문에 재고자산평가충당금을 사용하는 회계처리가 더 적절하다고 사료된다.

03 재고자산의 저가법 회계처리

재고자산을 순실현가능가치로 측정한 이후에는 매 보고기간에 순실현가능가치를 재평가한다. 재고자산의 감액을 초래했던 사유가 해소되거나 경제상황의 변동으로 순실현가능가치가 상승한 명백한 증거가 있는 경우에는 최초의 장부금액을 초과하지 않는 범위 내에서 평가손실을 환입한다. 순실현가능가치의 상승으로 인한 재고자산평가손실의 환입은 환입이 발생한 기간의 비용으로 인식된 재고자산금액의 차감액으로 인식한다.

저가법에 의한 재고자산의 평가

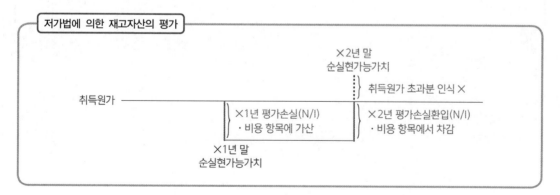

[재고자산의 저가법 회계처리]

> **[기말 재고자산평가충당금 〉 기초 재고자산평가충당금]**
> (차) 재고자산평가손실(비용)   ××   (대) 재고자산평가충당금   ××
>
> **[기말 재고자산평가충당금 〈 기초 재고자산평가충당금]**
> (차) 재고자산평가충당금   ××   (대) 재고자산평가손실환입(비용의 차감)   ××

Additional Comment

만약 재고자산의 취득원가를 초과하여 재고자산평가손실환입을 인식하면 이는 재고자산에 대해서 공정가치법을 적용하는 결과가 된다. 재고자산은 통상적인 영업 과정에서 판매나 생산을 위해서 보유하는 자산이지 공정가치의 변동에 따른 시세차익을 얻고자 보유하는 자산이 아니다. 그러므로 재고자산의 공정가치 증가에 따른 보유이익을 재고자산을 판매하기 전에 인식하는 것보다 재고자산을 판매한 회계기간의 매출총이익에 포함하여 보고하는 것이 정보이용자에게 더 유용한 정보를 제공할 것이다. 이러한 이유로 재고자산 최초의 장부금액을 초과하지 않는 범위 내에서 재고자산평가손실환입을 인식하는 것이다.

[★] 사례연습 6. 재고자산의 저가법 회계처리

A사가 20×1년 말 현재 보유 중인 재고자산의 취득원가는 ₩100이다. 아래의 각 물음별 상황에 따라 A사가 20×1년과 20×2년에 재고자산의 평가와 관련하여 수행할 회계처리를 보이시오. (단, 20×2년에 A사는 재고자산을 추가 구매하거나 판매하지 않았다.)

[물음 1]
20×1년 말 현재 보유 중인 재고자산의 순실현가능가치는 ₩70이고 20×2년 말 현재 보유 중인 재고자산의 순실현가능가치는 ₩50이다.

[물음 2]
20×1년 말 현재 보유 중인 재고자산의 순실현가능가치는 ₩70이고 20×2년 말 현재 보유 중인 재고자산의 순실현가능가치는 ₩90이다.

[물음 3]
20×1년 말 현재 보유 중인 재고자산의 순실현가능가치는 ₩70이고 20×2년 말 현재 보유 중인 재고자산의 순실현가능가치는 ₩120이다.

풀이

[물음 1]

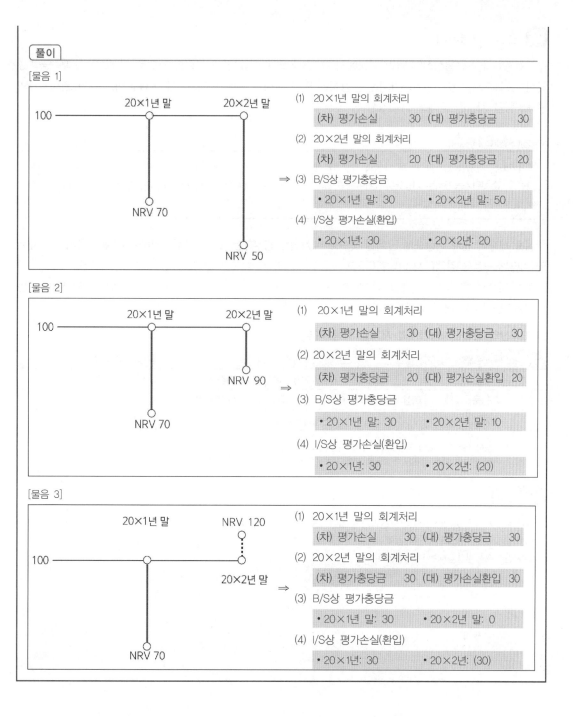

(1) 20×1년 말의 회계처리

    (차) 평가손실   30 (대) 평가충당금   30

(2) 20×2년 말의 회계처리

    (차) 평가손실   20 (대) 평가충당금   20

⇒ (3) B/S상 평가충당금

    • 20×1년 말: 30   • 20×2년 말: 50

(4) I/S상 평가손실(환입)

    • 20×1년: 30   • 20×2년: 20

[물음 2]

(1) 20×1년 말의 회계처리

    (차) 평가손실   30 (대) 평가충당금   30

(2) 20×2년 말의 회계처리

    (차) 평가충당금   20 (대) 평가손실환입 20

(3) B/S상 평가충당금

    • 20×1년 말: 30   • 20×2년 말: 10

(4) I/S상 평가손실(환입)

    • 20×1년: 30   • 20×2년: (20)

[물음 3]

(1) 20×1년 말의 회계처리

    (차) 평가손실   30 (대) 평가충당금   30

(2) 20×2년 말의 회계처리

    (차) 평가충당금   30 (대) 평가손실환입 30

(3) B/S상 평가충당금

    • 20×1년 말: 30   • 20×2년 말: 0

(4) I/S상 평가손실(환입)

    • 20×1년: 30   • 20×2년: (30)

04 순실현가능가치

순실현가능가치는 통상적인 영업 과정에서 재고자산의 판매를 통해 실현할 것으로 기대하는 순매각금액을 말한다. 그러므로 순실현가능가치는 통상적인 영업 과정의 예상 판매가격에서 예상되는 추가 완성원가와 판매비용을 차감한 금액으로 측정된다.

완성될 제품이 원가 이상으로 판매될 것으로 예상되는 경우에는 그 생산에 투입하기 위해 보유하는 원재료 및 기타 소모품을 감액하지 아니한다. 그러나 원재료의 가격이 하락하여 제품의 원가가 순실현가능가치를 초과할 것으로 예상된다면 해당 원재료를 순실현가능가치로 감액한다. 이 경우 원재료의 현행대체원가는 순실현가능가치에 대한 최선의 측정치가 될 수 있다.

[재고자산의 순실현가능가치와 저가법 적용 여부]

구분	순실현가능가치(NRV)	저가법 적용(취득원가 〉 NRV)
제품	예상 판매가격(≠ FV) − 예상 판매비용	적용 ○
재공품	예상 판매가격(≠ FV) − 추가 가공원가 − 예상 판매비용	적용 ○[1]
원재료	현행대체원가	원칙: 적용 ×, 예외[2]

[1] 재공품은 완성될 제품의 저가법 적용 대상 여부와 관계없이 저가법 적용 대상이 되면 저가법 적용
[2] 원재료의 경우 완성될 제품이 원가 이상으로 판매되지 못하면(취득원가 〉 NRV) 저가법 적용 ○

Self Study

원재료의 가격이 하락하고 제품의 원가가 순실현가능가치(현행대체원가)를 초과할 것으로 예상된다면 해당 원재료를 순실현가능가치(현행대체원가)로 감액한다. ⇒ 원재료의 저가법 적용 조건: 1과 2가 모두 만족할 때
1. 제품: 취득원가 〉 순실현가능가치
2. 원재료: 취득원가 〉 현행대체원가

★ 사례연습 7. 재고자산의 저가법 적용을 위한 순실현가능가치

20×2년 초 영업을 개시한 A회사의 20×2년 말 기말 재고자산의 평가와 관련된 자료는 아래와 같다. 20×2년에 계상될 재고자산평가손실은 얼마인가?

구분	취득원가	현행대체원가	예상 판매가격 - 추가 비용
제품	24,000	22,000	26,000
재공품	18,000	19,000	16,000
원재료	15,000	12,000	10,000

풀이

(1) 제품: 0(24,000 < 26,000, 순실현가능가치가 취득원가보다 크므로 저가법 적용 대상이 아님)
(2) 재공품: (2,000)(18,000 > 16,000, 순실현가능가치가 취득원가보다 작으므로 저가법 적용 대상임)
(3) 원재료: 0(현행대체원가가 취득원가보다 작지만 제품의 순실현가능가치가 취득원가보다 높으므로 원재료의 평가손실을 계상하지 않음)
If. 20×2년 재고자산 장부금액은 얼마인가? ⇒ 24,000 + 16,000 + 15,000 = 55,000

연습문제

4. ㈜한국은 제품생산에 투입될 취득원가 ₩200,000의 원재료와 제조원가 ₩240,000의 제품 재고를 보유하고 있다. 원재료의 현행대체원가가 ₩180,000이고 제품의 순실현가능가치가 ₩250,000일 때, 저가법에 의한 재고자산평가손실은?

① ₩30,000
② ₩20,000
③ ₩10,000
④ ₩0
⑤ ₩5,000

해설

구분	취득원가	순실현가능가치 or 현행대체원가	저가법 적용
제품	240,000	250,000	×
원재료	200,000	180,000	×

(1) 원재료의 현행대체원가가 장부금액보다 낮더라도 원재료를 투입하여 완성할 제품의 시가가 원가보다 높을 때는 원재료에 대하여 저가법을 적용하지 않는다.
(2) 제품의 순실현가능가치가 제조원가보다 높기 때문에 원재료의 현행대체원가가 장부금액보다 낮더라도 원재료는 저가법을 적용하지 않는다.

답 ④

05 저가법의 적용

재고자산을 순실현가능가치로 감액하는 저가법은 항목별로 적용한다. 그러나 경우에 따라서는 서로 비슷하거나 관련된 항목들을 통합하여 적용하는 것(조별)이 적절할 수 있다. 이러한 경우로는 재고자산 항목이 비슷한 목적 또는 최종 용도를 갖는 같은 제품군과 관련되고, 같은 지역에서 생산되어 판매되며, 실무적으로 그 제품군에 속하는 다른 항목과 구분하여 평가할 수 없는 경우를 들 수 있다. 그러나 재고자산의 분류나 특정 영업부문에 속하는 모든 재고자산에 기초하여 저가법을 적용하는 것은 적절하지 않다.

Additional Comment

구분	취득원가	NRV	항목별 기준	조별 기준	총계 기준
A	100	80	(20)	(20)	
B	100	100	0		
①	100	70	(30)	0	
②	100	160	0		
계	400	410	(50)	(20)	0

즉, 재고자산을 저가법으로 평가하는 방법에는 항목별 기준, 조별 기준, 총계 기준이 있다. 세 가지 방법 중에서 항목별 기준이 가장 보수적인 방법이라고 할 수 있다. 항목별 기준으로 저가법을 적용하는 것을 원칙으로 하고, 재고자산들이 서로 유사하거나 관련 있는 경우에는 조별 기준으로도 저가법을 적용할 수 있도록 하고 있다.

Self Study

완제품 또는 특정 영업 부문에 속하는 모든 재고자산과 같은 분류에 기초하여 저가법을 적용하는 것은 적절하지 아니하다. (= 총계 기준은 인정하지 않는다.)

06 재고자산의 감모손실과 평가손실 적용에 따른 재무제표효과

(1) 기말 재고자산의 산정 과정

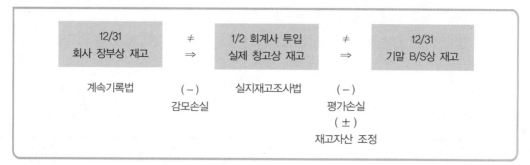

(2) 재고자산의 감모손실과 평가손실 적용에 따른 구조

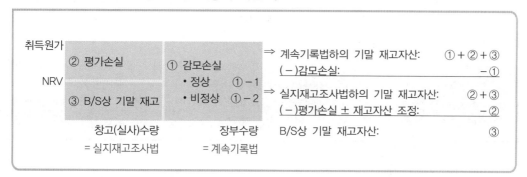

(3) 재고자산의 T계정 구성항목 파악

재고자산				
기초	판매(당기)		⇒ 비용 처리	
매입	정상감모	①-1	⇒ 비용 처리	
	평가손실	②	⇒ 비용 처리	
	비정상감모	①-2	⇒ 비용 처리	
	기말	③	⇒ B/S상 기말 재고자산	

(4) 재고자산의 재무제표 표시

B/S	
재고자산	② + ③
재고자산평가충당금	(②)
BV	③

I/S	
매출원가	×× + (① - 1) + ②
기타 비용	① - 2

실제시험 풀이용 TOOL 분석 및 계산(순액표기) - 재고자산으로 인한 비용 총액과 매출원가

재고자산			
기초(순액)	기초 취득원가 - 기초 평가충당금	판매(당기)	대차차액
		정상감모	(장부 - 실사수량) × 취득원가 × 정상감모비율
		평가손실	실사수량 × (취득원가 - NRV)
		비정상감모	(장부 - 실사수량) × 취득원가 × 비정상감모비율
매입(당기)	문제 제시	기말	실사수량 × Min[NRV, 취득원가]

★ 사례연습 8. 재고자산의 감모손실과 평가손실

㈜대한의 20×1년도 재고자산(상품 A)과 관련된 자료가 다음과 같다.

(1) 기초 재고자산	₩700,000(재고자산평가충당금 ₩0)
(2) 매입액	₩6,000,000
(3) 매출액	₩8,000,000
(4) 기말 재고자산 장부수량 3,000개, 개당 취득원가	₩200
(5) 실사수량 2,500개, 개당 순실현가능가치	₩240

재고자산의 감모손실 중 50%는 정상적인 것으로 판단되었다. 동 재고자산으로 인하여 ㈜대한이 20×1년도에 인식할 비용의 합계를 구하시오.

풀이

재고자산의 T계정 풀이

재고자산			
기초(순액)	기초 취득원가 – 기초 평가충당금 700,000	판매(당기)	대차차액
		정상감모	(장부 – 실사수량) × 취득원가 × 정상감모비율
		평가손실	실사수량 × (취득원가 – NRV)
		비정상감모	(장부 – 실사수량) × 취득원가 × 비정상감모비율
매입(당기)	문제 제시 6,000,000	기말	실사수량 × Min[NRV, 취득원가] 2,500개 × Min[200, 240] = 500,000

⇒ 재고자산으로 인한 비용의 합계: 6,200,000*
* 기초 재고자산(700,000) + 당기 매입(6,000,000) – 기말 재고자산 (500,000)

5. ㈜한국의 2016년 기초 상품은 ₩50,000이고 당기 매입원가는 ₩80,000이다. 2016년 말 기말 상품은 ₩30,000이며, 순실현가능가치는 ₩23,000이다. 재고자산평가손실을 인식하기 전 재고자산평가충당금 잔액으로 ₩2,000이 있는 경우, 2016년 말에 인식할 재고자산평가손실은?

① ₩3,000   ② ₩5,000
③ ₩7,000   ④ ₩9,000
⑤ ₩8,000

해설

(1) 기말 평가충당금: 7,000 = 기말 재고자산 취득원가 30,000 − 기말 재고자산 NRV 23,000
(2) 재고자산평가충당금 증가액: 5,000 = 기말 평가충당금 7,000 − 기초 평가충당금 2,000
(3) 회계처리

| (차) 재고자산평가손실 | 5,000 | (대) 재고자산평가충당금 | 5,000 |

* 평가손실: 5,000 = 7,000 − 2,000

답 ②

6. 다음은 ㈜한국의 재고자산 관련 자료이다. 기말 상품의 실사수량과 단위당 순실현가능가치는?
   (단, 재고자산감모손실은 실사수량과 장부상 재고자산 수량의 차이로 인해 발생한 계정이며, 재고자산평가손실은 취득원가와 순실현가능가치의 차이로 인해 발생한 계정이다.)

• 기초 상품(재고자산평가충당금 없음)	₩ 20,000
• 당기 매입액	₩ 400,000
• 장부상 기말 상품(단위당 원가 ₩ 2,000)	₩ 200,000
• 재고자산감모손실	₩ 20,000
• 재고자산평가손실	₩ 18,000

	기말 상품 실사수량	기말 상품 단위당 순실현가능가치
①	80개	₩ 1,800
②	80개	₩ 2,000
③	90개	₩ 1,800
④	90개	₩ 2,000
⑤	90개	₩ 1,900

   해설

취득원가 @2,000	② 평가손실 18,000	① 감모손실 20,000	• 감모손실: 20,000 = (100 − 90)개 × @2,000
NRV @1,800	③ B/S상 기말 재고 162,000		• 평가손실: 18,000 = 90개 × @(2,000 − 1,800)
	창고수량 90개	장부수량 100개	

   (1) 기말 장부수량: 100개 = 기말 상품 200,000 ÷ 취득원가 @2,000
   (2) 감모손실: 20,000 = (장부수량 100개 − 창고수량) × 취득원가 @2,000, 창고수량 = 90개
   (3) 기말 창고수량: 90개 = 기말 장부수량 100개 − 감모수량 10개
   (4) 평가손실: 18,000 = (취득원가 @2,000 − NRV) × 실제 수량 90개, NRV = @1,800

   참고

   재고자산

기초	20,000	판매	
		감모손실	258,000
		평가손실	
매입	400,000	기말	162,000
	420,000		

   ⇒ 당기 비용 합계: 20,000 + 400,000 − 162,000 = 258,000

   답 ③

핵심 빈출 문장

01 재고자산의 매입원가는 구입가격에 매입운임, 하역료 및 보험료 등 취득과정에서 정상적으로 발생한 부대비용을 가산하며, 매입과 관련된 할인, 에누리 및 기타 유사 항목은 매입원가에서 차감한다.

02 후속 생산단계에 투입하기 전 보관이 필요한 경우 이외의 보관원가는 재고자산의 취득원가에 포함할 수 없으며 발생 기간의 비용으로 인식한다.

03 재고자산의 취득원가는 매입원가, 전환원가 및 재고자산을 현재의 장소에 현재의 상태로 이르게 하는 데 발생한 기타 원가 모두를 포함한다.

04 하나의 생산과정을 통하여 동시에 둘 이상의 제품이 생산되는 연산품의 경우 전환원가를 완성 시점의 제품별 상대적 판매가치를 기준으로 배부할 수 있다.

05 용역제공기업이 재고자산을 가지고 있다면, 이를 제조원가로 측정하며 이는 용역 제공에 직접 관여된 인력에 대한 노무원가 및 기타 원가와 관련된 간접원가로 구성된다.

06 통상적으로 상호 교환될 수 없는 재고자산 항목의 원가와 특정 프로젝트별로 생산되고 분리되는 재화 또는 용역의 원가는 개별법을 적용한다. 개별법이 적용되지 않는 재고자산의 단위원가는 선입선출법이나 가중평균법을 사용한다.

07 특정한 고객을 위한 비제조간접원가 또는 제품의 디자인 원가를 재고자산의 원가에 포함하는 것이 적절할 수도 있다.

08 물가가 지속적으로 상승하는 경우 선입선출법하의 기말 재고자산금액은 평균법하의 기말 재고자산금액보다 적지 않다.

09 물가가 지속적으로 상승할 때 후입선출법하에서의 당기순이익이 선입선출법하에서의 당기순이익보다 적어지는데, 이는 후입선출법이 수익비용의 대응을 왜곡하는 일례가 아니다.

10 계속기록법에서는 판매가 이루어질 때마다 당해 판매로 인한 매출원가를 계산하여야 한다.

11 계속기록법을 사용하더라도 기말의 정확한 재고를 파악하기 위하여 실지재고조사법을 병행하여 사용할 수 있다.

12 개별법을 적용할 수 없는 재고자산의 단위원가는 선입선출법이나 가중평균법을 사용하여 결정한다.

13 성격과 용도 면에서 유사한 재고자산에는 동일한 단위원가 결정방법을 적용하여야 하며, 성격이나 용도 면에서 차이가 있는 재고자산에는 서로 다른 단위원가 결정방법을 적용할 수 있다.

14 동일한 재고자산이 동일한 기업 내에서 영업부문에 따라 서로 다른 용도로 사용되는 경우에는 서로 다른 단위원가 결정방법을 적용할 수 있다.

15 재고자산의 지역별 위치나 과세방식이 다르다는 이유만으로 동일한 재고자산에 다른 단위원가 결정방법을 적용하는 것이 정당화될 수는 없다.

16 재고자산에 대한 단위원가 결정방법 적용은 동일한 용도나 성격을 지닌 재고자산에 대해서는 동일하게 적용해야 하나, 지역별로 분포된 사업장이나 과세방식이 다른 사업장 간에는 동일한 재고자산이라도 원칙적으로 다른 방법을 적용할 수 없다.

17 재고자산은 서로 유사하거나 관련 있는 항목들을 통합하여 적용하는 것이 적절하지 않은 경우 항목별로 저가법을 적용한다.

18 완성될 제품이 원가 이상으로 판매될 것으로 예상하는 경우에는 그 제품의 생산에 투입하기 위해 보유하는 원재료는 감액하지 아니한다.

객관식 문제

01 재고자산 서술형 문제

재고자산의 회계처리에 대한 설명으로 옳지 않은 것은?

① 재고자산의 취득 시 구매자가 인수운임, 하역비, 운송기간 동안의 보험료 등을 지불하였다면, 이는 구매자의 재고자산의 취득원가에 포함된다.

② 위탁상품은 수탁기업의 판매 시점에서 위탁기업이 수익으로 인식한다.

③ 재고자산의 매입단가가 지속적으로 하락하는 경우, 선입선출법을 적용하였을 경우의 매출총이익이 평균법을 적용하였을 경우의 매출총이익보다 더 높게 보고된다.

④ 재고자산의 매입단가가 지속적으로 상승하는 경우, 계속기록법하에서 선입선출법을 사용할 경우와 실지재고조사법하에서 선입선출법을 사용할 경우의 매출원가는 동일하다.

⑤ 재고자산의 지역별 위치나 과세방식이 다르다는 이유만으로 동일한 재고자산에 다른 단가결정방법을 적용할 수 없다.

02 기말 재고자산 조정 2. → Ⅱ → 03 기말 재고자산에 포함될 항목(기말 재고자산 조정) ▶ 143p

㈜한국의 20×1년 기초 재고자산은 ₩100,000, 당기 매입액은 ₩200,0000이다. ㈜한국은 20×1년 12월 말 결산 과정에서 재고자산 실사 결과 기말 재고자산이 ₩110,000인 것으로 파악되었으며, 다음의 사항은 고려하지 못하였다. 이를 반영한 후 ㈜한국의 20×1년 매출원가는?

- 도착지인도조건으로 매입한 상품 ₩20,000은 20×1년 12월 31일 현재 운송 중이며, 20×2년 1월 2일 도착 예정이다.
- 20×1년 12월 31일 현재 시용판매를 위하여 고객에게 보낸 상품 ₩40,000(원가) 가운데 50%에 대하여 고객이 구매의사를 표시하였다.
- 20×1년 12월 31일 현재 ㈜민국에 담보로 제공한 상품 ₩50,000은 창고에 보관 중이며, 재고자산 실사 시 이를 포함하였다.

---

① ₩170,000   ② ₩180,000

③ ₩190,000   ④ ₩220,000

⑤ ₩250,000

03 기말 재고자산 조정 2. → Ⅱ → 03 기말 재고자산에 포함될 항목(기말 재고자산 조정) ▶ 143p

판매자의 기말 재고자산에 포함되지 않는 것은?

① 고객이 구매의사를 표시하지 아니하고, 반환금액을 신뢰성 있게 추정할 수 없는 시용 판매상품

② 위탁판매를 하기 위하여 발송한 후, 수탁자가 창고에 보관 중인 적송품

③ 판매대금을 일정 기간에 걸쳐 분할하여 회수하는 조건으로 판매·인도한 상품

④ 도착지인도조건으로 선적되어 운송 중인 미착상품

⑤ 회사의 창고에 보관 중이지 않은 저당권이 설정된 재고자산

04 기말 재고자산 조정 2. → Ⅱ → 03 기말 재고자산에 포함될 항목(기말 재고자산 조정) ▶ 143p

㈜한국의 2013년 재고자산을 실사한 결과 다음과 같은 오류가 발견되었다. 이러한 오류가 2013년 매출원가에 미치는 영향은? (단, ㈜한국은 실지재고조사법을 사용하고 있다.)

- ㈜한국이 시용판매를 위하여 거래처에 발송한 시송품 ₩1,300,000(판매가격)에 대하여 거래처의 매입의사가 있었으나, 상품의 원가가 ㈜한국의 재고자산에 포함되어 있다. 판매가격은 원가에 30% 이익을 가산하여 결정한다.
- 2013년 중 ㈜한국은 선적지인도기준으로 상품을 ₩1,000,000에 구입하고 운임 ₩100,000을 지급하였는데, 해당 상품이 선적은 되었으나 아직 도착하지 않아 재고자산 실사에 누락되었다.
- 2013년 중 ㈜한국은 도착지인도기준으로 상품을 ₩1,000,000에 구입하고, 판매자가 부담한 운임은 ₩100,000이다. 이 상품은 회사 창고에 입고되었으나, 기말 재고자산 실사에 누락되었다.

---

① ₩1,100,000 과대계상 ② ₩1,200,000 과대계상

③ ₩1,100,000 과소계상 ④ ₩1,200,000 과소계상

⑤ ₩1,300,000 과소계상

〈보기〉는 ㈜서울의 재고자산과 관련된 자료이다. 재고자산에 대한 원가흐름의 가정으로 선입선출법을 적용하는 경우 평균법을 적용하는 경우 대비 매출원가의 감소액은? (단, 재고자산과 관련된 감모손실이나 평가손실 등 다른 원가는 없으며, ㈜서울은 재고자산 매매거래에 대해 계속기록법을 적용한다.)

─────── 〈보기〉 ───────

일자	구분	수량	매입단가
1월 1일	기초 재고자산	100 개	₩10
5월 8일	매입	50 개	₩13
8월 23일	매출	80 개	
11월 15일	매입	30 개	₩4

① ₩80   ② ₩120

③ ₩200   ④ ₩240

⑤ ₩250

재고자산에 대한 설명으로 옳은 것은?

① 기초 재고자산금액과 당기 매입액이 일정할 때, 기말 재고자산금액이 과대계상될 경우 당기순이익은 과소계상된다.

② 선입선출법은 기말에 재고로 남아있는 항목은 가장 최근에 매입 또는 생산된 항목이라고 가정하는 방법이다.

③ 실지재고조사법을 적용하면 기록유지가 복잡하고 번거롭지만 특정 시점의 재고자산 잔액과 그 시점까지 발생한 매출원가를 적시에 파악할 수 있는 장점이 있다.

④ 도착지인도기준에 의해서 매입이 이루어질 경우, 발생하는 운임은 매입자의 취득원가에 산입하여야 한다.

⑤ 선입선출법은 계속기록법하의 기말 재고자산과 실지재고조사법하의 기말 재고자산이 다르다.

07 재고자산의 원가흐름의 가정 3. → Ⅲ 단위원가 결정방법 ▶ 149p

다음은 ㈜한국의 2015년 1월의 상품매매에 관한 기록이다. 계속기록법에 의한 이동평균법으로 상품거래를 기록할 경우 2015년 1월의 매출총이익은?

일자	내역	수량	매입단가	판매단가
1월 1일	전기이월	150개	₩100	
1월 15일	현금매입	50개	₩140	
1월 20일	현금매출	100개		₩150
1월 25일	현금매입	100개	₩150	
1월 28일	현금매출	100개		₩160

① ₩2,000 ② ₩4,000
③ ₩7,000 ④ ₩9,000
⑤ ₩9,600

08 재고자산의 원가흐름의 가정 3. → Ⅲ 단위원가 결정방법 ▶ 149p

다음은 ㈜한국의 재고자산과 관련된 자료이다. 선입선출법으로 평가할 경우 매출총이익은? (단, 재고자산과 관련된 감모손실이나 평가손실 등 다른 원가는 없다.)

일자	구분	수량	단가
10월 1일	기초 재고자산	10개	₩100
10월 8일	매입	30개	₩110
10월 15일	매출	25개	₩140
10월 30일	매입	15개	₩120

① ₩850 ② ₩950
③ ₩1,050 ④ ₩1,150
⑤ ₩1,350

㈜한국의 6월 중 재고자산 거래가 다음과 같을 때 이에 대한 설명으로 옳지 않은 것은?

일자	적요	수량	단가
6월 1일	월초 재고자산	100개	₩10
6월 9일	매입	300개	₩15
6월 16일	매출	200개	₩25
6월 20일	매입	100개	₩20
6월 28일	매출	200개	₩30

① 회사가 총평균법을 사용할 경우 매출원가는 ₩6,000이다.

② 회사가 선입선출법을 사용할 경우 6월 말 재고자산금액은 ₩2,000이다.

③ 총평균법을 사용할 경우보다 이동평균법을 사용할 경우에 순이익이 더 크다.

④ 계속기록법과 선입선출법을 사용할 경우보다 실지재고조사법과 선입선출법을 사용할 경우에 매출원가가 더 크다.

⑤ 선입선출법을 사용하는 경우나 총평균법을 사용하는 경우나 법인세가 없다면 현금흐름은 동일하다.

다음은 도·소매 기업인 ㈜한국의 상품과 관련된 자료이다. 정상적 원인에 의한 재고감모손실은 매출원가로, 비정상적 감모손실은 기타 비용으로 보고하는 경우 ㈜한국이 당기에 인식해야 할 매출원가는? (단, 재고감모손실의 30%는 비정상적 원인, 나머지는 정상적 원인에 의해 발생되었다.)

기초 상품	₩100,000
당기 상품매입액	₩900,000
기말 상품(장부금액)	₩220,000
기말 상품(실사금액)	₩200,000

① ₩766,000   ② ₩786,000

③ ₩794,000   ④ ₩800,000

⑤ ₩825,000

11 재고자산의 감모손실과 평가손실

4. 재고자산의 감모손실과 평가손실 ▶ 157p

재고자산평가손실과 정상적 원인에 의한 재고감모손실은 매출원가로, 비정상적인 감모손실은 기타 비용으로 보고하는 경우 다음 자료를 토대로 계산한 매출원가는?

- 판매가능원가(= 기초 재고원가 + 당기 매입원가): ₩78,000
- 계속기록법에 의한 장부상 수량: 100개
- 실지재고조사에 의해 파악된 기말 재고자산의 수량: 90개
- 재고부족수량: 40%는 비정상적 원인, 나머지는 정상적 원인에 의해 발생됨
- 기말 재고자산의 원가: @₩100
- 기말 재고자산의 순실현가능가치: @₩90

① ₩69,500 ② ₩69,300
③ ₩68,400 ④ ₩68,600
⑤ ₩67,600

12 재고자산의 저가법 적용

4. → Ⅱ → 실제시험 풀이용 TOOL ▶ 166p

㈜한국의 20×1년 기말 재고자산 관련 자료는 다음과 같으며 품목별로 저가법을 적용한다.

품목	수량	취득원가	예상 판매가격	예상 판매비용
상품 a	2	@₩5,000	@₩7,000	@₩1,500
상품 b	3	@₩8,000	@₩9,000	@₩2,000
상품 c	2	@₩2,500	@₩3,000	@₩1,000

기초 상품은 ₩50,000, 당기 총 매입액은 ₩1,000,000, 매입할인은 ₩50,000이며, ㈜한국은 재고자산평가손실을 매출원가에 포함한다. ㈜한국의 20×1년 포괄손익계산서상 매출원가는?

① ₩ 962,000 ② ₩ 964,000
③ ₩ 965,000 ④ ₩1,050,000
⑤ ₩ 998,000

객관식 문제 정답 및 해설

01 ③ 재고자산의 매입단가가 지속적으로 하락하는 경우, 선입선출법을 적용하였을 경우의 매출총이익이 평균법을 적용하였을 경우의 매출총이익보다 더 낮게 보고된다.

02 ① 1) 정확한 기말 재고자산: $110,000 + (40,000 \times 50\%) = 130,000$
2) 매출원가: $100,000 + 200,000 - 130,000 = 170,000$

03 ③ 장기 할부판매조건 등으로 인도한 상품: 판매자의 기말 재고 ×

재고자산 조정	In 창고	My 재고	가감
판매(할부)	×	×	×

▶ 오답체크

① 반환금액의 신뢰성이 없는 시용판매상품: 판매자의 기말 재고 ○

재고자산 조정	In 창고	My 재고	가감
판매(시송품)	×	○	+

② 위탁판매의 수탁자 미판매분: 판매자의 기말 재고 ○

재고자산 조정	In 창고	My 재고	가감
판매(위탁품)	×	○	+

④ 판매자 입장의 도착지인도조건 미착상품: 판매자의 기말 재고 ○

재고자산 조정	In 창고	My 재고	가감
구매(도착지)	×	×	×
판매(도착지)	×	○	+

⑤ 회사의 창고에 보관 중이지 않은 저당권이 설정된 재고자산: 판매자의 기말 재고 ○

재고자산 조정	In 창고	My 재고	가감
담보제공 (창고실사재고 포함 ○)	○	○	×
담보제공 (창고실사재고 포함 ×)	×	○	+

04 ①

구분	재고	매출원가	↔	오류수정 시
판매 (시송품 판매)	과대계상: 수정 재고 감소	과소계상: 수정 매출원가 증가	↔	당기손익 과대계상: 당기손익 감소
구매 (선적지인도조건)	과소계상: 수정 재고 증가	과대계상: 수정 매출원가 감소	↔	당기손익 과소계상: 당기손익 증가
구매 (도착지인도조건)	과소계상: 수정 재고 증가	과대계상: 수정 매출원가 감소	↔	당기손익 과소계상: 당기손익 증가

매출원가에 미치는 영향: $(+)\,1,100,000$ 과대계상
$=$ 시송품 $- [1,300,000 \div (1 + 0.3)] +$ 선적지인도조건 $1,100,000 +$ 도착지인도조건 $1,000,000$

05 ① (1) 매출원가(선입선출법): 800 = 판매수량 80개 × 단위당 취득원가 @10

(2) 매출원가(평균법)

    1) 평균 단위원가 계산: @11 = [(100개 × @10) + (50개 × @13)] ÷ 150개

    2) 매출원가: 880 = 판매수량 80개 × 평균 단위원가 @11

(3) 매출원가의 감소액: 80 = 매출원가(평균법) 880 − 매출원가(선입선출법) 800

06 ② 선입선출법: 먼저 매입한 재고자산이 먼저 판매된 것으로 인식하는 방법이다.

▶ 오답체크

① 기초 재고자산금액과 당기 매입액이 일정할 때, 기말 재고자산금액이 과대계상될 경우 매출원가는 과소계상된다. 매출원가의 과소계상 시 당기순이익은 과대계상된다.

③ 계속기록법을 적용하면 기록유지가 복잡하고 번거롭지만 특정 시점의 재고자산 잔액과 그 시점까지 발생한 매출원가를 적시에 파악할 수 있는 장점이 있다.

④ 도착지인도기준에 의해서 매입이 이루어질 경우, 발생하는 운임은 판매자의 비용으로 인식해야 한다.

⑤ 개별법과 선입선출법은 계속기록법과 실지재고조사법 사용 시 결과가 일치하지만 후입선출법과 평균법은 계속기록법과 실지재고조사법 사용 시 결과가 일치하지 않는다.

07 ③ (1) 평균 단위원가 계산(이동평균법)

    1) 1월 20일(1차): @110 = [(150개 × @100) + (50개 × @140)] ÷ 200개

    2) 1월 28일(2차): @130 = [(100개 × @110) + (100개 × @150)] ÷ 200개

(2) 매출: 31,000 = [1차 (100개 × @150) + 2차 (100개 × @160)]

(3) 매출원가: 24,000 = [1차 (100개 × @110) + 2차 (100개 × @130)]

(4) 매출총이익: 7,000 = 매출 31,000 − 매출원가 24,000

08 ① (1) 매출: 3,500 = 판매수량 25개 × 평균 단위원가 @140

(2) 매출원가: 2,650 = 1,000 + 1,650

    1) 판매수량 25개 중 10개(기초): 1,000 = 10개 × @100

    2) 판매수량 25개 중 15개(10월 8일 매입분): 1,650 = (30 − 15)개 × @110

(3) 매출총이익: 850 = 매출 3,500 − 매출원가 2,650

09 ④ 선입선출법의 경우 계속기록법에 의한 매출원가와 실지재고조사법에 의한 매출원가는 동일하다.

▶ 오답체크

① (1) 평균 단위원가 계산(총평균법): @15
= [(100개 × @10) + (300개 × @15) + (100개 × @20)] ÷ 500개
(2) 매출원가: 6,000 = 판매수량 (200 + 200)개 × 평균 단위원가 @15

② 재고자산금액(선입선출법): 2,000 = 잔여수량 100개 × 단위원가 @20

③ 단위당 원가를 분석하면 인플레이션하의 상황이라는 것을 알 수 있다.

⑤ 법인세가 없다고 가정하면 현금흐름의 크기는 재고자산의 원가흐름의 가정에 관계없이 동일한 금액이다. 각 방법별로 판매가능재고자산을 매출원가와 기말 재고자산으로 배분하는 가정의 차이만 있을 뿐이지 실제 현금흐름(매출, 매입)과 원가배분과는 무관하다. 그러므로 법인세를 고려하지 않으면 현금흐름은 모두 동일하다.

참고 **원가흐름의 가정별 재무제표효과 분석**

기말 재고자산의 크기		선입선출법 〉 이동평균법 〉 총평균법 〉 후입선출법
매출원가		선입선출법 〈 이동평균법 〈 총평균법 〈 후입선출법
당기순이익		선입선출법 〉 이동평균법 〉 총평균법 〉 후입선출법
법인세비용(과세소득이 있는 경우)		선입선출법 〉 이동평균법 〉 총평균법 〉 후입선출법
현금흐름	법인세효과 ×	선입선출법 = 이동평균법 = 총평균법 = 후입선출법
	법인세효과 ○	선입선출법 〈 이동평균법 〈 총평균법 〈 후입선출법

참고 **물가가 지속적으로 하락할 때는 부호 반대**

10 ③

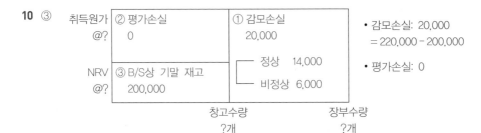

(1) 감모(비정상)손실: 6,000 = (220,000 − 200,000) × (1 − 0.7)

(2) 매출원가: 794,000 = 판매가능재고자산 1,000,000 − 비정상감모손실 6,000 − B/S상 기말 재고 200,000

11 ①

취득원가 @100	② 평가손실 900	① 감모손실 1,000	
NRV @90	③ B/S상 기말 재고 8,100	정상	600
		비정상	400

창고수량　　　　　　　장부수량
90개　　　　　　　　100개

- 감모손실: 1,000
  = (100 − 90)개 × @100
- 평가손실: 900
  = 90개 × @(100 − 90)

재고자산

기초		판매	
		정상	
		평가	69,500
		비정상	400
매입		기말	8,100
78,000			

(1) 감모(비정상)손실: 400 = (100 − 90)개 × @100 × (1 − 0.6)
(2) 매출원가: 69,500
　* 판매가능재고자산 78,000 − 비정상감모손실 400 − 기말 8,100

12 ③　1.

구분	취득원가	NRV	저가법 적용
상품 a	5,000	5,500	×
상품 b	8,000	7,000	○
상품 c	2,500	2,000	○

㈜한국의 기말 재고자산: 35,000 = [2개 × @5,000] + [3개 × @(9,000 − 2,000)] + [2개 × @(3,000 − 1,000)]

(1) 상품 a: 5,000 = MIN(5,000, 7,000 − 1,500)
(2) 상품 b: 7,000 = MIN(8,000, 9,000 − 2,000)
(3) 상품 c: 2,000 = MIN(2,500, 3,000 − 1,000)

2.

재고자산

기초	50,000	판매	
		정상	
		평가	965,000
		비정상	0
매입	950,000	기말	35,000
	1,000,000		

(1) 매입(순): 950,000 = 총 매입 1,000,000 − 할인 50,000
(2) 기말 창고수량: 35,000[1]
　[1] 상품 a[2개 × @5,000] + 상품 b[3개 × @(9,000 − 2,000)] + 상품 c[2개 × @(3,000 − 1,000)]
(3) 매출원가: 965,000[2]
　[2] 판매가능재고자산 1,000,000 − 비정상감모손실 0 − B/S상 기말 재고자산 35,000

Chapter **5**

유형자산

1 유형자산의 의의

I 유형자산의 정의 및 특징

01 유형자산의 정의

유형자산은 기업이 재화나 용역의 생산이나 제공, 타인에 대한 임대 또는 관리활동에 사용할 목적으로 보유하는 물리적 형태가 있는 자산으로서 한 회계기간을 초과하여 사용할 것이 예상되는 자산으로 정의하고 있다.

02 유형자산의 특징

유형자산은 한 회계기간을 초과하여 사용할 것으로 예상되는 자산이다. 만약에 자산을 취득하였으나 사용 기간이 한 회계기간을 초과하지 못한다면 중요성의 관점에서 발생 기간의 비용으로 회계처리하는 것이 타당하다.

물리적 형태가 있는 자산이라고 해서 모두 유형자산으로 분류되는 것은 아니다. 물리적 형태가 있는 자산도 그 보유 목적에 따라 여러 가지 자산으로 분류하여 재무제표에 표시하는데, 그 이유는 자산의 보유 목적에 따라 미래 현금흐름의 창출에 기여하는 특성이 다르기 때문이다.

[자산의 보유 목적에 따른 물리적 실체가 있는 자산의 분류]

자산의 보유 목적	자산의 분류
재화나 용역의 생산이나 제공, 타인에 대한 임대 또는 관리활동에 사용할 목적으로 보유	유형자산
임대수익이나 시세차익 또는 두 가지 모두를 얻기 위하여 보유하는 부동산	투자부동산
영업활동 과정에서 판매를 위하여 보유 중이거나 생산 중인 자산 또는 생산이나 용역 제공에 사용될 원재료나 소모품	재고자산

Self Study

1. 유형자산의 특징
   ① 재화나 용역의 생산이나 제공, 타인에 대한 임대 또는 관리활동에 사용할 목적으로 보유
   ② 한 회계기간을 초과하여 사용할 것으로 예상
   ③ 물리적 실체가 있는 자산
2. 예비부품, 대기성 장비 및 수선 용구와 같은 항목은 유형자산의 정의를 충족하면 유형자산으로 인식하고, 유형자산의 정의를 충족하지 못하면 재고자산으로 분류한다.

유형자산은 시간의 경과나 사용으로 인하여 가치가 감소되어 감가상각비를 인식하는 상각자산과 시간의 경과나 사용으로 인하여 가치가 감소되지 않는 비상각자산으로 나누어진다.

[유형자산의 분류]

계정과목		내용
사용 중인 자산	토지(상각 ×)	대지, 임야 등 영업활동에 사용할 목적으로 취득한 자산
	건물(상각 ○)	건물, 냉난방, 전기, 통신 및 기타 건물 부속설비
	구축물(상각 ○)	교량, 굴뚝, 저수지 등(토지, 건물 분류 불가)
	기계장치(상각 ○)	기계장치, 운송설비 및 기타의 부속설비
	기타 자산(상각 ○)	위 항목 이외의 자산, 차량운반구, 리스계량자산 등
건설중인자산(상각 ×)		유형자산의 건설을 위한 재료비, 노무비, 경비 등

Additional Comment

건설중인자산은 유형자산의 취득이 완료될 때까지 상당한 기간이 소요되는 경우 취득을 위하여 지출한 도급금액이나 자가건설을 하는 경우 건설에 직접적으로 또는 간접적으로 발생한 지출액을 말한다. 즉, 건설중인자산은 재무상태표에 아직 취득이 완료되지 않은 경우 사용하는 임시 계정으로 취득이 완료되면 본 유형자산 계정인 토지, 건물 및 기계장치 등으로 대체하여야 한다. 건설중인자산은 취득이 완료되기 전까지는 감가상각을 하지 않는다.

건설 중	(차) 건설중인자산	××	(대) 현금	××
기말	회계처리 없음(감가상각 ×)			
건설 완료	(차) 토지, 건물, 기계장치 등	××	(대) 건설중인자산	××

2 유형자산의 최초 인식과 측정

I 인식기준

유형자산을 인식하기 위해서는 다음의 인식기준을 모두 충족하여야 한다.

[유형자산의 인식기준]

① 유형자산에서 발생하는 미래경제적효익의 유입 가능성이 높다.
② 유형자산의 원가를 신뢰성 있게 측정할 수 있다.

유형자산과 관련된 모든 원가는 그 발생 시점에 인식원칙을 적용하여 평가한다. 이러한 원가에는 유형자산을 매입하거나 건설할 때 최초로 발생하는 원가뿐만 아니라 후속적으로 증설, 대체 또는 수선 및 유지와 관련하여 발생하는 원가를 포함한다. 즉, 최초 원가든 후속 원가(= 취득 후 사용 과정에서 발생하는 원가)든 관계없이 발생한 원가가 유형자산의 인식기준을 모두 충족하면 유형자산으로 인식하고, 그렇지 못하면 발생 시점에서 당기손익으로 인식한다.

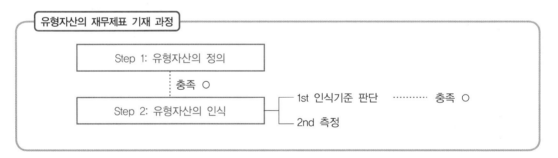

Additional Comment

자산의 정의와 인식은 별개이다. 자산의 정의에 부합되는 자원을 자산으로 인식한다는 것은 그 자원을 화폐단위로 측정하고 특정 과목을 이용하여 장부에 기록하고 재무제표에 표시하는 것을 말한다. 어떤 자원이 자산의 정의에 부합하더라도 인식을 위한 기준을 충족하지 못한다면 자산으로 인식하지 못한다.

개별적으로 경미한 / 안전 또는 환경상의 이유로 취득한 자산

1. 유형자산 항목의 통합인식

   개별적으로 경미한 항목은 통합하여 인식기준을 적용한다.

2. 규제상 취득하는 자산의 인식

   안전 또는 환경상의 이유로 취득한 유형자산은 그 자체로는 직접적인 미래경제적효익을 얻을 수 없지만, 당해 유형자산을 취득하지 않았을 경우보다 관련 자산으로부터 미래경제적효익을 더 많이 얻을 수 있기 때문에 자산으로 인식할 수 있다.

구분	내용
개별적으로 경미한 항목	통합하여 유형자산 분류
안전 또는 환경상의 이유로 취득한 자산	자체적 효익 없어도 유형자산 분류

II   최초 인식 시 측정

유형자산 인식 시 측정은 아래의 그림과 같이 구분할 수 있다. 유형자산은 사용이 가능한 상태부터 수익을 창출할 수 있으므로 유형자산과 관련된 지출들도 사용이 가능한 시점 이후부터는 비용으로 처리될 수 있다. 단, 유형자산의 취득과 직접적으로 관련이 없는 지출들은 그 즉시 비용으로 처리된다.

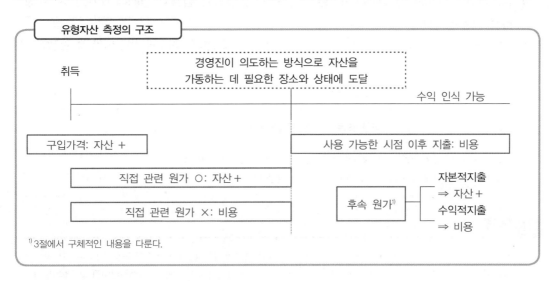

1) 3절에서 구체적인 내용을 다룬다.

01 구입가격

재무제표에 인식하는 유형자산은 원가로 측정한다. 이때 원가란 자산을 취득하기 위하여 자산의 취득 시점이나 건설 시점에 지급한 현금 또는 현금성자산이나 기타 제공한 기타 대가의 공정가치를 의미한다. 만약, 유형자산을 무상으로 취득한 경우에는 취득한 유형자산의 공정가치를 원가로 측정한다.

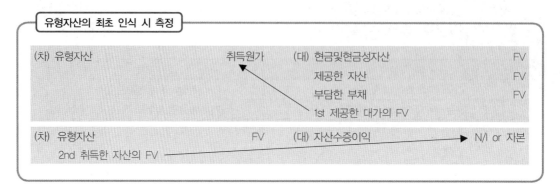

02 경영진이 의도하는 방식으로 자산을 가동하는 데 필요한 장소와 상태에 이르게 하는 데 직접 관련된 원가

경영진이 의도하는 방식으로 자산을 가동하는 데 필요한 장소와 상태에 이르게 하는 데 직접 관련되는 원가의 예는 아래와 같다.

[유형자산에 직접 관련된 원가의 예시 항목]

① 유형자산의 매입 또는 건설과 직접적으로 관련된 종업원급여
② 취득과 관련하여 전문가에게 지급하는 수수료
③ 최초의 운송 및 취급 관련 원가, 설치장소 준비 원가, 설치원가 및 조립원가
④ 정상적인 작동을 위해 시험하는 과정에서 발생하는 시험원가

03 유형자산의 원가에 포함되지 않는 항목들(= 직접적으로 관련된 원가 ✕)

정상적인 취득 과정에서 불가피하게 발생한 부대비용이 아니거나 미래경제적효익이 기업에 유입될 가능성이 불분명한 원가는 유형자산의 원가에 포함해서는 안 된다. 이러한 유형자산의 원가가 아닌 예는 아래와 같다.

[유형자산에 직접 관련되지 않는 원가의 예시 항목]

> ① 새로운 시설을 개설하는 데 소요되는 원가
> ② 새로운 상품과 서비스를 소개하는 데 소요되는 원가(예 광고 및 판촉활동과 관련된 원가)
> ③ 새로운 지역 또는 고객층을 대상으로 영업을 하는 데 소요되는 원가(예 직원 교육훈련비)
> ④ 관리 및 기타 일반간접원가

04 경영진이 의도하는 방식으로 자산을 가동할 수 있는 장소와 상태에 이른 후에 발생한 원가

유형자산이 경영진이 의도하는 방식으로 가동될 수 있는 장소와 상태에 이른 후에 발생한 원가는 더 이상 자산으로 인식하지 않는다. 따라서 유형자산을 사용하거나 이전하는 과정에서 발생하는 아래와 같은 원가는 유형자산의 장부금액에 포함하지 않는다.

[유형자산의 원가에 포함되지 않는 원가의 예시 항목]

> ① 유형자산이 경영진이 의도하는 방식으로 가동될 수 있으나 실제 사용되지 않고 있는 경우 또는 가동수준이 완전조업도 수준에 미치지 못하는 경우에 발생하는 원가
> ② 유형자산과 관련된 산출물에 대한 수요가 형성되는 과정에서 발생하는 초기 가동손실
> ③ 기업의 영업 전부 또는 일부를 재배치하거나 재편성하는 과정에서 발생하는 원가

★ 사례연습 1. 유형자산의 취득원가

㈜한영은 재화의 생산을 위하여 기계장치를 취득하였으며, 관련 자료는 다음과 같다. 동 기계장치의 취득원가는?

구분	금액
구입가격(매입할인 미반영)	₩1,000,000
매입할인	₩15,000
설치장소 준비 원가	₩25,000
정상작동 여부 시험 과정에서 발생한 원가	₩10,000
정상작동 여부 시험 과정에서 생산된 시제품 순매각금액	₩5,000
신제품을 소개하는 데 소요되는 원가	₩3,000
신제품 영업을 위한 직원 교육훈련비	₩2,000
기계 구입과 직접적으로 관련되어 발생한 종업원급여	₩2,000

풀이

구분	금액
구입가격(매입할인 미반영)	₩1,000,000
매입할인	₩(15,000)
설치장소 준비 원가	₩25,000
정상작동 여부 시험 과정에서 발생한 원가	₩10,000
정상작동 여부 시험 과정에서 생산된 시제품 순매각금액	당기손익 처리
신제품을 소개하는 데 소요되는 원가	취득원가에 포함되지 않음
신제품 영업을 위한 직원 교육훈련비	취득원가에 포함되지 않음
기계 구입과 직접적으로 관련되어 발생한 종업원급여	₩2,000
합계	₩1,022,000

3 유형자산의 감가상각과 후속 원가, 제거

I 감가상각의 본질

감가상각이란 당해 자산의 경제적 내용연수 동안 자산의 감가상각대상금액(= 취득원가 – 잔존가치)을 합리적이고 체계적인 방법으로 배분하여 당기비용으로 인식하는 과정을 말한다. 감가상각은 원가의 배분 과정이지 자산의 평가 과정이 아니다.

Additional Comment

토지를 제외한 유형자산은 회사의 통상적인 영업활동에 사용되면서 미래의 경제적효익이 감소된다. 유형자산의 미래경제적효익의 감소 요인으로는 크게 물리적 요인(예 파손, 화재 등)과 경제적 요인(예 진부화)이 있다. 그러나 유형자산의 경제적효익의 감소 요인은 다양하고 복합적이므로 회사가 유형자산의 경제적효익의 감소분을 직접 관찰하여 화폐금액으로 측정하기는 어렵다. 대신 유형자산의 취득원가를 합리적이고 체계적인 방법으로 배분하여 당기비용으로 인식하는데, 이를 감가상각이라고 한다.

Self Study

감가상각의 목적은 원가배분이며, 자산의 평가는 아니다. 즉, 감가상각비는 취득원가 중에서 당기에 비용으로 배분된 부분을 의미하고, 재무상태표상의 유형자산의 장부금액(= 취득원가 – 감가상각누계액)은 취득원가 중에서 아직까지 비용으로 배분되지 않은 부분을 의미할 뿐이지 그 자산의 공정가치가 아니다.

II 감가상각단위와 감가상각액의 회계처리

01 감가상각단위 – 유의적인 일부의 원가

유형자산을 구성하는 일부의 원가가 당해 유형자산의 전체 원가와 비교하여 유의적이라면, 해당 유형자산을 감가상각할 때 그 부분은 별도로 구분하여 감가상각한다. 단, 일부의 원가가 당해 유형자산의 전체 원가와 비교하여 유의적이지 않더라도 그 부분을 별도로 구분하여 감가상각할 수 있다.

유형자산의 일부를 별도로 구분하여 감가상각하는 경우에는 동일한 유형자산을 구성하고 있는 나머지 부분도 별도로 구분하여 감가상각한다. 나머지 부분은 개별적으로 유의적이지 않은 부분들로 구성된다.

02 감가상각액의 회계처리

각 기간의 감가상각액은 당기손익으로 인식한다. 그러나 유형자산에 내재된 미래경제적효익이 다른 자산을 생산하는 데 사용되는 경우도 있는데, 이러한 경우 유형자산의 감가상각액은 해당 자산의 원가의 일부가 된다.

감가상각은 여러 기간에 걸쳐 자산을 비용으로 대체하는 회계처리이다. 즉, 현금 지급 등으로 자산으로 인식한 금액 중 일부를 매 결산 시 비용으로 대체하는 결산수정분개이다. 감가상각의 회계처리는 다음과 같다.

(차) 감가상각비	N/I	(대) 감가상각누계액	자산의 차감계정
B/S			
유형자산	취득원가		
(감가상각누계액)	(Σ감가상각비)		
	BV		

감가상각누계액 계정은 대변 과목이지만 부채가 아니라 차변의 자산에 대한 차감계정이다.

Additional Comment

예를 들어 제품 생산에 사용되는 기계장치의 감가상각비는 제품 제조원가의 일부이므로 발생 시 제품의 장부금액에 포함시키고, 향후 동 제품이 판매될 때 비용(매출원가)으로 인식한다.

감가상각비 발생	(차) 감가상각비	A	(대) 감가상각누계액	A
장부금액에 포함	(차) 재고자산	A	(대) 감가상각비	A
제품 판매	(차) 매출원가	A	(대) 재고자산	A

Ⅲ 감가상각액의 기본요소

특정 회계연도의 감가상각비를 계산하기 위해서는 아래의 3가지 기본요소가 먼저 결정되어야 한다.

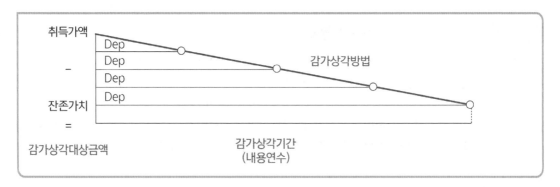

01 감가상각대상금액

감가상각대상금액이란 취득원가에서 잔존가치를 차감한 것으로 당해 자산을 수익 획득 과정에서 이용하는 기간 동안 인식할 총 감가상각비를 의미한다. 유형자산의 감가상각대상금액은 내용연수에 걸쳐 체계적인 방법으로 배분된다.

> 감가상각대상금액(감가상각기준액) = 유형자산의 원가(취득원가) − 잔존가치

잔존가치는 자산이 이미 오래되어 내용연수 종료 시점에 도달하였다는 가정하에 자산의 처분으로부터 현재 획득할 금액에서 추정 처분 부대원가를 차감한 금액의 추정치를 말한다. (잔존가치 = 내용연수 종료 시점의 처분대가 − 처분 부대원가)

Self Study

토지와 건물을 동시에 취득하는 경우에도 이들은 분리 가능한 자산이므로 별개의 자산으로 회계처리한다. 건물이 위치한 토지의 가치가 증가하더라도 건물의 감가상각대상금액에는 영향을 미치지 않는다.

---

02 내용연수

유형자산의 감가상각은 자산이 사용 가능한 때부터 시작한다. 유형자산을 매각예정비유동자산으로 분류하거나 재무상태표에서 제거하지 않는 한 내용연수 동안 감가상각하는데, 여기서 내용연수란 기업에서 자산을 사용 가능할 것으로 기대되는 기간 또는 자산에서 얻을 것으로 예상되는 생산량이나 이와 유사한 단위 수량을 말한다. 유형자산의 내용연수는 자산으로부터 기대되는 효용에 따라 결정된다. 내용연수와 관련된 한국채택국제회계기준의 규정은 아래와 같다.

① 유형자산의 감가상각은 자산이 사용 가능한 때부터 시작한다. 즉, 경영진이 의도하는 방식으로 자산을 가동하는 데 필요한 장소와 상태에 이른 때부터 시작한다.
② 유형자산의 내용연수는 자산으로부터 기대되는 효용에 따라 결정되므로 내용연수는 일반적 상황에서의 경제적 내용연수보다 짧을 수 있다. 유사한 자산에 대한 기업의 경험에 비추어 해당 유형자산의 내용연수를 추정해야 한다.
③ 유형자산의 미래경제적효익은 주로 사용함으로써 소비하는 것이 일반적이다. 그러나 자산을 사용하지 않더라도 기술적 또는 상업적 진부화와 마모 또는 손상 등의 다른 요인으로 인하여 자산에서 얻을 것으로 예상하였던 경제적효익이 감소될 수 있으므로 자산의 내용연수를 결정할 때에는 다른 요인들을 고려하여야 한다.

03 감가상각방법

감가상각방법은 감가상각대상금액을 내용연수에 걸쳐 각 회계기간에 배분하는 방법을 말한다. 감가상각방법은 자산의 미래경제적효익이 소비되는 형태를 반영하여 결정하고, 예상 소비 형태가 달라지지 않는 한 매 회계기간에 일관성 있게 적용한다.

유형자산의 감가상각방법에는 아래와 같은 방법들이 있다.

[유형자산의 감가상각방법]

① 균등상각법: 정액법
② 체감상각법: 연수합계법, 정률법, 이중체감법
③ 활동기준법: 생산량비례법

균등상각법은 매기 일정액의 감가상각비를 인식하는 방법이고, 체감상각법은 내용연수 초반부에는 감가상각비를 많이 인식하고 후반부로 갈수록 감가상각비를 적게 인식하는 방법이다. 또한 활동기준법은 자산을 이용한 활동량에 따라 감가상각비를 인식하는 방법이다.

Self Study

감가상각방법에 따라 각 회계기간단위로 배분되는 감가상각액은 다르지만, 내용연수 동안 총 감가상각액은 동일하다.

Ⅳ 감가상각비의 계산

유형자산의 감가상각대상금액을 내용연수 동안 체계적으로 배분하기 위해 다양한 방법을 사용할 수 있다. 이러한 감가상각방법에는 정액법, 체감잔액법과 생산량비례법이 있다. 정액법은 잔존가치가 변동하지 않는다고 가정할 때 자산의 내용연수 동안 매 기간 일정액의 감가상각액을 계상하는 방법이며, 체감잔액법은 자산의 내용연수 동안 감가상각액이 매 기간 감소하는 방법이다. 또한 생산량비례법은 자산의 예상 조업도 또는 예상 생산량에 기초하여 감가상각액을 계산하는 방법이다. 정액법과 체감잔액법의 연도별 감가상각비를 비교하면 아래와 같다.

[정액법과 체감잔액법의 비교]

총 감가상각비	정액법 = 체감잔액법
내용연수 초기의 감가상각비	정액법 〈 체감잔액법
내용연수 후기의 감가상각비	정액법 〉 체감잔액법

01 감가상각방법의 계산구조

감가상각의 각 방법별 계산구조는 아래와 같다.

[감가상각방법별 감가상각대상금액과 상각률]

상각방법	감가상각대상금액	상각률
정액법	취득원가 − 잔존가치	1/내용연수
연수합계법	취득원가 − 잔존가치	내용연수 역순/내용연수 합계
생산량비례법	취득원가 − 잔존가치	당기 생산량/총 생산가능량
정률법	기초 장부금액 = 취득원가 − 기초 감가상각누계액	별도의 상각률
이중체감법	기초 장부금액 = 취득원가 − 기초 감가상각누계액	2/내용연수

Additional Comment

체감잔액법의 경우 감가상각대상금액이나 기초 유형자산의 장부금액에 상각률을 곱하여 감가상각비를 매년 계상하고 내용연수가 경과할수록 감가상각비가 감소하여야 하는데, 이를 위해서 연수합계법은 감가상각대상금액은 고정이지만 상각률이 매년 감소한다. 이에 반해 이중체감법과 정률법은 상각률이 변동하지 않고 기초 유형자산의 장부금액이 매년 감소한다.

① 정액법, 연수합계법, 생산량비례법: $\dfrac{(취득원가 − 잔존가치)}{고정} \times \dfrac{상각률}{(변동, 정액법 제외)}$

② 이중체감법, 정률법: $\dfrac{기초\ BV(취득원가 − 기초\ 감가상각누계액)}{변동} \times \dfrac{상각률}{고정}$

(1) 정액법(가정: 자산의 가치가 시간의 경과에 따라 감소)

정액법은 잔존가치가 변동하지 않는다고 가정할 때 자산의 내용연수 동안 매 기간 일정액의 감가상각액을 계상하는 방법이다.

(2) 정률법(가정: 진부화)

정률법은 기초의 장부금액(= 취득원가 − 기초 감가상각누계액)에 매기 일정한 상각률을 곱하여 계산하는 방법이다. 정률법은 상각률에 잔존가치가 이미 고려되어 있기 때문에 감가상각비 계산 시 잔존가치를 고려하지 않는다.

(3) 이중체감법(가정: 진부화)

이중체감법은 기초 장부금액(= 취득원가 − 기초 감가상각누계액)에 상각률을 곱하여 감가상각비를 계산하는 방법이다. 정률법과 유사하나 상각률은 정액법 상각률의 2배를 곱하여 사용한다.

(4) 연수합계법(가정: 진부화)

연수합계법은 감가상각대상금액(= 취득원가 − 잔존가치)에 다른 상각률을 곱하여 매기 감가상각액을 구한다. 상각률의 분모는 내용연수의 합계금액이고 분자는 내용연수의 역순으로 매년 다른 상각률이 계산된다.

★ 사례연습 2. 감가상각비의 계산

㈜토리는 20×1년 초에 기계장치를 ₩2,000,000에 취득하여 사용을 개시하였다. ㈜토리의 보고기간은 매년 1월 1일부터 12월 31일까지이며, 관련 자료는 다음과 같다.

(1) 기계장치의 내용연수는 3년, 잔존가치는 ₩200,000으로 추정되며, 총 생산단위는 250,000개로 추정된다.
(2) ㈜토리는 20×1년에 80,000개의 제품을 생산하였으며, 20×2년에는 100,000개의 제품을 생산하였고, 20×3년에는 70,000개의 제품을 생산하였다.

다음의 각 방법에 따라 연도별 감가상각비를 계산하시오.

① 정액법   ② 연수합계법
③ 생산량비례법   ④ 정률법(상각률: 0.536)
⑤ 이중체감법(상각률: 0.667)

풀이

① 정액법의 감가상각비

연도	계산근거	감가상각비	감가상각누계액	장부금액
취득 시	−	−	−	2,000,000
20×1년 말	(2,000,000 − 200,000)/3	600,000	600,000	1,400,000
20×2년 말	(2,000,000 − 200,000)/3	600,000	1,200,000	800,000
20×3년 말	(2,000,000 − 200,000)/3	600,000	1,800,000	200,000

② 연수합계법의 감가상각비

연도	계산근거	감가상각비	감가상각누계액	장부금액
취득 시	−	−	−	2,000,000
20×1년 말	(2,000,000 − 200,000) × 3/6[1]	900,000	900,000	1,100,000
20×2년 말	(2,000,000 − 200,000) × 2/6	600,000	1,500,000	500,000
20×3년 말	(2,000,000 − 200,000) × 1/6	300,000	1,800,000	200,000

[1] 1+2+3=6

③ 생산량비례법의 감가상각비

연도	계산근거	감가상각비	감가상각누계액	장부금액
취득 시	−	−	−	2,000,000
20×1년 말	1,800,000 × 80,000/250,000	576,000	576,000	1,424,000
20×2년 말	1,800,000 × 100,000/250,000	720,000	1,296,000	704,000
20×3년 말	1,800,000 × 70,000/250,000	504,000	1,800,000	200,000

④ 정률법의 감가상각비

연도	계산근거	감가상각비	감가상각누계액	장부금액
취득 시	–	–	–	2,000,000
20×1년 말	2,000,000 × 0.536	1,072,000	1,072,000	928,000
20×2년 말	928,000 × 0.536	497,408	1,569,408	430,592
20×3년 말	430,592 – 200,000	230,592	1,800,000	200,000

⑤ 이중체감법의 감가상각비

연도	계산근거	감가상각비	감가상각누계액	장부금액
취득 시	–	–	–	2,000,000
20×1년 말	2,000,000 × 2/3(0.667)	1,334,000	1,334,000	666,000
20×2년 말	666,000 × 2/3(0.667)	444,222	1,778,222	221,778
20×3년 말	221,778 – 200,000	21,778	1,800,000	200,000

Self Study

정률법과 이중체감법은 내용연수가 종료되는 회계연도에는 감가상각비를 계산한 이후의 장부금액이 잔존가치와 다르므로 잔존가치를 남겨두기 위하여 기초 장부금액에서 잔존가치를 차감한 금액을 감가상각비로 계상한다.

02 기타 사항

(1) 감가상각의 개시와 중지

유형자산의 감가상각은 자산이 사용 가능한 때부터 시작한다. 이는 경영진이 의도하는 방식으로 자산을 가동하는 데 필요한 장소와 상태에 이른 때부터 시작한다. 감가상각은 자산이 매각예정자산으로 분류되는 날과 자산이 제거되는 날 중 이른 날에 중지한다.

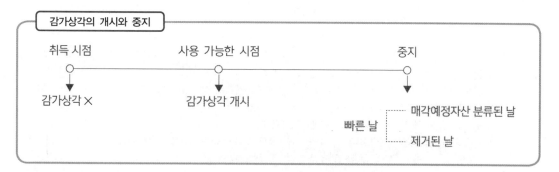

(2) 감가상각의 중단

유형자산이 가동되지 않거나 유휴상태가 되더라도, 감가상각이 완전히 이루어지기 전까지는 감가상각을 중단하지 않는다. 그러나 유형자산의 사용 정도에 따라 감가상각을 하는 경우에는 생산활동이 이루어지지 않을 때 감가상각액을 인식하지 않는다.

(3) 잔존가치가 유형자산의 장부금액보다 큰 경우

유형자산의 잔존가치가 해당 자산의 장부금액과 같거나 큰 금액으로 증가하는 경우에는 자산의 잔존가치가 장부금액보다 작은 금액으로 감소될 때까지 유형자산의 감가상각액은 '0'이 된다. 더하여 유형자산의 공정가치가 장부금액을 초과하더라도 잔존가치가 장부금액을 초과하지 않는 한 감가상각액을 계속 인식한다.

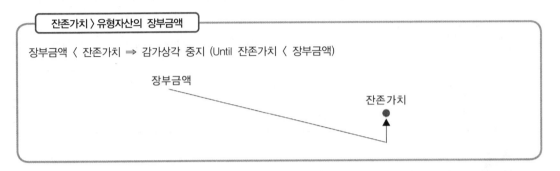

```
잔존가치 > 유형자산의 장부금액

장부금액 < 잔존가치 ⇒ 감가상각 중지 (Until 잔존가치 < 장부금액)
```

연습문제

1. 유형자산의 감가상각에 대한 설명 중 옳지 않은 것은?

① 유형자산의 기말 공정가치 변동을 반영하기 위해 감가상각한다.
② 감가상각방법은 자산의 미래경제적효익이 소비될 것으로 예상되는 형태를 반영한다.
③ 각 기간의 감가상각액은 다른 자산의 장부금액에 포함되는 경우가 아니라면 당기손익으로 인식한다.
④ 잔존가치, 내용연수, 감가상각방법은 적어도 매 회계연도 말에 재검토한다.
⑤ 유형자산의 잔존가치가 해당 자산의 장부금액과 같거나 큰 금액으로 증가하는 경우에는 자산의 잔존가치가 장부금액보다 작은 금액으로 감소될 때까지 유형자산의 감가상각액은 '0'이 된다.

해설

(1) 감가상각은 자산의 평가 과정이 아니라 원가의 배분 과정이다.
감가상각이란 자산의 경제적 내용연수 동안 자산의 감가상각대상금액을 합리적이고 체계적인 방법으로 배분하여 당기비용으로 인식하는 과정이다.
(2) 감가상각방법은 적어도 매 회계연도 말에 재검토한다.
재검토결과 자산의 미래경제적효익의 예상되는 소비 형태가 유의적으로 달라졌다면, 감가상각방법을 변경한다. 이러한 변경은 회계추정치의 변경으로서 전진법으로 회계처리한다.　　　　　　　　　답 ①

유형자산을 매입하거나 건설할 때 최초로 발생하는 원가뿐 아니라 사용하는 기간 동안에도 후속적으로 증설, 대체 또는 수선·유지와 같은 자산과 관련된 여러 가지 지출이 발생한다. 이를 후속 원가라 하며, 한국채택국제회계기준에서는 후속 원가를 자산의 취득원가로 포함할 수 있는지에 대해서 최초 인식과 동일하게 판단하도록 하고 있다. 따라서 유형자산의 인식기준을 모두 충족하면 당해 지출을 취득원가(자산)로 인식하며, 충족하지 못하는 경우에는 당해 지출을 발생 시점에 당기비용으로 인식한다.

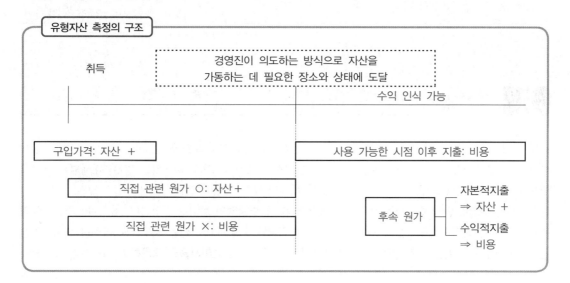

01 수익적지출

유형자산의 인식기준을 충족하지 못하는 일상적인 수선·유지와 관련하여 발생하는 원가는 해당 유형자산의 장부금액에 포함하여 인식하지 않고 발생 시점에 당기손익으로 인식한다. 일상적인 수선·유지과정에서 발생하는 원가는 주로 노무비와 소모품비로 구성되며 사소한 부품 원가가 포함될 수 있다. 이러한 지출의 목적은 보통 유형자산의 '수선과 유지'를 위한 것이며, 일반적으로 이를 수익적지출이라고 한다.

[수익적지출의 회계처리]

인식요건	회계처리		비고
인식기준 ×	(차) 수선유지비 ××	(대) 현금 등 ××	원상회복, 능력유지, 소액지출

02 자본적지출

후속적으로 발생한 지출이 자산으로부터 발생하는 미래경제적효익이 기업에 유입될 가능성이 높고, 자산의 원가를 신뢰성 있게 측정할 수 있으면 자산의 취득원가에 가산하여 회계처리하는데 이를 자본적지출이라고 한다.

[자본적지출의 회계처리]

인식요건	회계처리				비고
인식기준 ○	(차) 유형자산	××	(대) 현금 등	××	내용연수 증가 미래 제공 서비스의 양 or 질 증가

Ⅵ   유형자산의 제거

유형자산의 장부금액은 처분하는 때 또는 사용이나 처분을 통하여 미래경제적효익이 기대되지 않을 때 제거한다. 유형자산 항목의 일부에 대한 대체원가를 자산의 장부금액으로 인식하는 경우, 대체되는 부분이 별도로 분리되어 상각되었는지 여부와 관계없이 대체된 부분의 장부금액을 제거한다.

유형자산의 제거로 인해 발생하는 손익은 순매각금액과 장부금액의 차이로 결정하며, 유형자산처분손익의 과목으로 하여 당기손익으로 인식한다. 처분일에 매각금액이 수취되지 않는 경우 매각금액은 현금가격상당액[= PV(수취할 현금)]으로 인식하고, 명목금액과의 차이는 유효이자율을 적용하여 이자수익으로 인식한다.

01 회계연도 중에 유형자산을 처분하는 경우

유형자산의 장부금액은 유형자산의 원가에서 감가상각누계액과 손상차손누계액을 뺀 후의 금액이다. 만약, 회계연도 중에 유형자산을 처분하는 경우의 장부금액은 기중 취득과 마찬가지로 기초부터 처분일까지의 감가상각비를 인식한 이후의 금액을 의미한다.

[회계연도 중에 유형자산을 처분하는 경우의 회계처리]

처분 시	(차) 감가상각비(N/I)	1st	(대) 감가상각누계액		××
	(차) 현금	2nd	(대) 유형자산		취득원가
	감가상각누계액	BV	유형자산처분이익(N/I)		3rd

기중 처분 시 내용연수를 연수에서 월수로 환산하여 산정하면 처분 시 감가상각누계액을 쉽게 구할 수 있다.
• 처분 시 감가상각누계액: 감가상각대상금액 × 경과 월수/전체 내용연수 월수

★ 사례연습 3. 회계연도 중 유형자산의 처분

A사는 취득원가 ₩2,000,000(내용연수 3년, 잔존가치 ₩200,000)인 기계장치를 20×1년 초에 취득하여 정액법으로 감가상각하던 중 20×2년 7월 1일에 처분하였다. 처분대가는 1년 후에 ₩1,100,000을 받기로 하였는데, 이의 현재가치는 ₩1,000,000이다. 20×2년 7월 1일에 A사가 수행할 회계처리를 보이시오.

풀이

처분 시	(차) 감가상각비(N/I)	300,000	(대) 감가상각누계액	300,000
	(차) 미수금	1,000,000	(대) 기계장치	2,000,000
	감가상각누계액[1]	900,000		
	유형자산처분손실(N/I)[2]	100,000		

[1] 처분 시 감가상각누계액: (2,000,000 − 200,000) × 18/36 = 900,000
[2] 유형자산처분손실: 1,000,000 − (2,000,000 − 900,000) = (100,000)

4 유형별 자산의 원가

유형자산의 원가는 자산을 취득하기 위하여 자산의 취득 시점이나 건설 시점에 지급한 현금 또는 현금성 자산이나 제공한 기타 대가의 공정가치이며, 이는 인식 시점의 현금가격상당액이다.

(차) 유형자산	취득원가	(대) 현금및현금성자산	FV
		제공한 자산	FV
		부담한 부채	FV
		1st 제공한 대가의 FV	

I 할부구입

유형자산의 원가는 인식 시점의 현금가격상당액[= PV(CF)]이다. 만약 대금지급이 일반적인 신용기간을 초과하여 이연되는 경우, 현금가격상당액과 실제 총 지급액과의 차액은 차입원가의 자본화에 따르지 않는 한 신용기간에 걸쳐 이자비용으로 인식한다.

II 토지의 구입과 토지와 건물의 일괄 구입

01 토지의 구입

토지는 구입가격에 중개수수료, 취득세 및 법률비용 등 취득 부대원가를 가산한 금액을 원가로 한다. 토지의 원가에 가산되는 항목과 기타 원가로 비용으로 처리되는 항목은 아래와 같다.

[토지의 원가]

토지의 취득원가(가산 항목)	기타 원가
취득세 등(재산세 제외)	재산세: 당기손익 처리
국공채 구입가격 - FV	토지 취득 후 일시 운영수익: 당기손익 처리
내용연수가 영구적인 배수·조경비용	내부이익·비정상원가: 당기손익 처리
국가가 유지·관리하는 진입도로 포장비	토지굴착비용: 건물 취득원가 가산
취득 관련 차입원가	
토지정지비용	

*건물의 경우에 이전 소유자가 체납한 재산세 대납액은 건물의 원가에 포함되며, 차량운반구를 취득한 경우에는 이전 소유자의 체납한 자동차세 대납액도 차량운반구의 원가에 포함한다.

한편, 토지를 취득 목적에 사용하기 위하여 발생한 구획정리비용 및 산업공단 입주 시의 하수종말처리장 분담금도 토지의 취득원가에 포함된다. 또한 내용연수가 영구적인 배수공사비용 및 조경공사비용과 국가나 지방자치단체가 유지·관리하는 진입도로 포장공사비 및 상하수도 공사비는 토지의 원가에 포함된다. 그러나 내용연수가 영구적이지 않거나 기업이 유지·관리하는 경우에는 토지의 원가에 포함될 수 없으며 구축물의 과목으로 인식하고 감가상각한다.

[배수공사비용, 조경관리비용, 진입도로 공사비용와 상하수도공사비용의 회계처리]

토지 취득 이후 진입도로 개설, 도로포장, 조경공사 등 추가적 지출	회계처리
회사가 유지·보수책임 ×(영구적 지출)	토지의 취득원가에 가산(감가상각 ×)
회사가 유지·보수책임 ○(반영구적 지출)	구축물로 계상(감가상각 ○)

02 토지와 건물의 일괄 구입

일괄 구입이란 여러 종류의 자산을 정해진 가격에 한번에 구입하는 것을 말한다. 토지와 건물을 일괄로 구입할 때 취득원가를 결정하는 방법은 아래와 같다.

[토지와 건물의 일괄 구입 시 유형별 원가]

구분		취득원가
취득 후 모두 사용		공정가치 비율로 안분
취득 후 기존 건물 철거 후 신축	토지	일괄 구입가격 + 철거비용 - 폐물 매각수익 + 토지정지비용 등
	신축 건물	신축비용 + 토지굴착비용 등
기존 건물 철거 후 신축		기존 건물의 장부금액 + 철거비용 - 폐물 매각수익: 당기손익 처리

(1) 토지와 건물을 모두 사용할 목적인 경우

토지와 건물을 모두 사용할 목적으로 토지와 건물을 일괄 구입하는 경우, 일괄 구입가격은 토지와 건물의 공정가치 비율로 안분한 금액을 각각 토지와 건물의 원가로 처리한다. 그러나 토지와 건물 중 어느 하나의 공정가치만을 신뢰성 있게 추정할 수 있는 경우에는 공정가치를 측정할 수 있는 자산은 공정가치를 원가로 하고, 일괄 구입가격 중 나머지 금액은 다른 자산의 원가로 한다.

또한, 일괄 구입으로 발생한 취득 부대원가, 중개수수료 등 공통 부대원가는 토지와 건물의 공정가치 비율로 안분하여 각 자산의 원가에 포함한다. 그러나 토지나 건물과 개별적으로 관련되어 발생하는 취득세는 공통 부대원가가 아니므로 토지와 건물에 각각 개별적으로 원가에 포함한다.

(2) 취득 후 건물을 신축하는 경우

토지만 사용할 목적으로 토지와 건물을 일괄 구입하는 경우 건물 취득에 대한 대가는 토지 취득을 위하여 발생한 회피 불가능한 지출이므로 일괄 구입가격을 모두 토지의 원가로 처리한다. 일괄 구입 후 기존 건물을 철거할 때 발생하는 건물 철거비용은 토지의 원가에 가산하고, 건물 철거로 인한 폐자재 처분수입은 토지의 원가에서 차감한다. 만일 건물 철거로 발생한 폐자재들을 처리하는 비용이 발생하는 경우에는 동 지출도 토지의 원가에 가산한다. (또한, 토지와 건물을 각각 별개로 구입하는 계약을 체결하는 경우에도 동일하다.)

(3) 기존에 보유 중인 건물을 철거 후 건물을 신축하는 경우

사용 중인 건물을 철거하고 새로운 건물을 신축하는 경우 기존 건물의 장부금액은 처분손실로 처리하며, 철거비용도 처분손실에 포함하여 당기비용으로 처리한다.

기존에 보유 중인 건물 철거 시의 회계처리				
(차) 처분손실	N/I	(대) 건물(기존 건물)		최초 취득원가
감가상각누계액	BV			
(차) 철거비용	N/I	(대) 현금		철거 시 지출

2. ㈜한국은 20×1년 초에 토지를 새로 구입한 후, 토지 위에 새로운 사옥을 건설하기로 하였다. 이를 위해 토지 취득 후 토지 위에 있는 창고건물을 철거하였다. 토지의 취득 후 바로 공사를 시작하였으며, 토지 취득 및 신축 공사와 관련된 지출내역은 다음과 같다. 20×1년 12월 31일 현재 사옥 신축공사가 계속 진행 중이라면 건설중인자산으로 계상할 금액은?

• 토지의 구입가격	₩20,000
• 토지의 구입에 소요된 부대비용	₩1,300
• 토지 위의 창고 철거비용	₩900
• 새로운 사옥의 설계비	₩2,000
• 기초공사를 위한 땅 굴착비용	₩500
• 건설자재 구입비용	₩4,000
• 건설자재 구입과 직접 관련된 차입금에서 발생한 이자	₩150
• 건설 근로자 인건비	₩1,700

① ₩8,200 ② ₩8,350
③ ₩9,100 ④ ₩9,250
⑤ ₩9,350

해설 --

건설중인자산의 장부금액: 2,000 + 500 + 4,000 + 150 + 1,700 = 8,350 답 ②

교환거래란 하나 이상의 비화폐성자산 또는 화폐성자산과 비화폐성자산이 결합된 대가와 교환하여 하나 이상의 유형자산을 취득하는 경우를 말한다. 교환거래로 인하여 취득한 비화폐성자산의 취득원가는 상업적 실질의 유무에 따라 달라진다.

교환거래의 상업적 실질의 유무는 교환거래 결과 미래 현금흐름이 얼마나 변동될 것인지를 고려하여 결정하는데 다음에 해당하는 경우 상업적 실질이 있는 것으로 본다.

[교환거래에 상업적 실질이 있는 경우의 조건]

> 다음 중 하나에 해당하고 그 차이가 교환된 자산의 공정가치에 비하여 유의적이다.
> ① 취득한 자산과 관련된 현금흐름의 구성(위험, 유출입시기, 금액)이 제공한 자산과 관련된 현금흐름의 구성과 다르다.
> ② 교환거래의 영향을 받는 영업 부분의 기업특유가치가 교환거래의 결과로 변동한다.

01 교환거래에 상업적 실질이 있는 경우

교환거래에 상업적 실질이 있는 경우 교환으로 취득한 자산의 원가는 제공한 자산의 공정가치로 하되, 현금이 수수되는 경우에는 현금 수수액을 가감한다. 다만, 취득한 자산의 공정가치가 더 명백한 경우에는 취득한 자산의 공정가치를 취득한 자산의 원가로 한다. 이때 취득한 자산과 제공한 자산 모두의 공정가치를 신뢰성 있게 측정할 수 없는 경우에는 제공한 자산의 장부금액을 취득한 유형자산의 원가로 한다.

(1) 제공한 자산의 공정가치가 보다 명확한 경우

[1st 처분손익]			
(차) 유형자산(신규 취득자산)	제공한 자산 FV	(대) 유형자산(기존 보유자산)	BV
		처분손익	제공한 자산 FV – BV
[2nd 현금 지급액 or 수령액]			
(차) 유형자산(신규 취득자산)	현금 지급액	(대) 현금	××
(차) 현금	××	(대) 유형자산(신규 취득자산)	현금 수령액

(2) 취득한 자산의 공정가치가 보다 명확한 경우

[처분손익 & 현금 지급액 or 현금 수령액 동시 고려]			
(차) 유형자산(신규 취득자산)	1st 취득한 자산 FV	(대) 유형자산(기존 보유자산)	2nd BV
현금	3rd 현금 수령액	현금	3rd 현금 지급액
		처분손익	대차차액

상업적 실질이 없거나 취득한 자산과 제공한 자산 모두 공정가치를 신뢰성 있게 측정할 수 없는 경우에는 제공한 자산의 장부금액을 취득한 자산의 취득원가로 인식한다. 제공된 유형자산으로부터 수익창출 과정이 아직 완료되지 않기 때문에 교환에 따른 손익을 인식하지 않는다.

(차) 유형자산(신규 취득자산)	제공한 자산 BV	(대) 유형자산(기존 보유자산)	BV
(차) 유형자산(신규 취득자산)	현금 지급액	(대) 현금	추가 지급액
(차) 현금	추가 수령액	(대) 유형자산(신규 취득자산)	현금 수령액

[유형자산의 교환거래 정리]

구분		취득원가	처분손익
상업적 실질 O	제공한 자산 FV가 명확	제공한 자산 FV + 현금 지급 − 현금 수령	제공한 자산 FV − BV
	취득한 자산 FV가 명확	취득한 자산 FV	취득한 자산 FV − BV − 현금 지급 + 현금 수령
상업적 실질 ×		제공한 자산 BV + 현금 지급 − 현금 수령	−

★ 사례연습 4. 교환거래

㈜하늘은 차량 A를 ㈜포도의 차량 B와 교환하였으며, 추가로 현금 ₩20,000을 지급하였다. 교환 당시 차량 A와 차량 B의 장부금액 및 공정가치는 다음과 같다.

구분	차량 A	차량 B
취득원가	₩500,000	₩1,000,000
감가상각누계액	₩200,000	₩150,000
공정가치	₩250,000	₩270,000

[물음 1]
동 거래가 상업적 실질이 있는 교환거래에 해당될 경우 ㈜하늘의 차량 취득원가와 유형자산처분손익은 각각 얼마인가?

[물음 2]
동 거래가 상업적 실질이 있는 교환거래에 해당될 경우 ㈜하늘의 차량 취득원가와 유형자산처분손익은 각각 얼마인가? (단, ㈜하늘의 차량 A의 공정가치를 신뢰성 있게 측정할 수 없다.)

[물음 3]
동 거래가 상업적 실질이 없는 교환거래에 해당될 경우 ㈜하늘의 차량 취득원가와 유형자산처분손익은 각각 얼마인가? (단, 두 차량의 공정가치를 신뢰성 있게 측정할 수 없다.)

구분		취득원가	처분손익
상업적 실질 ○	제공한 자산 FV가 명확	제공한 자산 FV + 현금 지급 − 현금 수령 250,000 + 20,000 = 270,000	제공한 자산 FV − BV 250,000 − 300,000 = (50,000)
	취득한 자산 FV가 명확	취득한 자산 FV 270,000	취득한 자산 FV − BV − 현금 지급 + 현금 수령 270,000 − 300,000 − 20,000 = (50,000)
상업적 실질 ×		제공한 자산 BV + 현금 지급 − 현금 수령 300,000 + 20,000 = 320,000	−

[회계처리]

[물음 1]

[1st 처분손익]

(차) 유형자산(신규 취득자산)	제공한 자산 FV 250,000	(대) 유형자산(기존 보유자산)	BV 300,000
처분손실	제공한 자산 FV − BV 50,000		

[2nd 현금 수령액]

(차) 유형자산(신규 취득자산)	현금 지급액 20,000	(대) 현금	20,000

[물음 2]

[처분손익 & 현금 수령액 동시 고려]

(차) 유형자산(신규 취득자산)	1st 취득한 자산 FV 270,000	(대) 유형자산(기존 보유자산)	2nd BV 300,000
처분손실	대차차액 50,000	현금	3rd 현금 지급액 20,000

[물음 3]

(차) 유형자산(신규 취득자산)	제공한 자산 BV 300,000	(대) 유형자산(기존 보유자산)	BV 300,000
(차) 유형자산(신규 취득자산)	20,000	(대) 현금	20,000

3. ㈜한국은 사용 중인 기계장치 A(장부금액 ₩300,000, 공정가치 ₩150,000)를 ㈜대한의 사용 중인 기계장치 B(장부금액 ₩350,000, 공정가치 ₩250,000)와 교환하였으며 공정가치 차액에 대하여 현금 ₩100,000을 지급하였다. 해당 교환거래가 상업적 실질이 존재하는 경우, ㈜한국과 ㈜대한이 각각 인식할 유형자산처분손실은?

	㈜한국	㈜대한
①	₩100,000	₩100,000
②	₩100,000	₩150,000
③	₩150,000	₩100,000
④	₩150,000	₩150,000
⑤	₩150,000	₩200,000

해설 --

[유형: 상업적 실질 ○, 제공한 자산 FV 명확]

1. ㈜한국의 교환거래 시 회계처리

(차)	신자산	150,000	(대)	구자산	300,000
	처분손실	150,000			
(차)	신자산	100,000	(대)	현금	100,000

참고 별해
(1) 취득원가: 제공한 자산 FV + 현금 지급 − 현금 수령
   ⇒ 250,000 = 150,000 + 100,000
(2) 처분손익: 제공한 자산 FV − BV
   ⇒ (150,000) = 150,000 − 300,000

2. ㈜대한의 교환거래 시 회계처리

(차)	신자산	250,000	(대)	구자산	350,000
	처분손실	100,000			
(차)	현금	100,000	(대)	신자산	100,000

참고 별해
(1) 취득원가: 제공한 자산 FV + 현금 지급 − 현금 수령
   ⇒ 150,000 = 250,000 − 100,000
(2) 처분손익: 제공한 자산 FV − BV
   ⇒ (100,000) = 250,000 − 350,000

답 ③

5 재평가모형

I 재평가모형의 기초이론

01 재평가모형의 선택과 의의

한국채택국제회계기준에서는 기업이 원가모형과 재평가모형 중 하나를 회계정책으로 선택하여 유형자산의 유형별로 동일하게 적용하도록 규정하고 있다. 유형자산을 취득한 후 공정가치의 변동을 인식하지 않는 것을 원가모형이라고 하고 유형자산을 최초 인식한 후에 공정가치를 신뢰성 있게 측정할 수 있는 유형자산에 대하여 재평가일의 공정가치로 측정하는 것을 재평가모형이라고 한다.

02 재평가의 빈도와 범위

재평가는 보고기간 말에 자산의 장부금액이 공정가치와 중요하게 차이가 나지 않도록 주기적으로 수행한다. 재평가의 빈도는 재평가되는 유형자산의 공정가치 변동에 따라 달라진다. 재평가된 자산의 공정가치가 장부금액과 중요하게 차이가 나는 경우에는 추가적인 재평가가 필요하다.

특정 유형자산을 재평가할 때 해당 자산이 포함되는 유형자산의 유형 전체를 재평가한다. 따라서 유형자산의 유형 중 일부만을 보고기간 말의 공정가치로 재평가할 수는 없다. 이는 유형자산별로 선택적 재평가를 하거나 서로 다른 기준일의 평가금액이 혼재된 재무보고를 하는 것을 방지하기 위한 것이다.

[재평가의 빈도와 범위]

구분	내용	비고
재평가의 빈도	주기적으로 재평가 (장부금액과 공정가치가 중요하게 차이나는 경우)	매 보고기간 말마다 재평가 ×
재평가의 범위	유형자산의 유형 전체를 재평가	일부만 재평가 ×

유형자산을 재평가할 때 자산의 장부금액이 증가하는 경우와 감소하는 경우의 회계처리를 최초로 재평가하는 회계연도와 이후 연도로 구분하면 아래와 같다.

01 최초 재평가 시 평가증(공정가치 > 장부금액)

유형자산에 대하여 최초로 재평가모형을 적용할 때 장부금액을 증가시킬 경우에는 증가액인 재평가잉여금을 기타포괄손익으로 인식한다. 또한 이후에 장부금액을 감소시킬 경우에는 이전에 인식한 재평가잉여금을 우선 감소시키고, 초과액이 있으면 재평가손실(당기손익)을 인식한다.

[최초 재평가 시 평가증(공정가치 > 장부금액)의 구조]

최초 재평가 시 구분	최초 재평가 시 회계처리	이후 재평가 시 회계처리
최초 재평가 시 평가증	재평가잉여금(OCI) 인식	① 평가증의 경우: 재평가잉여금 인식 ② 평가감의 경우: 이전에 인식한 재평가잉여금을 우선 감소시키고, 초과액이 있으면 재평가손실(N/I)을 인식

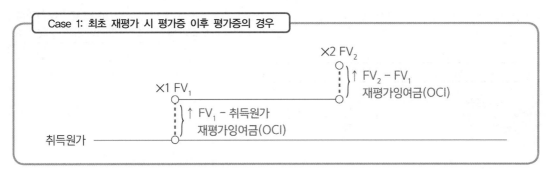

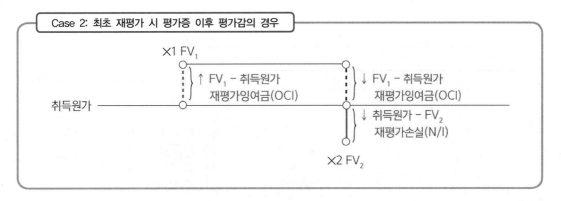

유형자산의 재평가잉여금은 매년 반복하여 발생하는 항목도 아니며, 비록 경영자가 재평가모형을 적용하기로 선택을 했더라도 공정가치의 변동은 경영자가 통제할 수 없다. 따라서 한국채택국제회계기준은 재무제표이용자 및 경영자의 입장을 모두 고려하여 재평가잉여금을 당기순이익이 아닌 기타포괄손익으로 구분하도록 하였다. 또한 한국채택국제회계기준은 재평가잉여금을 인식한 후에 공정가치가 감소하는 경우에는 재평가잉여금을 우선 감소시키고 초과액을 당기비용으로 인식하도록 하고 있다. 그 이유는 당초에 인식했던 재평가잉여금을 초과하는 공정가치의 감소는 자산의 미래 경제적효익이 감소된 것으로 볼 수 있기 때문이다.

02 최초 재평가 시 평가감(공정가치 < 장부금액)

유형자산에 대하여 최초로 재평가모형을 적용할 때 공정가치가 장부금액보다 낮아지는 경우에는 감소액을 재평가손실(당기손익)로 인식한다. 이후에 장부금액을 증가시킬 경우에는 이전에 인식한 재평가손실만큼 재평가이익(당기손익)을 인식하고, 초과액이 있으면 재평가잉여금(기타포괄손익)을 인식한다.

[최초 재평가 시 평가감(공정가치 < 장부금액)의 구조]

최초 재평가 시 구분	최초 재평가 시 회계처리	이후 재평가 시 회계처리
최초 재평가 시 평가감	재평가손실(N/I) 인식	① 평가감의 경우: 재평가손실 인식 ② 평가증의 경우: 이전에 인식한 재평가손실만큼 재평가이익 (N/I)을 인식하고, 초과액이 있으면 재평가잉여금(OCI)을 인식

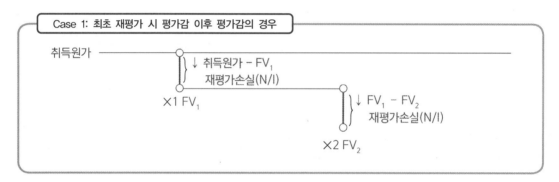

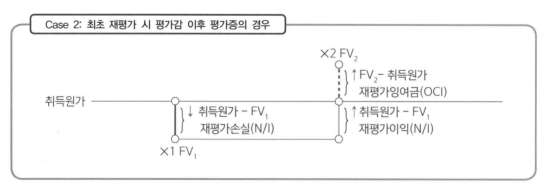

03 재평가모형을 적용하는 비상각자산의 제거

재평가모형을 사용하는 유형자산의 장부금액도 원가모형을 적용하는 경우와 동일하게 처분하는 때 또는 사용이나 처분을 통하여 미래경제적효익이 기대되지 않을 때 제거한다. 유형자산의 제거로 발생하는 손익은 원가모형의 경우와 마찬가지로 순매각금액과 장부금액의 차이로 결정하며, 당기손익으로 인식한다. 유형자산의 재평가와 관련하여 자본 항목으로 보고한 재평가잉여금이 있는 경우 동 금액은 이익잉여금으로 대체할 수 있다. 처분 시점에 재평가잉여금을 이익잉여금으로 대체하는 규정도 임의 규정이므로 대체하지 않을 수도 있다.

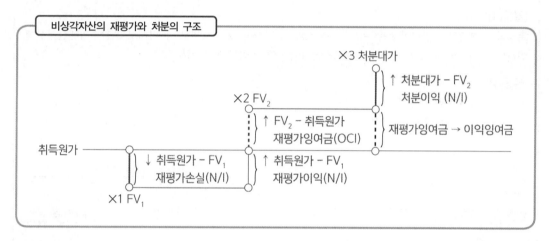

비상각자산의 재평가와 처분의 구조

×3 처분대가

↑ 처분대가 − FV_2
처분이익 (N/I)

×2 FV_2

재평가잉여금 → 이익잉여금

↑ FV_2 − 취득원가
재평가잉여금(OCI)

취득원가

↓ 취득원가 − FV_1
재평가손실(N/I)

↑ 취득원가 − FV_1
재평가이익(N/I)

×1 FV_1

Self Study

유형자산의 처분 시 재평가잉여금을 이익잉여금으로 대체하는 회계처리는 **자본총계(총포괄손익, OCI)에 영향을 미치지 않는다.** 재평가잉여금을 이익잉여금으로 대체하는 것은 자본 내에서 자본 계정 간의 변동으로 순자산의 변동은 없기 때문에 포괄손익계산서에는 표시하지 않는다.

㈜현주는 20×1년 초 토지를 ₩100,000에 구입하였다. ㈜현주는 토지에 대하여 재평가모형을 적용하여 회계처리하고 있으며 매기 말 ㈜현주가 소유한 동 토지의 공정가치는 다음과 같다. ㈜현주는 20×3년 7월 1일 토지를 외부에 ₩130,000에 처분하였다.

20×1 말	20×2 말	20×3 7/1
₩70,000	₩120,000	₩130,000 처분

[물음 1]
토지의 재평가와 관련하여 ㈜현주가 ×1년부터 ×3년까지 매 연도별로 동 거래로 포괄손익계산서상에 인식할 당기손익과 기타포괄손익, 총포괄손익에 미치는 영향을 구하시오.

[물음 2]
동 거래와 관련하여 ㈜현주가 ×1년 초부터 ×3년 처분까지 해야 할 회계처리를 보이시오. (단, ㈜현주는 자본에 계상된 재평가잉여금을 관련 자산이 제거될 때 직접 이익잉여금으로 대체하고 있다.)

풀이

[물음 1]

구분	N/I 영향	OCI 변동	총포괄이익 변동
20×1 말	(30,000)	–	(30,000)
20×2 말	30,000	20,000	50,000
처분	10,000		10,000

[근거]

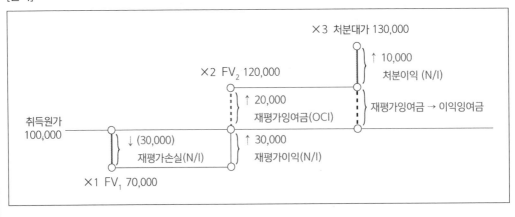

×1 초	(차) 토지	100,000	(대) 현금	100,000
×1 말	(차) 재평가손실	30,000	(대) 토지	30,000

F/S	B/S		I/S	
	토지　70,000		N/I 재평가손실	30,000
			OCI　　－	

×2 말	(차) 토지	50,000	(대) 재평가이익	30,000
			재평가잉여금	20,000

F/S	B/S		I/S	
	토지　120,000		N/I 재평가이익	30,000
		재평가잉여금　20,000	OCI 재평가잉여금	20,000

처분	(차) 현금	130,000	(대) 토지	120,000
			처분이익	10,000
	(차) 재평가잉여금	20,000	(대) 이익잉여금	20,000

F/S	B/S		I/S	
	현금　130,000		N/I 처분이익	10,000
			OCI　　－	

4. ㈜서울은 토지를 취득한 후 재평가모형에 의하여 토지에 대한 회계처리를 한다. 토지의 취득원가와 각 회계기간 말 토지의 공정가치는 〈보기〉와 같다. 토지의 재평가와 관련하여 ㈜서울이 20×3년에 인식할 당기손실과 총포괄손실은? (단, 법인세효과는 고려하지 않는다.)

〈보기〉

구분	취득원가	각 회계기간 말 공정가치		
	20×1년 초	20×1년 말	20×2년 말	20×3년 말
토지	₩2,500	₩3,000	₩2,700	₩2,300

① 당기손실 ₩400   총포괄손실 ₩ 0
② 당기손실 ₩300   총포괄손실 ₩100
③ 당기손실 ₩300   총포괄손실 ₩400
④ 당기손실 ₩200   총포괄손실 ₩400
⑤ 당기손실 ₩100   총포괄손실 ₩400

해설

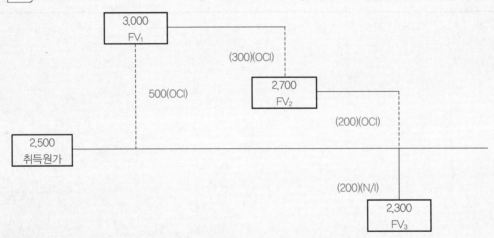

참고 회계처리

취득	(차) 토지	2,500	(대) 현금	2,500
×1년 말 재평가	(차) 토지	500	(대) 재평가잉여금	500
	* 재평가잉여금: 3,000 - 2,500 = 500			
×2년 말 재평가	(차) 재평가잉여금	300	(대) 토지	300
	* 재평가잉여금: 3,000 - 2,700 = 300			
×3년 말 재평가	(차) 재평가잉여금	200	(대) 토지	400
	재평가손실	200		
	* 재평가잉여금: 2,700 - 2,500 = 200			
	* 재평가손실: 2,500 - 2,300 = 200			

1st 최초 재평가 시 평가증: 재평가잉여금(OCI)을 인식한다.
2nd 이후 재평가 시 평가감: 이전에 인식한 재평가잉여금을 우선 감소시키고, 초과액이 있으면 재평가손실(N/I)을 인식한다.

답 ④

핵심 빈출 문장

01 회사가 자산을 해체, 제거하거나 부지를 복구할 의무는 해당 의무의 발생 시점에 취득원가로 인식한다.

02 유형자산 자체로는 직접적인 미래경제적효익을 얻을 수 없지만, 다른 자산에서 미래경제적효익을 얻기 위하여 필요한 자산은 유형자산으로 인식할 수 있다.

03 유형자산은 자산으로부터 발생하는 미래경제적효익이 기업에 유입될 가능성이 높고, 자산의 원가를 신뢰성 있게 측정할 수 있는 경우에 인식한다.

04 비화폐성자산 간의 교환거래가 상업적 실질을 결여하지 않은 경우라 하더라도 제공한 자산과 취득한 자산 모두의 공정가치를 신뢰성 있게 측정할 수 없는 경우에는 취득한 유형자산의 취득원가는 그 교환으로 제공한 자산의 장부금액으로 측정한다.

05 부채의 변경은 당기에 관련 자산의 원가에 가산하거나 차감한다. 자산의 원가에서 차감되는 금액은 그 자산의 장부금액을 초과할 수 없고 만약 그 초과분이 존재한다면 즉시 당기손익으로 인식한다.

06 정액법으로 감가상각하는 경우, 감가상각이 완전히 이루어지기 전이라도 유형자산이 가동되지 않거나 유휴상태가 되더라도 감가상각을 중단하지 않는다.

07 매 회계연도 말 재검토 결과 자산에 내재된 미래경제적효익의 예상되는 소비 형태에 유의적인 변동이 있다면, 변동된 소비 형태를 반영하기 위하여 감가상각방법을 변경한다.

08 유형자산의 잔존가치는 해당 자산의 장부금액과 같거나 큰 금액으로 증가할 수도 있다. 이 경우에는 자산의 잔존가치가 장부금액보다 작은 금액으로 감소될 때까지 유형자산의 감가상각액은 '0'이 된다.

09 자산에 내재된 미래경제적효익의 예상되는 소비 형태에 유의적인 변동이 있어 감가상각방법을 변경할 경우, 그 변경효과를 전진 적용하고 비교표시되는 재무제표에 재작성하지 않는다.

10 내용연수가 유한한 무형자산과 유형자산의 감가상각방법은 적어도 매 회계연도 말에 재검토한다.

11 유형자산의 경제적효익이 소비되는 형태를 신뢰성 있게 결정할 수 없는 경우에도 모든 상각방법을 사용할 수 있다.

12 유형자산을 구성하는 일부의 원가가 당해 유형자산의 전체 원가에 비교하여 유의적이라면, 해당 유형자산을 감가상각할 때 그 부분은 별도로 구분하여 감가상각하며, 유의적이지 않은 경우에도 분리하여 감가상각할 수 있다.

13 유형자산의 사용을 포함하는 활동에서 창출되는 수익에 기초한 감가상각방법은 미래경제적효익의 예상 소비 형태를 잘 반영하는 방법이 아니므로 적절한 방법이 아니다.

14 토지의 내용연수가 한정되는 경우에는 관련 경제적효익이 유입되는 형태를 반영하는 방법으로 감가 상각한다.

15 재평가모형을 선택한 유형자산에 대해서도 자산손상에 대해 회계처리를 적용한다.

16 유형자산은 원가모형이나 재평가모형 중 하나를 회계정책으로 선택하여 동일 범주의 유형자산에 동일하게 적용한다.

17 특정 유형자산을 재평가할 때에는 유형자산의 분류 내에서 공정가치와 장부금액이 중요하게 차이 나는 항목에 대해서는 공정가치로 측정하고 동시에 중요하게 차이 나지 않는 항목에 대해서는 공정가치로 재측정한다.

18 자산의 장부금액이 재평가로 인하여 증가된 경우에 그 증가액은 기타포괄손익으로 인식하고 재평가잉여금의 과목으로 자본에 가산하되, 이전에 당기손익으로 인식한 재평가감소액에 해당하는 부분도 당기손익으로 인식한다.

19 재평가모형은 자산을 원가로 최초에 인식한 후에 적용한다. 따라서 일부 과정이 종료될 때까지 인식기준을 충족하지 않아서 무형자산의 원가의 일부만 자산으로 인식한 경우에도 재평가모형을 적용할 수 있다.

01 유형자산의 취득원가   4. → Ⅱ 토지의 구입과 토지와 건물의 일괄 구입 ▶ 202p

유형자산의 취득원가에 대한 설명으로 옳지 않은 것은?

① 지상 건물이 있는 토지를 일괄 취득하여 구 건물을 계속 사용할 경우 일괄 구입가격을 토지와 건물의 공정가치에 따라 배분한다.

② 토지의 취득 시 중개수수료, 취득세, 등록세와 같은 소유권이전비용은 토지의 취득원가에 포함한다.

③ 기계장치를 취득하여 기계장치를 의도한 용도로 사용하기 적합한 상태로 만들기 위해서 지출한 시운전비는 기계장치의 취득원가에 포함한다.

④ 건물 신축을 목적으로 건물이 있는 토지를 일괄 취득한 경우, 구 건물의 철거비용은 신축 건물의 취득원가에 가산한다.

⑤ 사용 중인 건물을 철거하고 새로운 건물을 신축하는 경우 기존 건물의 장부금액은 처분손실로 처리하며, 철거비용도 처분손실에 포함하여 당기비용으로 처리한다.

02 후속 측정(감가상각)   3. 유형자산의 감가상각과 후속 원가, 제거 ▶ 191p

유형자산의 감가상각에 대한 설명 중 옳지 않은 것은?

① 유형자산의 기말 공정가치 변동을 반영하기 위해 감가상각한다.

② 감가상각방법은 자산의 미래경제적효익이 소비될 것으로 예상되는 형태를 반영한다.

③ 각 기간의 감가상각액은 다른 자산의 장부금액에 포함되는 경우가 아니라면 당기손익으로 인식한다.

④ 잔존가치, 내용연수, 감가상각방법은 적어도 매 회계연도 말에 재검토한다.

⑤ 감가상각방법에 따라 각 회계기간 단위로 배분되는 감가상각액은 다르지만, 내용연수 동안 총 감가상각액은 동일하다.

03 감가상각비의 계산

㈜대한과 ㈜한국은 2010년 1월 1일에 각각 동일한 기계를 ₩100,000에 취득하였다. 두 회사 모두 기계의 내용연수는 4년이고, 잔존가치는 ₩10,000으로 추정한다. 이 기계의 감가상각을 위하여 ㈜대한은 상각률 40%의 정률법을 적용하고, ㈜한국은 연수합계법을 적용한다면, 두 회사의 2011년 12월 31일 재무상태표에 보고되는 이 기계에 대한 감가상각누계액의 차이는?

① ₩1,000

② ₩4,000

③ ₩5,400

④ ₩6,000

⑤ ₩6,400

04 유형자산의 제거

㈜한국은 2010년 1월 1일에 기계장치를 ₩5,000,000에 매입하였다. 기계장치의 잔존가치는 ₩500,000이고, 내용연수는 5년이다. 매년 12월 31일에 감가상각을 실시하며, 2012년 12월 31일에 해당 기계를 ₩2,000,000에 매각했다. 해당 기계를 연수합계법으로 감가상각할 때, 매각 시 인식할 유형자산처분손익은?

① 유형자산처분이익 ₩500,000

② 유형자산처분이익 ₩600,000

③ 유형자산처분손실 ₩500,000

④ 유형자산처분손실 ₩600,000

⑤ 유형자산처분이익 ₩400,000

05 유형별 자산의 원가(일괄 구입) 4. → Ⅱ 토지의 구입과 토지와 건물의 일괄 구입 ▶ 202p

㈜한국은 공장을 신축하기 위하여 기존건물이 서 있던 토지를 구입하고 즉시 기존건물을 철거하였다. 관련 자료가 〈보기〉와 같을 때, 토지의 취득원가는?

─────────────〈보기〉─────────────

- 토지 구입가격   ₩ 1,000,000
- 토지 취득세   ₩ 100,000
- 토지 취득관련 중개수수료   ₩ 100,000
- 신축공장 건축허가비용   ₩ 20,000
- 신축공장건물 설계비용   ₩ 50,000
- 기존건물 철거비용   ₩ 100,000
- 기존건물 철거 시 발생한 폐자재 처분수입   ₩ 50,000
- 토지의 구획정리비용   ₩ 400,000
- 신축건물 공사원가   ₩ 800,000

① ₩ 1,450,000   ② ₩ 1,550,000

③ ₩ 1,650,000   ④ ₩ 1,750,000

⑤ ₩ 1,850,000

06 유형별 자산의 원가(일괄 구입) 4. → Ⅱ 토지의 구입과 토지와 건물의 일괄 구입 ▶ 202p

㈜한국은 2015년 7월 1일 토지와 건물을 ₩ 2,000,000에 일괄 취득하였으며, 취득 당시 토지의 공정가치는 ₩ 1,000,000, 건물의 공정가치는 ₩ 1,500,000이었다. 건물의 경우 원가모형을 적용하며, 연수합계법(내용연수 3년, 잔존가치 ₩ 0)으로 상각한다. 건물에 대해 2016년에 인식할 감가상각비는? (단, 감가상각비는 월할 상각한다.)

① ₩ 750,000   ② ₩ 625,000

③ ₩ 600,000   ④ ₩ 500,000

⑤ ₩ 450,000

2014년 1월 1일 ㈜한국은 당사의 기계장치 X를 ㈜민국의 기계장치 Y와 교환하고, ㈜한국은 ㈜민국으로부터 현금 ₩100,000을 수령하였다. 각 회사의 기계장치의 장부금액과 공정가치에 대한 정보는 다음과 같다.

구분	기계장치 X	기계장치 Y
장부금액	₩400,000	₩300,000
공정가치	₩700,000	₩600,000

기계장치 X와 기계장치 Y의 교환거래가 상업적 실질이 있는 경우와 상업적 실질이 없는 경우 각각에 대하여 ㈜한국이 교환으로 취득한 기계장치 Y의 취득원가를 계산하면?

	상업적 실질이 있는 경우	상업적 실질이 없는 경우
①	₩300,000	₩600,000
②	₩500,000	₩200,000
③	₩600,000	₩300,000
④	₩700,000	₩400,000
⑤	₩800,000	₩300,000

㈜한국은 2014년 초 취득원가 ₩50,000의 토지를 매입하였으며, 재평가모형을 적용하고 있다. 해당 토지의 2014년 말 공정가치는 ₩45,000으로 추정되어 ₩5,000의 당기손실을 인식하였다. 2015년 말 토지의 공정가치는 ₩52,000으로 추정된다. ㈜한국의 2015년 말 토지에 대한 회계처리로 옳은 것은?

① (차변) 토지　　₩7,000　　(대변) 재평가이익　₩5,000
　　　　　　　　　　　　　　　　　　재평가잉여금　₩2,000

② (차변) 토지　　₩7,000　　(대변) 재평가이익　₩7,000

③ (차변) 토지　　₩7,000　　(대변) 재평가이익　₩2,000
　　　　　　　　　　　　　　　　　　재평가잉여금　₩5,000

④ (차변) 토지　　₩7,000　　(대변) 재평가잉여금　₩7,000

⑤ (차변) 토지　　₩7,000　　(대변) 재평가이익　₩4,000
　　　　　　　　　　　　　　　　　　재평가잉여금　₩3,000

㈜지방은 20×1년 중에 토지를 ₩100,000에 취득하였으며, 매 보고기간마다 재평가모형을 적용하기로 하였다. 20×1년 말과 20×2년 말 현재 토지의 공정가치가 각각 ₩120,000과 ₩90,000이라고 할 때, 다음 설명 중 옳은 것은?

① 20×1년에 당기순이익이 ₩20,000 증가한다.

② 20×2년에 당기순이익이 ₩10,000 감소한다.

③ 20×2년 말 현재 재평가잉여금 잔액은 ₩10,000이다.

④ 20×2년 말 재무상태표에 보고되는 토지 금액은 ₩100,000이다.

⑤ 20×2년의 총포괄손실은 ₩10,000이다.

객관식 문제 정답 및 해설

01 ④ 건물 신축을 목적으로 건물이 있는 토지를 일괄 취득한 경우, 구 건물의 철거비용은 토지의 취득원가에 가산한다.

> **참고** 유형자산의 원가 중 토지와 건물의 일괄 구입 시
>
> (1) 취득 후 건물을 신축하는 경우(= 토지만 사용할 목적인 경우)
>
> | 구분 | 원가가산 여부 |
> |---|---|
> | 기존 건물을 철거하는 경우 발생하는 건물 철거비용 | 토지원가 가산 |
> | 건물 철거로 발생한 폐자재 처분비용 | 토지원가 가산 |
> | 건물 철거로 인한 폐자재 처분수입 | 토지원가 차감 |
>
> (2) 토지와 건물을 모두 사용할 목적인 경우
>
> 1) 토지와 건물의 원가는 일괄 구입가격과 중개수수료 등 공통 부대원가의 합계액을 개별 자산의 공정가치 비율로 안분한다.
>
> 2) 토지나 건물의 개별적으로 발생하는 취득세는 공통 부대원가가 아니므로 토지와 건물에 각각 개별적으로 인식한다.

02 ① (1) 감가상각은 자산의 평가 과정이 아니라 원가의 배분 과정이다.

   감가상각이란 자산의 경제적 내용연수 동안 자산의 감가상각대상금액을 합리적이고 체계적인 방법으로 배분하여 당기비용으로 인식하는 과정이다.

   (2) 감가상각방법은 적어도 매 회계연도 말에 재검토한다.

   재검토 결과 자산의 미래경제적효익의 예상되는 소비 형태가 유의적으로 달라졌다면, 감가상각방법을 변경한다. 이러한 변경은 회계추정치의 변경으로서 전진법으로 회계처리한다.

03 ① (1) 정률법의 경우

   1) 10년 취득원가(기계): 100,000

   2) 10년 Dep: 40,000 = (100,000 − 0) × 0.4

   3) 11년 Dep: 24,000 = (100,000 − 40,000) × 0.4

   4) 11년 말 BV: 36,000 = 100,000 − 64,000

   (2) 연수합계법의 경우

   1) 10년 취득원가(기계): 100,000

   2) 10년 Dep: $36,000 = (100,000 - 10,000) \times \dfrac{4}{4+3+2+1}$

   3) 11년 Dep: $27,000 = (100,000 - 10,000) \times \dfrac{3}{4+3+2+1}$

   4) 11년 말 BV: 37,000 = 100,000 − 63,000

   ∴ 두 방법의 감가상각누계액 차이: 1,000 = 64,000 − 63,000

04 ②

```
┌─────────────────────┐
│ 5,000,000 취득원가    │
└─────────────────────┘
                              ┌──────────────────────┐
              Dep₁₊₂₊₃        │ 2,000,000 처분대가     │
              (3,600,000)     └──────────────────────┘
                                  처분이익 600,000
                              ┌──────────────────────┐
                              │ 1,400,000 BV          │
                              └──────────────────────┘
```

(1) 10년 취득원가(기계): 5,000,000

(2) 10년 Dep: $1,500,000 = (5,000,000 - 500,000) \times \dfrac{5}{5+4+3+2+1}$

(3) 11년 Dep: $1,200,000 = (5,000,000 - 500,000) \times \dfrac{4}{5+4+3+2+1}$

(4) 12년 Dep: $900,000 = (5,000,000 - 500,000) \times \dfrac{3}{5+4+3+2+1}$

(5) 12년 처분 시 BV: $1,400,000 = 5,000,000 - 3,600,000$

(6) 12년 처분이익(N/I): $600,000 = 2,000,000 - 1,400,000$

참고 **처분 시 회계처리**

(차) 현금	2,000,000	(대) 기계(순액)	1,400,000
		처분이익	600,000

05 ③

(1) 취득 목적: 공장을 신축 ⇒ 토지만 사용할 목적

(2) 최초 취득원가(토지): 1,650,000

    $= 1,000,000 + 100,000 + 100,000 + (100,000 - 50,000) + 400,000$

    1) 구입가격: + 1,000,000   2) 취득세: + 100,000

    3) 수수료: + 100,000   4) 철거비용: + 100,000

    5) 철거수입: - 50,000   6) 구획정리비용: + 400,000

* 신축건물의 원가와 관련있는 항목

  (1) 신축공장 건축허가비용

  (2) 신축공장건물 설계비용

  (3) 신축건물 공사원가

06 ④

(1) 취득 목적: 모두 사용할 목적 ⇒ FV비율로 안분

(2) 15년 취득원가(건물): $1,200,000 = 2,000,000 \times 3/5$

    * 공정가치의 합계: $2,500,000 = 1,000,000 + 1,500,000$

    * 자산의 공정가치 비율 ⇒ 토지 : 건물 = 0.4 : 0.6

(3) 15년 Dep: $300,000 = (1,200,000 - 0) \times \dfrac{3}{3+2+1} \times 6/12$

(4) 16년 Dep: $500,000 = [(1,200,000 - 0) \times \dfrac{3}{3+2+1} \times 6/12] + [(1,200,000 - 0) \times \dfrac{2}{3+2+1} \times 6/12]$

(5) 16년 말 BV: $400,000 = 1,200,000 - 800,000$

참고 **일괄 구입 시 회계처리**

(차) 건물	1,200,000	(대) 현금	2,000,000
토지	800,000		

    * 건물 BV: $2,000,000 \times 3/5 = 1,200,000$

    * 토지 BV: $2,000,000 \times 2/5 = 800,000$

07 ③ 1. 상업적 실질이 있는 경우

[교환거래 시 회계처리]

(차)	신자산	700,000	(대)	구자산	400,000
				처분이익	300,000
(차)	현금	100,000	(대)	신자산	100,000

2. 상업적 실질이 없는 경우

[교환거래 시 회계처리]

(차)	신자산	400,000	(대)	구자산	400,000
(차)	현금	100,000	(대)	신자산	100,000

08 ①

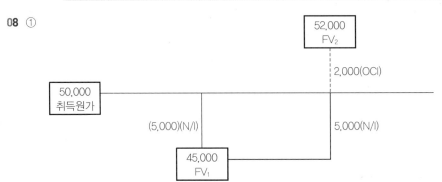

(1) 14년 재평가손실(N/I): 5,000 = 50,000 − 45,000

(2) 15년 재평가이익(N/I): 5,000 = 50,000 − 45,000

(3) 15년 재평가잉여금(OCI): 2,000 = 52,000 − 50,000

참고 회계처리

취득	(차)	토지	50,000	(대)	현금	50,000
14년 말 재평가	(차)	재평가손실	5,000	(대)	토지	5,000
	* 재평가손실: 50,000 − 45,000 = 5,000					
15년 말 재평가	(차)	토지	7,000	(대)	재평가이익	5,000
					재평가잉여금	2,000
	* 재평가이익: 50,000 − 45,000 = 5,000					
	* 재평가잉여금: 52,000 − 40,000 = 2,000					

1st 최초 재평가 시 평가감: 재평가손실(N/I)을 인식한다.

2nd 이후 재평가 시 평가증: 이전에 인식한 재평가손실만큼 재평가이익(N/I)을 인식하고, 초과액이 있으면 재평가잉여금(OCI)을 인식한다.

09 ② ▶ 오답체크

① 20×1년에 기타포괄이익이 20,000 증가한다.
③ 20×2년 말 현재 재평가잉여금 잔액은 0이다.
④ 20×2년 말 재무상태표에 보고되는 토지 금액은 90,000이다.
⑤ 20×2년의 총포괄손실: (−) 30,000 = 90,000 − 120,000

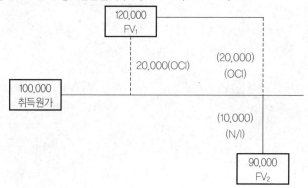

(1) ×1년 재평가잉여금(OCI): 20,000 = 120,000 − 100,000
(2) ×2년 우선 상계액(OCI): 20,000 = 120,000 − 100,000
(3) ×2년 재평가손실(N/I): 10,000 = 100,000 − 90,000

참고 누적 회계처리

취득	(차) 토지	100,000	(대) 현금	100,000
×1년 말 재평가	(차) 토지	20,000	(대) 재평가잉여금	20,000
	* 재평가잉여금: 120,000 − 100,000 = 20,000			
×2년 말 재평가	(차) 재평가잉여금 재평가손실	20,000 10,000	(대) 토지	30,000
	* 재평가잉여금: 120,000 − 100,000 = 20,000			
	* 재평가손실: 100,000 − 90,000 = 10,000			

1st 최초 재평가 시 평가증: 재평가잉여금(OCI)을 인식한다.
2nd 이후 재평가 시 평가감: 이전에 인식한 재평가잉여금을 우선 감소시키고, 초과액이 있으면 재평가손실 (N/I)을 인식한다.

Chapter 6

투자부동산과 무형자산

I 투자부동산의 정의와 분류

01 투자부동산의 정의

기업이 임대목적이나 시세차익을 획득할 목적으로 부동산을 보유하는 경우가 있다. 이와 같은 부동산은 임대수익이나 시세차익을 통하여 다른 자산과 독립적으로 현금을 창출할 수 있기 때문에 국제회계기준에서는 자가사용부동산과 구분하여 투자부동산으로 회계처리할 것을 요구하고 있다.

투자부동산은 임대수익이나 시세차익 또는 두 가지 모두를 얻기 위하여 소유자가 보유하거나 리스이용자가 사용권자산으로 보유하고 있는 부동산(토지, 건물)을 말한다.

Additional Comment

투자부동산은 기업이 보유하는 다른 자산과 거의 독립적으로 현금흐름을 창출하는데 그 이유는 임대 목적 부동산은 임대수익으로 유입되는 현금흐름에 직접적으로 기여하는 반면, 공장으로 사용하는 부동산은 공장에서 생산한 제품의 판매로 인하여 유입되는 현금흐름에 간접적으로 기여하기 때문이다. 그러므로 이러한 특성에 기초하여 투자부동산과 자가사용부동산을 구별한다.

02 투자부동산의 분류

재화나 용역의 생산 또는 제공이나 관리 목적에 사용하거나, 통상적인 영업 과정에서의 판매하는 자산은 투자부동산에서 제외한다. 그 이유는 재화의 생산이나 용역의 제공 또는 관리 목적에 사용하는 부동산(예 제조회사가 보유하는 공장건물)은 유형자산으로 분류하며, 통상적인 영업활동 과정에서 판매 목적으로 보유하고 있는 부동산(예 부동산 개발회사가 보유하는 판매용 토지나 건물)은 재고자산으로 분류하기 때문이다. 투자부동산으로 분류되는 예와 투자부동산으로 분류되지 않는 항목의 예는 다음과 같다.

구분	계정 분류
장기 시세차익을 얻기 위하여 보유하고 있는 토지	투자부동산
장래 사용 목적을 결정하지 못한 채로 보유하고 있는 토지	
미래에 투자부동산으로 사용하기 위하여 건설 또는 개발 중인 부동산	
통상적인 영업 과정에서 판매하거나 이를 위해 건설 또는 개발 중인 부동산	재고자산
자가사용부동산	유형자산

Additional Comment

유형자산을 기업이 재화 혹은 용역의 생산이나 제공, 타인에 대한 임대 또는 관리활동에 사용할 목적으로 보유하는 물리적 형태가 있는 자산으로 정의하였다. 그런데 이 중 '타인에 대한 임대'라는 것이 투자부동산의 임대수익을 얻기 위한 목적과 중복되는 것에 대한 의문이 들 수 있는데, 유형자산은 토지나 건물과 같은 부동산뿐만 아니라 기계장치나 비품과 같이 부동산이 아닌 자산도 모두 포함한다. 그러므로 유형자산을 정의할 때 임대라는 것은 부동산이 아닌 자산에 적용되는 것으로 보아야 할 것이다.

Self Study

1. 통상적인 영업 과정에서 단기간에 판매하기 위하여 보유하는 토지는 투자부동산에서 제외한다.
2. 토지를 자가사용할지, 통상적인 영업 과정에서 단기간에 판매할지 결정하지 못한 경우 당해 토지는 시세차익을 얻기 위하여 보유하고 있는 것으로 본다.
3. 오답유형: 장래에 사용 목적을 결정하지 못한 채로 보유하고 있는 토지는 자가사용부동산으로 회계처리한다. (×) ⇒ 투자부동산으로 회계처리한다.

03 투자부동산의 분류에 대한 추가상황

투자부동산의 분류에 대한 기준서의 추가적인 설명은 아래의 두 가지 상황으로 구분한다.

(1) 부동산 중 일부분은 임대수익 or 시세차익, 나머지는 자가사용 목적으로 보유하는 경우

부동산 중 일부분은 임대수익이나 시세차익을 얻기 위하여 보유하고, 일부분은 재화나 용역의 생산 또는 제공이나 관리 목적에 사용하기 위하여 보유할 수 있다. 이러한 경우 다음과 같이 투자부동산과 자가사용부동산을 식별한다.

[부동산 중 일부분은 임대수익 or 시세차익, 나머지는 자가사용 목적으로 보유하는 경우]

구분	내용
일부만 투자부동산으로 분리매각 가능한 경우	투자부동산과 자가사용부동산을 각각 분리하여 인식
일부만 투자부동산으로 분리매각 불가능한 경우	재화 생산, 용역 제공 또는 관리 활동에 사용하는 부분이 경미한 경우에만 투자부동산으로 분류

(2) 부수적인 용역을 제공하는 경우

부동산 보유자가 부동산 사용자에게 부수적인 용역을 제공하는 경우에는 다음과 같이 투자부동산과 자가사용부동산으로 식별한다.

[부수적인 용역을 제공하는 경우]

구분	내용
제공하는 부수용역이 경미한 경우	투자부동산으로 분류
제공하는 부수용역이 유의적인 경우	자가사용부동산으로 분류

Additional Comment

사무실 건물의 소유자가 그 건물을 사용하는 리스이용자에게 보안과 관리용역을 제공하는 경우 보안이나 관리용역은 경미하므로 건물의 소유자는 건물을 투자부동산으로 분류한다.

Self Study

오답유형: 부동산 중 일부는 시세차익을 얻기 위하여 보유하고 일부분은 재화의 생산에 사용하기 위하여 보유하고 있으나, 이를 부분별로 나누어 매각할 수 없다면 재화의 생산에 사용하기 위하여 보유하는 부분이 중요하다고 하더라도 전체 부동산을 투자부동산으로 분류한다. (×)
⇒ 전체 부동산을 자가사용부동산으로 분류한다.

Ⅱ 투자부동산의 최초 인식과 최초 측정 및 후속 원가

01 투자부동산의 인식기준

소유 부동산은 다른 자산과 마찬가지로 다음의 조건을 모두 충족할 때, 자산으로 인식한다. (⇒ 유형자산과 동일)

[투자부동산의 인식기준]

> ① 투자부동산에서 발생하는 미래경제적효익의 유입가능성이 높다.
> ② 투자부동산의 원가를 신뢰성 있게 측정할 수 있다.

투자부동산의 원가는 이 인식기준에 따라 발생 시점에 평가한다.

02 최초 측정

투자부동산은 최초 인식 시점에 원가로 측정하며, 거래원가는 최초 측정에 포함한다. 투자부동산의 원가는 당해 자산을 취득하기 위하여 최초로 발생한 원가와 후속적으로 발생한 추가원가, 대체원가가 포함되며, 일상적으로 발생하는 유지원가는 발생 기간의 비용으로 인식한다. (⇒ 유형자산과 동일)

03 후속 원가

투자부동산의 원가에는 취득하기 위하여 최초로 발생한 원가와 후속적으로 발생한 추가원가, 대체원가 또는 유지원가를 포함한다. 부동산과 관련하여 일상적으로 발생하는 유지원가는 투자부동산의 장부금액에 인식하지 않으며, 이러한 원가는 발생하였을 때 당기손익으로 인식한다.

해커스 IFRS 정윤돈 회계관리

CH 6

투자부동산과 무형자산

한국채택국제회계기준에서는 투자부동산을 최초로 인식한 후 당해 자산에 대해서 공정가치모형과 원가모형 중 하나를 선택하여 모든 투자부동산에 적용하도록 규정하고 있다. 투자부동산에 대해서 공정가치모형의 적용을 강제하지 못하는 이유는 각 국가마다 부동산 시장의 성숙도가 다르기 때문에 신뢰성 있는 공정가치 측정이 어려울 수 있다는 점을 고려한 결과이다.

원가모형과 공정가치모형 간의 선택은 회계정책의 변경에 해당하며, 기준서 제1008호 '회계정책, 회계추정 및 오류'에 따르면 회계정책의 변경으로 재무상태, 재무성과 또는 현금흐름에 미치는 영향에 대해 신뢰성이 있으며 더 목적 적합한 정보를 제공하는 경우에만 자발적인 회계정책의 변경을 허용한다. 그러므로 원가모형을 적용하던 투자부동산을 특정 회계연도부터 공정가치모형으로 변경하는 것은 허용되나, 반대로 공정가치모형에서 원가모형으로 변경하는 것은 더 목적 적합한 정보를 제공한다고 보기 어렵기 때문에 허용되기 어려울 것이다.

투자부동산에 공정가치모형을 적용하지 않더라도 투자부동산의 공정가치 정보를 주석에 공시해야 하므로 투자부동산을 보유하는 모든 기업은 투자부동산의 공정가치를 측정하여야 한다. 이 경우 최근에 유사한 부동산을 평가한 경험이 있고 전문적 자격이 있는 독립된 평가인의 가치평가에 기초하여 공정가치를 측정할 것을 권고하나, 반드시 의무적일 필요는 없다.

투자부동산의 후속 측정에서 공정가치모형과 원가모형의 적용에 따른 차이는 아래와 같다.

투자부동산의 후속 측정 시 원가모형과 공정가치모형의 비교

구분	원가모형	공정가치모형
감가상각 여부	상각 ○	상각 ×
기말 평가 여부	평가 × (FV 주석 공시)	평가 ○ (평가손익 N/I 반영)

01 공정가치모형

공정가치의 신뢰성 있는 측정이 가능한 경우

투자부동산의 평가방법으로 공정가치모형을 선택한 경우 공정가치를 신뢰성 있게 측정하기 어려운 경우가 아니라면, 최초 인식 후 모든 투자부동산을 공정가치로 측정한다.

투자부동산에 공정가치모형을 적용할 경우 공정가치의 변동으로 발생하는 손익을 당기손익으로 인식한다. 또한 투자부동산을 공정가치모형에 의하여 측정하는 경우에는 감가상각을 수행하지 않는다. 감가상각을 수행하고 공정가치 평가를 하거나 감가상각을 수행하지 않고 공정가치 평가를 하는 경우에 당기손익에 미치는 영향이 같아 감가상각의 실익이 없기 때문이다.

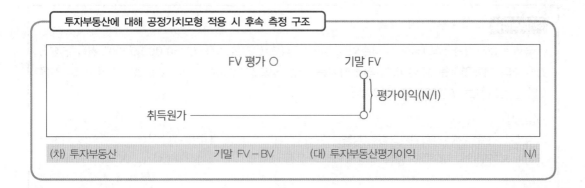

투자부동산에 대해 공정가치모형 적용 시 후속 측정 구조

FV 평가 ○   기말 FV

평가이익(N/I)

취득원가

(차) 투자부동산   기말 FV - BV   (대) 투자부동산평가이익   N/I

02 원가모형

투자부동산의 평가방법으로 원가모형을 선택한 경우에는 최초 인식 후 다음에 따라 투자부동산으로 측정한다.

① 매각예정으로 분류하는 조건을 충족하는 경우: 기준서 제1105호 '매각예정비유동자산과 중단영업'에 따라 측정
② 리스이용자가 사용권자산으로 보유하고 매각예정이 아닌 경우: 기준서 제1116호 '리스'에 따라 측정
③ 다른 모든 경우: 기준서 제1016호 '유형자산'에 따라 측정

그러므로 원가모형에 의하여 측정하는 투자부동산 중 감가상각 대상 자산은 감가상각을 수행한다.

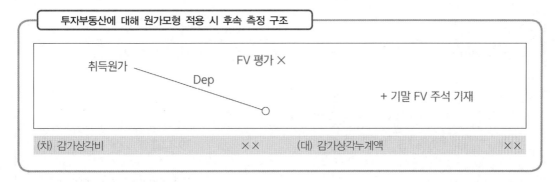

투자부동산에 대해 원가모형 적용 시 후속 측정 구조

취득원가   FV 평가 ×

Dep

+ 기말 FV 주석 기재

(차) 감가상각비   ××   (대) 감가상각누계액   ××

1. 투자부동산의 후속 측정

㈜국세는 20×2년 1월 1일에 임대수익을 얻을 목적으로 건물 A를 ₩150,000,000에 취득하였다. 건물 A의 내용연수는 10년이고, 잔존가치는 없는 것으로 추정하였다. 20×2년 12월 31일 건물 A의 공정가치는 ₩140,000,000이다.

[물음 1]
㈜국세가 건물 A에 대해 원가모형을 적용하는 경우, 20×2년 동 거래가 ㈜국세의 당기손익에 미치는 영향은 얼마인가? (단, ㈜국세는 통상적으로 건물을 정액법으로 감가상각한다.)

[물음 2]
㈜국세가 건물 A에 대해 공정가치모형을 적용하는 경우, 20×2년에 동 거래가 ㈜국세의 당기손익에 미치는 영향은 얼마인가?

풀이

[물음 1]
• 20×2년 당기손익에 미치는 영향: (15,000,000)
• 감가상각비: (150,000,000 – 0)/10년 = (15,000,000)

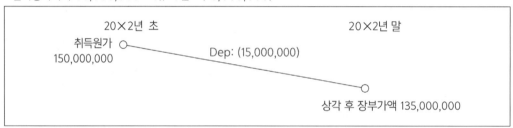

| (차) 감가상각비(N/I) | 15,000,000 | (대) 감가상각누계액 | 15,000,000 |

[물음 2]
• 20×2년 당기손익에 미치는 영향: (10,000,000)
• 투자부동산 평가손실: 140,000,000 – 150,000,000 = (10,000,000)

| (차) 투자부동산평가손실(N/I) | 10,000,000 | (대) 투자부동산 | 10,000,000 |

03 재평가모형과 공정가치모형의 비교

유형자산에 대한 재평가모형과 투자부동산에 대한 공정가치모형의 차이를 비교하면 다음과 같다.

[유형자산에 대한 재평가모형과 투자부동산에 대한 공정가치모형의 비교]

구분	유형자산 재평가모형	투자부동산 공정가치모형
측정 대상	당해 자산이 포함되는 유형자산의 유형 전체에 대해 적용	일부 예외를 제외하고, 모든 투자부동산에 대해 적용
평가 주기	공정가치 변동의 정도를 고려하여 재평가	매 보고기간 말에 공정가치 평가
공정가치 변동액의 회계처리	① 평가증: 기타포괄손익에 반영 ② 평가감: 당기손익에 반영	당기손익에 반영

연습문제

1. 〈보기〉는 토지의 공정가치 변동자료이다. ㈜서울은 토지를 20×0년 7월 중에 취득하고 계속 보유 중이다. 동 토지가 투자부동산으로 분류되는 경우와 유형자산으로 분류되는 경우 각각 기말 재무상태표상의 이익잉여금에 미치는 영향은? (단, ㈜서울은 토지 회계처리 시 투자부동산의 경우 공정가치모형을, 유형자산의 경우 재평가모형을 적용하고 있다.)

〈보기〉
- 20×0년 7월 중 취득 시 공정가치: ₩100,000
- 20×0년 12월 31일 공정가치: ₩150,000

	투자부동산으로 분류	유형자산으로 분류
①	변화 없음	변화 없음
②	변화 없음	₩ 50,000 증가
③	₩ 50,000 증가	변화 없음
④	₩ 50,000 증가	₩ 50,000 증가
⑤	₩100,000 증가	₩100,000 증가

해설

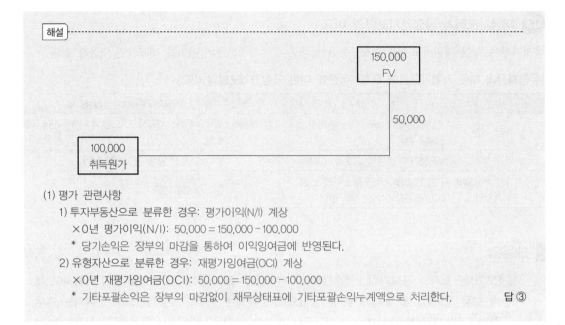

(1) 평가 관련사항
    1) 투자부동산으로 분류한 경우: 평가이익(N/I) 계상
       ×0년 평가이익(N/I): 50,000 = 150,000 - 100,000
      * 당기손익은 장부의 마감을 통하여 이익잉여금에 반영된다.
    2) 유형자산으로 분류한 경우: 재평가잉여금(OCI) 계상
       ×0년 재평가잉여금(OCI): 50,000 = 150,000 - 100,000
      * 기타포괄손익은 장부의 마감없이 재무상태표에 기타포괄손익누계액으로 처리한다.   답 ③

Ⅳ   투자부동산의 제거

투자부동산을 처분하거나, 투자부동산의 사용을 영구히 중지하고 처분으로도 더 이상의 경제적효익을 기대할 수 없는 경우에는 제거한다. 관련된 내용은 다음과 같으며 유형자산의 제거와 동일하다.

[투자부동산의 제거에 따른 당기손익효과]

① 투자부동산의 폐기나 처분으로 발생하는 손익은 순처분금액과 장부금액의 차액이며 폐기나 처분이 발생한 기간에 당기손익으로 인식한다.
② 투자부동산의 손상, 멸실 또는 포기로 제3자에게 받는 보상은 받을 수 있게 되는 시점에 당기손익으로 인식한다.

2 무형자산

I 무형자산의 정의, 식별 및 최초 인식

01 무형자산의 정의

무형자산은 물리적 실체는 없지만 식별할 수 있는 비화폐성자산을 말한다. 여기에 포함되는 무형자산의 예로는 컴퓨터 소프트웨어, 특허권, 저작권, 영화필름, 고객 목록, 모기지관리용역권, 어업권, 수입할당량, 프랜차이즈, 고객이나 공급자와의 관계, 고객충성도, 시장점유율과 판매권 등이 있다. 그러나 이러한 항목이 모두 무형자산의 정의를 충족시키는 것은 아니다. 이러한 항목들이 무형자산의 정의를 충족하지 않는다면 그것을 취득하거나 내부적으로 창출하기 위하여 발생한 지출은 발생 시점에 비용으로 인식한다.

Additional Comment

무형자산은 물리적 실체가 존재하지 않으므로 물리적 실체가 존재하는 자산과 동일한 기준을 적용하여 자산을 인식하는 것은 곤란하다. 따라서 기준서에서는 무형자산을 인식하기 위해 인식요건을 판단하기 전에 무형자산으로 정의할 수 있는 세 가지 조건을 충족하는지 판단하도록 요구하고 있다.

1. 원칙: (차) 비용   ××   (대) 현금   물리적 실체가 없는 것에 대한 지출
2. 예외: 무형자산   ××
          ⇒ 정의 충족 + 엄격한 인식요건 충족 시

무형자산의 정의를 충족시키기 위해서는 다음의 요건을 모두 충족시켜야 한다.

① 식별가능성	② 통제	③ 미래경제적효익

(1) 식별가능성

무형자산으로 정의되기 위해서는 영업권과 구별되기 위하여 식별가능성이 있어야 한다. 자산은 다음 중 하나에 해당하는 경우 식별이 가능하다.

[식별가능성의 요건]

① **자산의 분리가능성**: 기업의 의도와는 무관하게 기업에서 분리하거나 분할할 수 있고, 개별적으로 또는 관련된 계약, 식별 가능한 자산이나 부채와 함께 매각, 이전, 라이선스, 임대, 교환할 수 있다.

or

② **자산이 계약상 권리 또는 기타 법적 권리로부터 발생**: 이 경우 그러한 권리가 이전 가능한지 여부 또는 기업이나 기타 권리와 의무에서 분리 가능한지 여부는 고려하지 아니한다.

Additional Comment

기업이 지방자치단체 소유의 특정 시설물을 일정 기간 사용하기로 계약을 체결하고 대가를 지급했다면 그 대가는 계약상 권리이므로 무형자산으로 정의되기 위한 식별가능성의 조건을 충족한다. 또한 기업이 개발한 신기술에 대해서 특허권을 획득했다면, 이는 일정 기간 동안 법적으로 보호받을 권리이므로 무형자산으로 정의되기 위한 식별가능성의 조건을 충족한다. 기준서 제1038호 '무형자산'에서 무형자산의 인식조건을 제시하기 전에 분리가능성을 요구하는 것은 인식과 측정을 좀 더 용이하게 하기 위해서이다. 일반적으로 분리가 가능하여 거래 상대방과 교환거래를 할 수 있는 자산은 그렇지 못한 자산에 비해 시장가격 등 거래가격에 대한 정보를 쉽게 입수할 수 있다.

Self Study

분리가능성이 식별가능성을 나타내는 유일한 지표는 아니다. 특정 권리가 분리 가능하지 않더라도 계약상 또는 기타 법적 권리로부터 발생한 자산은 식별 가능하다. 예를 들어 일부 국가의 법에 의하면 기업에 인가된 특정 라이선스는 기업 전체를 매각할 때에만 양도가 가능한데, 이 경우 동 라이선스는 분리 가능하지 않다. 그러나 영업권과는 구분되는 자산이므로 식별가능성의 조건을 충족한다.

(2) 통제

기초가 되는 자원에서 유입되는 미래경제적효익을 확보할 수 있고 그 효익에 대한 제3자의 접근을 제한할 수 있다면 기업이 자산을 통제하고 있는 것이다. 무형자산의 미래경제적효익에 대한 통제능력은 일반적으로 법원에서 강제할 수 있는 법적 권리에서 나오지만 다른 방법으로도 미래경제적효익을 통제할 수 있기 때문에 권리의 법적 집행가능성이 통제의 필요조건은 아니다.

(3) 미래경제적효익

무형자산의 미래경제적효익은 제품의 매출, 용역수익, 원가절감 또는 자산의 사용에 따른 기타 효익의 형태로 발생할 수 있다. 예를 들어 제조과정에서 지적재산을 사용하면 미래 수익을 증가시키기보다 미래의 제조원가를 감소시킬 수 있다.

[무형자산의 정의 정리]

식별가능성 (분리가능성 or 계약상 권리 또는 기타 법적 권리)	계약적·법적 권리가 이전 가능한지 여부 또는 기업이 기타 권리와 의무에서 분리 가능한지 여부는 동시에 고려하지 않는다.
통제(제3자의 접근 제한)	통제의 일반적인 능력은 법적 권리에서 나오나, 권리의 법적 집행가능성이 통제의 필요조건은 아니다.
미래경제적효익 존재	미래경제적효익은 제품의 매출, 용역수익, 원가절감 또는 자산의 사용에 따른 기타 효익의 형태로 발생할 수 있다.

02 무형자산의 식별

일부 무형자산은 컴팩트디스크(컴퓨터 소프트웨어의 경우), 법적 서류(라이선스나 특허권의 경우)나 필름과 같은 물리적 형체에 담겨 있을 수 있다. 유형의 요소와 무형의 요소를 모두 갖추고 있는 자산을 유형자산으로 회계처리하는지 아니면 무형자산으로 회계처리하는지를 결정해야 할 때에는, 어떤 요소가 더 유의적인지를 판단한다.

Additional Comment

컴퓨터로 제어되는 기계장치가 특정 컴퓨터 소프트웨어가 없으면 가동이 불가능한 경우에는 그 소프트웨어를 관련된 하드웨어의 일부로 보아 유형자산으로 회계처리한다. 컴퓨터의 운영시스템에도 동일하게 적용하며, 관련된 하드웨어의 일부가 아닌 소프트웨어는 무형자산으로 회계처리한다.

무형자산의 회계처리는 광고, 교육훈련, 사업개시, 연구와 개발활동 등에 대한 지출에 적용한다. 연구와 개발활동의 목적은 지식의 개발에 있으므로, 이러한 활동으로 인하여 물리적 형체(예 시제품)가 있는 자산이 만들어지더라도 그 자산의 물리적 요소는 무형자산 요소로 본다. 즉, 그 자산이 갖는 지식의 부수적인 것으로 보아 무형자산으로 인식한다.

무형자산의 식별 정리

구분	개별 식별
① 유형자산 + 무형자산	무형자산 필수 ×: 유형자산과 무형자산 분류
	무형자산 필수 O: 전체를 유형자산으로 분류
② 연구·개발활동으로 만들어진 물리적 형체(시제품)의 자산	무형자산으로 분류

Self Study

오답유형: 컴퓨터로 제어되는 기계장치가 특정 소프트웨어가 없으면 가동이 불가능한 경우에는 그 기계장치를 소프트웨어의 일부로 보아 무형자산으로 회계처리한다. (×) ⇒ 전체를 유형자산으로 본다.

03 무형자산의 인식

(1) 인식기준

어떤 항목을 무형자산으로 인식하기 위해서는 무형자산의 정의를 충족하면서 다음의 인식기준을 모두 충족해야 한다.

[무형자산의 인식기준]

1st 무형자산의 정의 충족	2nd 무형자산의 인식요건
① 식별가능성	① 자산에서 발생하는 미래경제적효익이 기업에 유입될 가능성이 높음
② 통제	② 자산의 원가를 신뢰성 있게 측정할 수 있음
③ 미래경제적효익의 존재	

① 미래경제적효익의 유입가능성

미래경제적효익이 기업에 유입될 가능성은 무형자산의 내용연수 동안 경제적 상황에 대한 경영자의 최선의 추정치를 반영하는 합리적이고 객관적인 가정에 근거하여 평가하여야 한다. 이 경우 미래경제적효익의 유입에 대한 확실성 정도에 대한 평가는 무형자산을 최초로 인식하는 시점의 이용 가능한 증거에 근거하며, 외부 증거에 비중을 더 크게 둔다.

② 자산의 원가를 신뢰성 있게 측정

무형자산은 그 특성상 자산이 증가하지 않거나 자산의 부분 대체가 이루어지지 않는 경우가 많다. 따라서 대부분의 취득이나 완성 후의 지출은 무형자산의 정의와 인식기준을 충족하기 보다는 기존 무형자산이 갖는 기대 미래경제적효익을 유지하는 것이 대부분이며, 사업 전체가 아닌 특정 무형자산에 직접 귀속시키기 어려운 경우가 많다. 그러므로 취득한 무형자산의 최초 인식 후 또는 내부적으로 창출한 무형자산의 완성 후 발생한 후속 지출이 자산의 장부금액으로 인식되는 경우는 매우 드물다.

Additional Comment

연예기획사는 소속 아이돌로부터 기대되는 미래경제적효익을 통제할 수 있다. 그러나 아이돌이 데뷔를 한다고 해서 모두 성공하는 것이 아니므로 미래경제적효익이 유입될 가능성이 높다고 보기 어렵다. 또한 무형자산으로 인식하기 위해서는 원가를 신뢰성 있게 측정할 수 있어야 하는데, 연습생 시절부터 이들을 훈련시키는 데 소요되는 원가를 신뢰성 있게 측정하는 것이 어려울 뿐만 아니라 그 원가들이 무형자산으로 인식할 수 있는 항목인지도 확실하지 않다. 따라서 연예기획사 입장에서는 소속 아이돌이 무형자산으로 인식되는 것은 적절하지 않다.

Self Study

무형자산으로 정의될 수 있는 3가지 조건을 충족한다고 해서 무조건 무형자산으로 인식할 수 있는 것은 아니다.

(2) 최초 측정

재무상태표에 인식하는 무형자산은 원가로 측정한다. 이때 원가란 자산을 취득하기 위하여 자산의 취득 시점이나 건설 시점에 지급한 현금 또는 현금성자산이나 제공한 기타 대가의 공정가치를 말한다. (⇒ 무형자산의 최초 인식금액은 유형자산의 경우와 동일하다.)

① 개별 취득

개별 취득하는 무형자산은 미래경제적효익이 유입될 시기와 금액이 불확실하더라도 기업에 미래경제적효익의 유입이 있을 것으로 기대하고 있어, 미래경제적효익이 유입될 가능성이 높다는 인식기준을 항상 충족한 것으로 본다.

일반적으로 무형자산을 개별 취득하기 위하여 지급하는 가격에는 그 자산이 갖는 기대 미래경제적효익이 기업에 유입될 확률에 대한 기대를 반영할 것이다. 기업은 미래경제적효익의 유입 시기와 금액이 불확실하더라도 미래경제적효익의 유입이 있을 것으로 기대한다. 왜냐하면 기업은 미래경제적효익이 기대되지 않는 무형자산을 취득하지 않을 것이기 때문이다. 그러므로 개별 취득하는 무형자산은 인식기준 중 자산에서 발생하는 미래경제적효익이 기업에 유입될 가능성이 높다는 것을 항상 충족하는 것으로 본다.

개별 취득하는 무형자산의 원가는 일반적으로 신뢰성 있게 측정할 수 있으며, 다음의 항목으로 구성된다.

[무형자산에 직접 관련된 원가의 예시 항목]

① 구입가격(매입할인과 리베이트를 차감하고 수입관세와 환급받을 수 없는 제세금을 포함)
② 자산을 의도한 목적에 사용할 수 있도록 준비하는 데 직접 관련되는 원가
   ㉠ 자산을 사용 가능한 상태로 만드는 데 직접적으로 발생하는 종업원급여
   ㉡ 자산을 사용 가능한 상태로 만드는 데 직접적으로 발생하는 전문가 수수료
   ㉢ 자산이 적절하게 기능을 발휘하는지 검사하는 데 발생하는 원가

정상적인 취득 과정에서 불가피하게 발생한 부대비용이 아니거나 미래경제적효익이 기업에 유입될 가능성이 불분명한 원가는 무형자산의 원가에 포함해서는 안 된다. 이렇게 무형자산의 원가에 포함되지 않는 지출의 예는 다음과 같다.

[무형자산에 직접 관련되지 않는 원가의 예시 항목]

① 새로운 제품이나 용역의 홍보원가(광고와 판매촉진활동 원가를 포함)
② 새로운 지역에서 또는 새로운 계층의 고객을 대상으로 사업을 수행하는 데서 발생하는 원가(교육훈련비를 포함)
③ 관리원가와 기타 일반경비원가

무형자산의 원가의 인식은 그 자산을 경영자가 의도하는 방식으로 운용될 수 있는 상태에 이르면 중지한다. 따라서 무형자산을 사용하거나 재배치하는 데 발생하는 원가는 무형자산의 장부금액에 포함하지 않는다. 그러므로 다음의 원가는 무형자산의 장부금액에 포함하지 않는다.

[무형자산의 원가에 포함되지 않는 원가의 예시 항목]

① 경영자가 의도하는 방식으로 운용될 수 있으나 아직 사용하지 않고 있는 기간에 발생한 원가
② 자산의 산출물에 대한 수요가 확립되기 전까지 발생한 손실과 같은 초기 영업손실
③ 무형자산을 사용하거나 재배치하는 데 발생하는 원가

무형자산의 개발과 관련된 영업활동 중에는 해당 자산을 경영자가 의도하는 방식으로 운영될 수 있는 상태에 이르도록 하는 데 반드시 필요하지 않은 활동도 있다. 이러한 부수적인 활동과 관련하여 발생한 수익이나 비용은 즉시 당기손익으로 인식한다.

무형자산에 대한 대금지급기간이 일반적인 신용기간보다 긴 경우 무형자산의 취득원가는 현금가격 상당액으로 한다. 이때 현금가격상당액과 실제 총 지급액과의 차액은 자본화 대상이 아닌 한 신용기간에 걸쳐 이자비용으로 인식한다.

Self Study

1. 무형자산의 취득원가는 무형자산의 인식기준이 모두 충족된 이후에 발생한 지출만 포함한다.
2. 오답유형: 최초의 비용으로 인식한 무형자산에 대한 지출은 그 이후에 무형자산이 인식요건을 만족하게 된 경우에 한하여 무형자산의 취득원가로 다시 인식할 수 있다. (×): 취득원가로 인식할 수 없다.

② 발생 시점에 비용으로 인식하는 지출

미래경제적효익을 얻기 위해 지출이 발생하더라도 인식할 수 있는 무형자산이나 다른 자산이 획득 또는 창출되지 않는다면, 그러한 지출은 발생 시점에 비용으로 인식한다. 발생 시점에 비용으로 인식하는 지출의 예는 다음과 같다.

> **발생 시점에 비용으로 인식하는 지출의 예**
>
> ① 사업개시활동에 대한 지출: 법적 실체를 설립하는 데 발생한 법적비용과 사무비용과 같은 설립원가, 새로운 시설이나 사업을 개시하기 위하여 발생한 지출(개업원가) 또는 새로운 영업을 시작하거나 새로운 제품이나 공정을 시작하기 위하여 발생하는 지출(신규영업준비원가)
> ② 교육훈련을 위한 지출
> ③ 광고 및 판매촉진 활동을 위한 지출(우편 주문 카탈로그 포함)
> ④ 기업의 전부나 일부의 이전 또는 조직 개편에 관련된 지출

③ 내부적으로 창출한 브랜드 등

내부적으로 창출한 브랜드, 제호, 출판표제, 고객 목록과 이와 실질이 유사한 항목은 무형자산으로 인식하지 않는다. 이는 사업을 전체적으로 개발하는 데 발생한 원가와 구별할 수 없으므로 무형자산으로 인식하지 아니한다. 다만, 브랜드, 고객 목록 등을 외부에서 대가로 지급하고 구입하는 경우에는 무형자산으로 인식한다.

그러나 브랜드, 제호, 출판표제, 고객 목록과 이와 실질이 유사한 항목에 대한 취득이나 완성 후의 지출은 외부에서 취득하였는지 또는 내부적으로 창출하였는지에 관계없이 발생 시점에 항상 당기손익으로 인식한다. 그 이유는 이러한 지출은 사업을 전체적으로 개발하기 위한 지출과 구분할 수 없기 때문이다.

[내부적으로 창출한 브랜드 등과 외부에서 구입한 브랜드 등의 구분]

구분	최초 인식	취득 or 완성 후의 지출
내부적으로 창출한 브랜드, 고객 목록 등	당기비용으로 인식	당기비용으로 인식
외부에서 구입한 브랜드, 고객 목록 등	무형자산으로 인식	

④ 교환에 의한 취득

하나 이상의 무형자산을 하나 이상의 비화폐성자산 또는 화폐성자산과 비화폐성자산이 결합된 대가와 교환하여 취득하는 경우, 다음 중 하나에 해당하는 경우를 제외하고는 무형자산의 취득원가는 제공한 자산의 공정가치로 측정한다. (⇒ 유형자산과 동일)

[교환거래에 상업적 실질이 없는 경우]

> ① 교환거래에 상업적 실질이 결여된 경우
> ② 취득한 자산과 제공한 자산의 공정가치를 둘 다 신뢰성 있게 측정할 수 없는 경우

취득한 자산을 제공한 자산의 공정가치로 측정하지 않는 경우에 취득원가는 제공한 자산의 장부금액으로 측정한다.

연습문제

2. 무형자산의 회계처리에 대한 설명으로 옳지 않은 것은?

① 무형자산을 최초로 인식할 때에는 원가로 측정한다.
② 무형자산이란 물리적 실체는 없지만 식별할 수 있는 비화폐성자산이다.
③ 내부적으로 창출한 영업권은 자산으로 인식하지 아니한다.
④ 계약상 권리 또는 기타 법적 권리는 그러한 권리가 이전 가능하거나 또는 기업에서 분리 가능한 경우 무형자산 정의의 식별가능성 조건을 충족한 것으로 본다
⑤ 무형자산으로 정의될 수 있는 조건을 충족한다고 해서 무조건 무형자산으로 인식할 수 있는 것은 아니다.

해설 --

계약상 권리 또는 기타 법적 권리가 존재하면 분리가능성의 충족 여부와 관계없이 식별가능성을 충족한 것으로 본다.

답 ④

해커스 IFRS 정윤돈 회계원리

CH 6

투자부동산과 무형자산

2. 무형자산 **245**

01 무형자산의 후속 측정의 의의

무형자산은 유형자산과 동일하게 회계정책으로 원가모형이나 재평가모형을 선택할 수 있다. 재평가모형을 적용하는 경우에는 같은 분류의 기타 모든 자산과 그에 대한 활성시장이 없는 경우를 제외하고는 동일한 방법을 적용하여 회계처리한다.

Additional Comment

> 무형자산에 재평가모형을 적용하기 위해서는 동 무형자산에 대한 활성시장이 존재하는 경우에만 가능하다. 우리나라에서는 무형자산의 활성시장이 존재하는 경우가 거의 없으므로 무형자산에 대해서 재평가모형을 적용하는 경우는 찾기 어려울 것으로 보인다.

02 원가모형

기업이 원가모형을 선택하였을 경우 무형자산의 매 보고기간 말 상각해야 한다. 최초 인식 후에 무형자산은 원가에서 상각누계액과 손상차손누계액을 차감한 금액을 장부금액으로 한다.

(1) 내용연수의 구분

무형자산도 유형자산처럼 내용연수 동안 상각을 한다. 그러나 일부 무형자산은 내용연수가 얼마나 되는지 추정하기 어렵다. 그러므로 무형자산을 상각하기 위해서는 우선 무형자산의 내용연수가 유한한지 또는 비한정인지 평가할 필요가 있다. 관련된 모든 요소의 분석에 근거하여, 그 자산이 순현금유입을 창출할 것으로 기대되는 기간에 대하여 예측 가능한 제한이 없다면, 무형자산의 내용연수가 비한정인 것으로 본다.

Additional Comment

> 무형자산의 내용연수가 유한한 경우에는 내용연수 동안 상각을 하지만, 무형자산의 내용연수가 비한정인 경우에는 상각을 하지 않는다. 이때 '비한정'이라는 용어는 '무한'을 의미하지는 않는다. 그 이유는 무형자산의 내용연수를 추정하는 시점에서 여러 가지 요인을 종합적으로 고려하여 볼 때 미래경제적효익의 지속연수를 결정하지 못할 뿐이지 미래경제적효익이 무한히 지속될 것으로 보는 것은 아니기 때문이다.

(2) 내용연수가 유한한 무형자산의 상각

① 내용연수

무형자산의 내용연수가 유한하다면 자산의 내용연수 기간이나 내용연수를 구성하는 생산량 및 이와 유사한 단위를 평가하여 내용연수를 결정한다.

계약상 권리 또는 기타 법적 권리로부터 발생하는 무형자산의 내용연수는 그러한 계약상 권리 또는 기타 법적 권리의 기간을 초과할 수는 없지만, 자산의 예상 사용기간에 따라 더 짧을 수는 있다. 만약 계약상 또는 기타 법적 권리가 갱신 가능한 한정된 기간 동안 부여된다면, 유의적인 원가 없이 기업에 의해 갱신될 것이 명백한 경우에만 그 갱신 기간을 무형자산의 내용연수에 포함한다.

이러한 무형자산의 내용연수는 경제적 요인과 법적 요인의 영향을 받는다. 경제적 요인은 자산의 미래경제적효익이 획득되는 기간을 결정하고, 법적요인은 기업이 그 효익에 대한 접근을 통제할 수 있는 기간을 제한한다. 이때 내용연수는 경제적 내용연수와 법적 내용연수 중에서 짧은 기간으로 한다.

② 잔존가치

내용연수가 유한한 무형자산의 잔존가치는 다음 중 하나에 해당하는 경우를 제외하고는 '0'으로 한다.

> ① 내용연수의 종료 시점에 제3자가 자산을 구입하기로 한 약정이 있다.
> ② 무형자산의 활성시장이 존재하고 그 활성시장에 기초하여 잔존가치를 결정할 수 있으며, 그러한 활성시장
>   이 내용연수의 종료 시점에 존재할 가능성이 높다.

무형자산의 잔존가치는 해당 자산의 장부금액과 같거나 큰 금액으로 증가할 수도 있다. 이 경우에는 자산의 잔존가치 이후에 장부금액보다 작은 금액으로 감소될 때까지는 무형자산의 상각액은 '0'이 된다.

③ 상각방법

내용연수가 유한한 무형자산의 상각대상금액은 내용연수 동안 체계적인 방법으로 배분하여야 한다. 무형자산의 상각방법은 자산의 경제적효익이 소비될 것으로 예상되는 형태를 반영한 방법이어야 하며, 이러한 상각방법에는 정액법, 체감잔액법과 생산량비례법이 있다. (⇒ 모든 방법 선택 가능.) 상각방법은 자산이 갖는 예상되는 미래경제적효익의 소비 형태에 기초하여 선택하고, 예상되는 미래경제적효익의 소비 형태가 달라지지 않는다면 매 회계기간에 일관성 있게 적용한다. 다만, 그 형태를 신뢰성 있게 결정할 수 없는 경우에는 정액법을 사용한다.

상각액은 다른 자산이 장부금액에 포함하도록 허용하거나 요구하는 경우를 제외하고는 당기손익으로 인식한다. 즉, 제조 과정에서 사용된 무형자산의 상각과 같이 다른 자산의 생산에 소모되는 경우에는 재고자산 등 다른 자산의 장부금액에 포함시킨다.

④ 상각의 개시와 중지

내용연수가 유한한 무형자산의 상각은 당해 무형자산이 **사용 가능한 때부터** (즉, 자산을 경영자가 의도하는 방식으로 운영할 수 있는 위치와 상태에 이르렀을 때부터) 시작한다.

무형자산의 상각은 매각예정비유동자산으로 분류되는 날과 자산이 재무상태표에서 제거되는 날 중 **이른 날**에 중지한다. 또한 무형자산은 그 자산을 사용하지 않을 때에도 상각을 중지하지 않는다. 다만, 완전히 상각한 경우에는 상각을 중지한다.

⑤ 상각기간과 상각방법, 잔존가치의 검토

무형자산의 상각기간과 상각방법 그리고 잔존가치는 적어도 매 회계연도 말에 검토한다. 검토 결과 상각기간, 상각방법 및 잔존가치를 변경하는 경우에는 회계추정치의 변경으로 보고 전진적으로 회계처리한다. 즉, 변경 연도부터 변경된 추정치를 이용하여 무형자산의 상각비를 계산한다.

(3) 내용연수가 비한정인 무형자산

내용연수가 비한정인 무형자산은 상각을 하지 않는다. 대신 매년 또는 무형자산의 손상을 시사하는 징후가 있을 때 회수가능액과 장부금액을 비교하여 손상검사를 수행하여야 한다.

기업은 매 회계기간에 내용연수가 비한정이라는 평가가 정당한지 검토하여야 한다. 사건과 상황이 그러한 평가를 정당화하지 않는 경우에는 비한정 내용연수를 유한 내용연수로 변경해야 하며, 이 경우 회계추정치의 변경으로 회계처리한다. 이와 같이 비한정 내용연수를 유한 내용연수로 재추정하는 것은 그 자산의 손상을 시사하는 하나의 징후가 된다. 따라서 손상검사를 하고 장부금액이 회수가능액을 초과하면 손상차손을 인식한다.

Self Study

다음의 경우에는 자산손상을 시사하는 징후가 있는지에 관계없이 회수가능액을 추정하고 손상검사를 한다. (⇒ 매년 그리고 손상을 시사하는 징후가 있을 때 손상검사를 한다.)
1. 내용연수가 비한정인 무형자산
2. 아직 사용할 수 없는 무형자산(예 사용 가능한 상태가 안 된 개발비)
3. 사업결합으로 취득한 영업권
4. 매각예정비유동자산

[무형자산의 상각 정리]

내용 연수	유한	상각 ○, 내용연수: MIN[경제적 내용연수, 법적 내용연수] 손상 징후가 있는 경우 손상검사를 수행
	비한정(≠ 무한)	상각 ×, 매년 또는 손상 징후가 있을 때 손상검사를 수행
상각 개시		사용 가능한 때부터 시작
상각 중지		매각예정비유동자산으로 분류되는 날과 재무상태표에서 제거되는 날 중 이른 날
상각방법		경제적효익이 소비되는 형태를 신뢰성 있게 결정할 수 없는 경우에는 정액법 사용 (요건 충족 시, 예외적으로 수익에 기초한 상각방법 적용 가능)
잔존가치		예외사항을 제외하고는 '0'으로 함
후속 측정		원가모형, 재평가모형 중 선택 가능(같은 분류 내의 무형자산 항목들을 동시에 재평가)

3. 내용연수가 유한한 무형자산의 상각에 대한 설명으로 가장 옳지 않은 것은?

① 상각기간과 상각방법은 적어도 매 회계연도 말에 검토하고, 자산의 예상 내용연수가 과거의 추정치와 다르다면 상각기간을 이에 따라 변경한다.

② 무형자산의 상각방법은 자산의 경제적효익이 소비될 것으로 예상되는 형태를 반영한 방법이어야 한다. 다만, 그 형태를 신뢰성 있게 결정할 수 없는 경우에는 정액법을 사용한다.

③ 상각은 무형자산이 매각예정비유동자산으로 분류되는 날과 재무상태표에서 제거되는 날 중 이른 날에 중지한다.

④ 제조 과정에서 사용된 무형자산의 상각액은 당기손익으로 인식한다.

⑤ 무형자산의 상각은 당해 무형자산이 사용 가능한 때부터 시작한다.

해설
제조 과정에서 사용된 무형자산의 상각액은 다른 자산의 생산에 소모되는 경우에는 재고자산 등 다른 자산의 장부금액에 포함시킨다.   답 ④

03 재평가모형

최초 인식 후에 재평가모형을 적용하는 무형자산은 재평가일의 공정가치에서 이후의 상각누계액과 손상차손누계액을 차감한 재평가금액을 장부금액으로 한다. 재평가 목적상 공정가치는 활성시장을 기초로 하여 측정한다. 재평가모형을 적용하는 경우 다음 사항은 허용하지 않는다.

① 이전에 자산으로 인식하지 않은 무형자산의 재평가
② 원가가 아닌 금액으로 무형자산을 최초로 인식

재평가모형을 적용하는 경우 최초 인식 후의 무형자산은 재평가일의 공정가치에서 상각누계액과 손상차손누계액을 차감한 금액을 장부금액으로 한다. 보고기간 말에는 무형자산의 장부금액이 공정가치와 중요하게 차이가 나지 않도록 주기적으로 재평가를 실시한다.

04 제거

무형자산은 다음의 각 경우에 재무상태표에서 제거하고, 제거로 인하여 발생하는 손익은 당해 자산을 제거할 때 당기손익으로 인식한다. (⇒ 유형자산과 동일하다.)

① 처분하는 때
② 사용이나 처분으로부터 미래경제적효익이 기대되지 않을 때

내부적으로 창출한 무형자산의 경우에는 다음과 같은 이유로 자산의 인식기준에 부합하는지 평가하기 쉽지가 않다.

> ① 기대 미래경제적효익을 창출할 식별 가능한 자산의 존재 유무와 시점 파악이 어렵다.
> ② 무형자산의 취득원가를 신뢰성 있게 결정하는 것이 어렵다.

그러므로 한국채택국제회계기준 기준서 제1038호는 내부적으로 창출한 무형자산은 무형자산의 인식과 최초 측정에 대한 일반 규정과 함께 추가적인 지침을 고려하여 내부적으로 창출한 무형자산을 회계처리 하도록 규정하고 있다.

Additional Comment

> 제약회사가 암 치료를 위한 신약 연구·개발을 할 경우 연구·개발 기간이 수년에 걸쳐 이루어지고 많은 금액이 소요되는데, 연구·개발을 위한 지출을 무형자산으로 인식할 것인지를 판단하는 것은 쉽지 않다. 그 이유는 당해 연도에 연구·개발 목적으로 지출한 금액이 미래경제적효익의 유입으로 이어질 것인지 불확실하기 때문이다.

01 연구단계와 개발단계의 구분

내부적으로 창출한 무형자산이 인식기준을 충족하는지를 평가하기 위하여 무형자산의 창출 과정을 연구단계와 개발단계로 구분해야 한다. 연구단계와 개발단계의 정의와 일반적인 예는 다음과 같다.

Additional Comment

> ① **연구단계**: 새로운 과학적, 기술적 지식이나 이해를 얻기 위해 수행하는 독창적이고 계획적인 탐구활동
> ② **개발단계**: 상업적인 생산이나 사용 전에 연구결과나 관련 지식을 새롭거나 현저히 개량된 재료, 장치, 제품 공정, 시스템이나 용역의 생산을 위한 계획이나 설계에 적용하는 활동

연구활동과 개발활동의 예는 다음과 같다.

> **연구활동의 예시 항목**
>
> ① 새로운 지식을 얻고자 하는 활동
> ② 연구결과나 기타 지식을 탐색, 평가, 최종 선택, 응용하는 활동
> ③ 재료, 장치, 제품, 공정, 시스템이나 용역에 대한 여러 가지 대체안을 탐색하는 활동
> ④ 새롭거나 개선된 재료, 장치, 제품, 공정, 시스템이나 용역에 대한 여러 가지 대체안을 제안, 설계, 평가, 최종 선택하는 활동

① 생산이나 사용 전의 시제품과 모형을 설계, 제작, 시험하는 활동
② 새로운 기술과 관련된 공구, 금형, 주형 등을 설계하는 활동
③ 상업적 생산 목적으로 실현 가능한 경제적 규모가 아닌 시험공장을 설계, 건설, 가동하는 활동
④ 신규 또는 개선된 재료, 장치, 제품, 공정, 시스템이나 용역에 대하여 최종적으로 선정된 안을 설계, 제작, 시험하는 활동

Additional Comment

무형자산을 창출하기 위한 내부 프로젝트의 연구단계에서는 미래경제적효익을 창출할 무형자산이 존재한다는 것을 제시할 수 없는 반면, 개발단계는 연구단계보다 훨씬 더 진전되어 있는 상태이기 때문에 어떤 경우에는 개발단계에서 무형자산을 식별할 수 있고, 그 무형자산이 미래경제적효익을 창출할 것임을 제시할 수 있다. 그러므로 내부 프로젝트가 어느 단계에 있는지 구분하는 것이 중요하다.

Self Study

무형자산을 창출하기 위한 내부 프로젝트를 연구단계와 개발단계로 구분할 수 없는 경우에는 그 프로젝트에서 발생한 지출은 모두 연구단계에서 발생한 것으로 본다.

연습문제

4. 〈보기〉는 ㈜서울의 연구, 개발과 관련된 자료이다. 〈보기〉와 관련하여 ㈜서울이 당기손익으로 인식할 연구비는? (단, 개발비로 분류되는 지출의 경우 개발비 인식요건을 충족한다고 가정한다.)

─────〈보기〉─────

(1) 새로운 지식을 얻고자 하는 활동의 지출 ₩10,000
(2) 새롭거나 개선된 재료, 장치, 제품, 공정, 시스템이나 용역에 대한 여러 가지 대체안을 제안, 설계, 평가, 최종 선택하는 활동의 지출 ₩10,000
(3) 생산이나 사용 전의 시제품과 모형을 설계, 제작, 시험하는 활동의 지출 ₩10,000
(4) 상업적 생산 목적으로 실현 가능한 경제적 규모가 아닌 시험공정을 설계, 건설, 가동하는 활동의 지출 ₩10,000
(5) 무형자산을 창출하기 위한 내부 프로젝트를 연구단계와 개발단계로 구분할 수 없는 경우 그 프로젝트에서 발생한 지출 ₩10,000

① ₩20,000
② ₩30,000
③ ₩40,000
④ ₩50,000
⑤ ₩60,000

당기손익으로 인식할 연구비: 30,000 = 10,000 + 10,000 + 10,000

(1) 연구활동: +10,000
(2) 연구활동: +10,000
(3) 개발활동: 무형자산으로 인식
(4) 개발활동: 무형자산으로 인식
(5) 연구활동: +10,000

답 ②

02 내부적으로 창출한 무형자산의 회계처리

내부 프로젝트의 연구단계에서는 미래경제적효익을 창출할 무형자산이 존재한다는 것을 제시할 수 없다. 따라서 내부 프로젝트의 연구단계에서 발생한 지출은 발생 시점에 비용으로 인식한다.

개발단계는 연구단계보다 훨씬 더 진전되어 있는 상태이기 때문에 어떤 경우에는 내부 프로젝트의 개발단계에서 무형자산을 식별할 수 있으며, 그 무형자산이 미래경제적효익을 창출할 것임을 제시할 수 있다. 그러므로 다음 사항을 모두 제시할 수 있는 경우에만 무형자산을 인식하고 그 이외의 경우에는 발생한 기간의 비용으로 인식한다.

[내부적으로 창출한 무형자산에 적용되는 엄격한 자산의 인식기준]

① 무형자산을 사용하거나 판매하기 위해 그 자산을 완성할 수 있는 기술적 실현가능성
② 무형자산을 완성하여 사용하거나 판매하려는 기업의 의도
③ 무형자산을 사용하거나 판매할 수 있는 기업의 능력
④ 무형자산이 미래경제적효익을 창출하는 방법, 그 중에서도 특히 무형자산의 산출물이나 무형자산 자체를 거래하는 시장이 존재함을 제시할 수 있거나 또는 무형자산을 내부적으로 사용할 것이라면 그 유용성을 제시할 수 있다.
⑤ 무형자산의 개발을 완료하고 그것을 판매하거나 사용하는 데 필요한 기술적, 재정적 자원 등의 입수가능성
⑥ 개발과정에서 발생한 무형자산 관련 지출을 신뢰성 있게 측정할 수 있는 기업의 능력

Self Study

개발단계에서 발생한 지출이 위의 인식기준을 충족하면 개발비의 과목으로 무형자산으로 인식하고 위의 인식기준을 충족하지 못하면 경상개발비의 과목으로 당기비용으로 인식한다.

03 내부적으로 창출한 무형자산의 원가

내부적으로 창출한 무형자산의 원가는 그 자산의 창출, 제조 및 경영자가 의도하는 방식으로 운영될 수 있게 준비하는 데 필요한 직접 관련된 모든 원가를 포함한다. 직접 관련된 원가의 예는 다음과 같다.

[내부적으로 창출한 무형자산에 직접 관련된 원가의 예시 항목]

① 무형자산의 창출에 사용되었거나 소비된 재료원가, 용역원가 등
② 무형자산의 창출을 위하여 발생한 종업원급여
③ 법적 권리를 등록하기 위한 수수료
④ 무형자산의 창출에 사용된 특허권과 라이선스의 상각비

그러나 다음 항목은 내부적으로 창출한 무형자산의 원가에 포함하지 아니한다.

[내부적으로 창출한 무형자산의 원가에 포함되지 않는 원가의 예시 항목]

① 판매비, 관리비 및 기타 일반경비 지출(다만, 자산을 의도한 용도로 사용할 수 있도록 준비하는 데 직접 관련된 경우는 제외)
② 계획된 성과를 달성하기 전에 발생한 명백한 비효율로 인한 자산 손실과 초기 영업손실
③ 자산을 운용하는 직원의 교육훈련과 관련된 지출

이미 무형자산의 인식기준을 충족하지 못하여 비용으로 인식한 지출은 그 이후에 무형자산의 원가로 인식할 수 없다.

연구와 개발활동의 목적은 지식의 개발에 있다. 그러므로 이러한 활동의 결과 시제품과 같은 물리적 형체가 있는 자산이 만들어지더라도, 그 자산의 물리적 요소는 무형자산 요소에 부수적인 것으로 본다. (⇒ 무형자산으로 본다.)

더하여 개발활동의 결과 산업재산권을 취득한 경우에는 산업재산권의 취득을 위하여 직접 지출된 금액만을 산업재산권의 원가로 인식한다. 따라서 개발비 미상각잔액은 산업재산권으로 대체할 수 없다.

Additional Comment

특허권과 개발활동은 일대일 대응이 되지 않는 경우가 많아 하나의 개발 프로젝트에서 여러 개의 산업재산권이 출원되기도 하며, 여러 개의 개발 과제가 하나의 산업재산권을 형성하기도 하므로 당해 산업재산권의 원가를 식별하기 어렵다. 또한, 개발비와 산업재산권은 효익이 기대되는 기간이 다를 수 있기 때문에 관련된 개발비 미상각잔액을 산업재산권으로 대체한다면 당초의 내용연수와 달라져 상각금액이 달라진다. 그러므로 개발비 미상각잔액은 산업재산권으로 대체할 수 없다.

Self Study

내부적으로 창출된 무형자산의 취득원가는 무형자산의 인식기준이 모두 충족된 이후에 발생한 지출만을 포함한다. 따라서 과거 보고기간의 재무제표나 중간재무제표에서 비용으로 인식한 지출은 그 이후의 기간에 무형자산 취득원가의 일부로 인식할 수 없다.

★ 사례연습 3. 내부적으로 창출한 무형자산

㈜세무의 신제품 개발활동으로 다음과 같이 연구·개발비가 발생하였다. 차입원가는 연구·개발활동과 관련된 특정 차입금에서 발생한 이자비용이다. 20×1년은 연구단계이고, 20×2년은 개발단계(무형자산의 인식요건을 충족함)에 속하는데, 20×2년 7월 1일에 프로젝트가 완료되어 제품 생산에 사용되었다. 무형자산(개발비)은 내용연수 5년, 잔존가치 ₩ 0, 정액법 상각(월할 상각)하며, 원가모형을 적용한다. 20×2년 12월 31일 무형자산(개발비)의 장부금액은?

내역	20×1년 1월 1일 ~ 20×1년 12월 31일	20×2년 1월 1일 ~ 20×2년 6월 30일
연구원 급여	₩ 40,000	₩ 30,000
시험용 원재료 사용액	₩ 25,000	₩ 20,000
시험용 기계장치 감가상각비	₩ 15,000	₩ 10,000

풀이

내역	20×1년 1월 1일 ~ 20×1년 12월 31일	20×2년 1월 1일 ~ 20×2년 6월 30일
연구원 급여	₩ 40,000	₩ 30,000
시험용 원재료 사용액	₩ 25,000	₩ 20,000
시험용 기계장치 감가상각비	₩ 15,000	₩ 10,000
합계	당기비용 처리 ₩ 80,000	개발비 처리 ₩ 60,000

⇒ 20×2년 개발비 상각비(20×2년 7월 1일 ~ 20×2년 12월 31일): $(60,000 - 0)/5 \times 6/12 = (6,000)$
⇒ 20×2년 말 개발비 BV: $60,000 - 6,000 = 54,000$

핵심 빈출 문장

01 부동산 중 일부는 시세차익을 얻기 위하여 보유하고, 일부분은 재화의 생산에 사용하기 위하여 보유하고 있으나, 이를 부분별로 나누어 매각할 수 없다면 재화의 생산에 사용하기 위하여 보유하는 부분이 경미한 경우에만 전체 부동산을 투자부동산으로 분류한다.

02 지배기업이 보유하고 있는 건물을 종속기업에게 리스하여 종속기업의 본사 건물로 사용하는 경우 그 건물은 지배기업의 연결재무제표상에서 투자부동산으로 분류할 수 없다.

03 무형자산을 창출하기 위한 내부 프로젝트를 연구단계와 개발단계로 구분할 수 없는 경우에 그 프로젝트에서 발생한 지출은 모두 연구단계에서 발생한 것으로 본다.

04 계약상 권리 또는 기타 법적 권리로부터 발생하는 무형자산의 내용연수는 그러한 계약상 권리 또는 법적 권리의 기간을 초과할 수 없지만, 자산의 예상 사용기간에 따라 더 짧을 수는 있다.

05 내용연수가 유한한 무형자산의 잔존가치가 장부금액을 초과하는 경우에는 상각을 중단한다.

06 내용연수가 비한정인 무형자산은 상각하지 아니한다. 다만 매년 그리고 무형자산의 손상을 시사하는 징후가 있을 때마다 회수가능액과 장부금액을 비교하는 손상검사를 수행하여 손상차손을 인식한다.

07 무형자산의 상각방법으로 정액법 이외의 방법을 사용할 수 있다.

08 무형자산의 사용을 포함하는 활동에서 창출되는 수익에 기초한 상각방법은 적절할 수도 있다.

09 내용연수가 유한한 무형자산은 그 자산을 더 이상 사용하지 않을 때도 상각을 중지하지 아니한다. 다만, 완전히 상각하거나 매각예정으로 분류되는 경우에는 상각을 중지한다.

10 연구와 개발활동으로 인하여 물리적 형체가 있는 자산이 만들어지는 경우 당해 자산의 물리적 요소는 인식요건을 충족하는 경우 무형자산으로 인식한다.

11 개별 취득하는 무형자산의 원가에는 자산을 의도한 목적에 사용할 수 있도록 준비하는 데 직접 관련되는 원가가 포함되며, 이러한 원가에는 그 자산이 적절하게 기능을 발휘하는지 검사하는 데 발생하는 원가가 포함된다.

12 내부적으로 창출한 무형자산의 원가는 인식기준을 최초로 충족시킨 이후에 발생한 지출금액의 합으로 하며, 이미 비용으로 인식한 지출도 무형자산의 원가로 인식할 수 없다.

13 미래경제적효익이 기업에 유입될 가능성은 무형자산의 내용연수 동안의 경제적 상황에 대한 경영자의 최선의 추정치를 반영하는 합리적이고 객관적인 가정에 근거하여 평가하여야 하며, 이용 가능한 증거는 외부 증거에 비중을 더 크게 둔다.

14 내부 프로젝트의 연구단계에서 미래경제적효익을 창출한 무형자산이 존재한다는 것을 제시할 수 있는 경우에도 비용으로 인식하며, 그렇지 못한 경우에는 내부 프로젝트의 연구단계에서 발생한 지출은 발생 시점에 비용으로 인식한다.

객관식 문제

01 투자부동산의 분류 1. → Ⅰ 투자부동산의 정의와 분류 ▶ 230p
투자부동산에 대한 설명으로 가장 옳지 않은 것은?

① 장기 시세차익을 얻기 위하여 보유하고 있는 토지는 투자부동산으로 분류한다.

② 장래 자가사용할지, 통상적인 영업 과정에서 단기간에 판매할지를 결정하지 못한 토지는 시세차익을 얻기 위하여 보유한다고 보아 투자부동산으로 분류한다.

③ 투자부동산은 기업이 보유하고 있는 다른 자산과는 거의 독립적으로 현금흐름을 창출한다는 점에서 자가사용부동산과 구별된다.

④ 부동산 중 일부분은 임대수익이나 시세차익을 얻기 위하여 보유하고, 일부분은 재화나 용역의 생산 또는 제공이나 관리 목적에 사용하기 위하여 보유하는 경우 동 부동산은 모두 투자부동산으로 분류한다.

⑤ 통상적인 영업 과정에서 단기간에 판매하기 위하여 보유하는 토지는 투자부동산에서 제외한다.

02 투자부동산의 후속 측정 1. → Ⅲ 투자부동산의 후속 측정 ▶ 234p
㈜한국은 20×1년 1월 1일 임대수익과 시세차익을 목적으로 건물을 ₩100,000,000(내용연수 10년, 잔존가치 ₩0, 정액법)에 구입하고, 해당 건물에 대해서 공정가치모형을 적용하기로 하였다. 20×1년 말 해당 건물의 공정가치가 ₩80,000,000일 경우 ㈜한국이 인식해야 할 평가손실은?

① 기타포괄손실 ₩10,000,000 ② 당기손실 ₩10,000,000

③ 기타포괄손실 ₩20,000,000 ④ 당기손실 ₩20,000,000

⑤ 정답 없음

03 투자부동산의 분류와 후속 측정

투자부동산의 회계처리에 대한 설명 중 가장 옳지 않은 것은?

① 투자부동산의 후속 측정방법으로 공정가치모형을 선택할 경우, 변동된 공정가치모형을 적용하여 감가상각비를 인식한다.

② 회사가 영업활동에 활용하지 않고, 단기적으로 판매하기 위하여 보유하지 않으며, 장기 시세차익을 얻을 목적으로 보유하는 토지는 투자부동산으로 분류한다.

③ 투자부동산에 대해서 공정가치모형을 적용할 경우, 공정가치 변동은 당기손익으로 인식한다.

④ 투자부동산의 취득원가는 투자부동산의 구입가격과 취득에 직접적으로 관련된 지출을 포함한다.

⑤ 투자부동산에 대하여 공정가치모형을 적용하지 않더라도 투자부동산의 공정가치에 대한 정보를 주석에 공시해야 한다.

04 무형자산의 인식

2. → Ⅰ → 03 무형자산의 인식 ▶ 242p

무형자산에 대한 설명으로 옳은 것은?

① 무형자산은 유형자산과 달리 재평가모형을 사용할 수 없다.

② 라이선스는 특정 기술이나 지식을 일정 지역 내에서 이용하기로 한 권리를 말하며, 취득원가로 인식하고 일정 기간 동안 상각한다.

③ 내부적으로 창출한 상호, 상표와 같은 브랜드, 네임은 그 경제적 가치를 측정하여 재무제표에 자산으로 기록하여 상각한다.

④ 영업권은 내용연수가 비한정이므로 상각하지 않는다.

⑤ 무형자산에 대하여 재평가모형을 적용하기 위해서는 동 무형자산에 대한 활성시장이 존재하지 않아도 가능하다.

05 무형자산의 인식

무형자산에 대한 설명으로 옳지 않은 것은?

① 연구단계에서 발생한 지출은 자산의 요건을 충족하는지를 합리적으로 판단하여 무형
   자산으로 인식 또는 발생한 기간의 비용으로 처리한다.
② 내부적으로 창출한 브랜드와 이와 실질이 유사한 항목은 무형자산으로 인식하지 아
   니한다.
③ 무형자산의 상각방법은 자산의 미래경제적효익이 소비되는 형태를 반영한 합리적인
   방법을 적용한다.
④ 무형자산은 물리적 실체는 없지만 식별 가능한 비화폐성 자산이다.
⑤ 무형자산의 내용연수가 비한정이라는 것은 무한을 의미하지는 않는다.

06 내부적으로 창출한 무형자산

**다음은 ㈜한국이 2015년 12월 31일에 지출한 연구 및 개발 활동 내역이다. ㈜한국이 2015
년에 비용으로 인식할 총 금액은? (단, 개발활동으로 분류되는 항목에 대해서는 지출 금액
의 50%가 자산의 인식요건을 충족했다고 가정한다.)**

(1) 새로운 지식을 얻고자 하는 활동 ₩ 100,000
(2) 생산이나 사용 전의 시제품과 모형을 제작하는 활동 ₩ 250,000
(3) 상업적 생산 목적으로 실현 가능한 경제적 규모가 아닌 시험공장을 건설하는 활동
   ₩ 150,000
(4) 연구결과나 기타 지식을 탐색, 평가, 응용하는 활동 ₩ 300,000
(5) 재료, 장치, 제품, 공정, 시스템이나 용역에 대한 여러 가지 대체안을 탐색하는 활동
   ₩ 50,000

① ₩ 450,000   ② ₩ 550,000
③ ₩ 650,000   ④ ₩ 700,000
⑤ ₩ 750,000

자산에 대한 설명으로 옳지 않은 것은?

① 유형자산의 감가상각방법은 적어도 매 회계연도 말에 재검토하고, 이를 변경할 경우 회계추정치의 변경으로 보아 전진법으로 회계처리한다.

② 유형자산에 대해 재평가모형을 적용하는 경우 최초 재평가로 인한 장부금액의 증가액은 당기손익이 아닌 기타포괄손익으로 회계처리한다.

③ 연구·개발과 관련하여 연구단계에서 발생한 지출은 당기비용으로 회계처리하고, 개발단계에서 발생한 지출은 무형자산의 인식기준을 모두 충족할 경우 무형자산으로 인식하고 그 외에는 당기비용으로 회계처리한다.

④ 투자부동산에 대해 공정가치모형을 적용하는 경우 감가상각비와 공정가치 변동으로 발생하는 손익은 모두 당기손익으로 회계처리한다.

⑤ 유형자산에 대하여 재평가모형을 적용하는 경우에도 감가상각은 수행한다.

객관식 문제 정답 및 해설

01 ④ 부동산 중 일부분은 임대수익이나 시세차익을 얻기 위하여 보유하고, 일부분은 재화나 용역의 생산 또는 제공이나 관리 목적에 사용하기 위하여 보유하는 경우 부분별로 분리하여 매각(또는 금융리스로 제공)할 수 있으면 각 부분을 분리하여 회계처리한다. 부분별로 분리하여 매각할 수 없다면 재화나 용역의 생산 또는 제공이나 관리 목적에 사용하기 위하여 보유하는 부분이 경미한 경우에만 해당 부동산을 투자부동산으로 분류한다.

02 ④

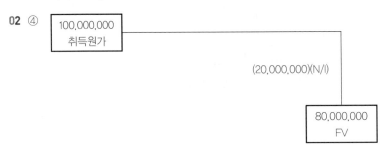

×1년 평가손실(N/I): 20,000,000 = 100,000,000 − 80,000,000

03 ① 투자부동산의 후속 측정방법으로 공정가치모형을 선택할 경우, 감가상각비를 인식하지 않는다.

> 참고 투자부동산 후속 측정 시 원가모형과 공정가치모형의 비교

구분	원가모형	공정가치모형
감가상각 여부	상각 ○	상각 ×
기말 평가 여부	평가 ×(FV 주석 공시)	평가 ○(평가손익 N/I 반영)
손상 인식 여부	손상차손 인식 ○	손상차손 인식 ×

04 ④ ▶ 오답체크
① 무형자산은 원가모형 또는 재평가모형을 선택하여 사용할 수 있다.
② 라이선스는 특정 기술이나 지식을 일정 지역 내에서 이용하기로 한 권리를 말하며, 무형자산 인식요건 충족 여부에 따라 다르게 처리한다.
③ 내부적으로 창출한 상호, 상표와 같은 브랜드, 네임은 자산으로 인식하지 않는다.
⑤ 무형자산에 대하여 재평가모형을 적용하기 위해서는 동 무형자산에 대한 활성시장이 존재하는 경우에만 가능하다.

05 ① 개발단계에서 발생한 지출은 자산의 요건을 충족하는지를 합리적으로 판단하여 무형자산으로 인식 또는 발생한 기간의 비용으로 처리한다.

06 ③ 비용으로 인식할 총 금액: 650,000 = 100,000 + 300,000 + 50,000 + [(250,000 + 150,000) × 0.5]
(1) 연구활동: +100,000
(2) 개발활동: +250,000 × 0.5
(3) 개발활동: +150,000 × 0.5
(4) 연구활동: +300,000
(5) 연구활동: +50,000

07 ④ 투자부동산에 대해 공정가치모형을 적용하는 경우 감가상각비는 인식하지 않는다.

cpa.Hackers.com

Chapter 7

충당부채

1 충당부채의 의의와 인식, 측정

I 충당부채의 의의

기업은 언제, 누구에게, 얼마를 지급해야 할지 몰라도 부채를 인식할 수 있다. 즉, 자원의 유출가능성이 높고 금액을 신뢰성 있게 추정할 수 있다면 언제, 누구에게 그 자원을 이전해야 할지 확정되어 있지 않더라도 부채를 인식해야 하는데, 이러한 부채를 충당부채라고 한다.

즉, 충당부채는 지출하는 시기 또는 금액이 불확실한 부채를 말한다. 과거 사건의 결과로 발생한 현재의무로서 지출의 시기 또는 금액이 불확실한 부채이지만, 미래경제적효익의 유출가능성이 높고, 해당 의무의 이행에 소요되는 금액을 신뢰성 있게 추정할 수 있어서 부채로 인식할 수 있는 항목을 충당부채라고 한다.

Additional Comment

자동차를 제조하여 판매하는 회사가 일정 기간 또는 일정 사용거리 내에서 판매한 자동차에 결함이 발견될 경우 고객에게 무상으로 수리나 교체 서비스를 제공할 경우 회사는 언제, 누구에게 무상 서비스를 제공할 것인지 확실하지 않더라도 미래에 서비스 제공에 따른 자원의 유출가능성이 높다고 판단되고, 그 금액을 신뢰성 있게 추정할 수 있다면 부채와 비용을 인식해야 한다. 이와 같이 추정한 부채를 충당부채라고 한다.

일반적으로 모든 충당부채는 결제에 필요한 지출의 시기 또는 금액이 불확실하므로 우발적이라고 할 수 있다. 그러나 기업이 전적으로 통제할 수 없는 하나 이상의 불확실한 미래 사건의 발생 여부로만 부채나 자산의 존재 여부를 확인할 수 있는데 이를 확인할 수 없어 재무제표에 부채나 자산으로 인식하지 않는 경우에 우발부채, 우발자산이라는 용어를 사용한다.

Self Study

1. 충당부채는 결제에 필요한 미래 지출의 시기 또는 금액에 불확실성이 있다는 점에서 매입채무나 미지급비용 등의 부채와 구별된다. 미지급비용도 지급 시기나 금액의 추정이 필요한 경우가 있지만 일반적으로 충당부채보다는 불확실성이 훨씬 작다.
2. 충당부채는 현재의무이고 이를 이행하기 위하여 경제적효익이 있는 자원을 유출할 가능성이 높으며 해당 금액을 신뢰성 있게 추정할 수 있으므로 부채로 인식한다. 충당부채는 반드시 재무제표에 부채로 인식한다. 그러나 우발부채나 우발자산은 재무제표에 자산이나 부채로 인식하지 않는다.

01 충당부채의 인식요건

충당부채는 다음의 요건을 모두 충족하는 경우에 인식한다.

[충당부채의 인식기준]

> ① 과거 사건의 결과로 현재의무(법적의무나 의제의무)가 존재한다.
> ② 해당 의무를 이행하기 위하여 경제적효익이 내재된 자원의 유출가능성이 높다.
> ③ 해당 의무의 이행에 소요되는 금액을 신뢰성 있게 추정할 수 있다.

위의 요건을 충족하지 못하여 충당부채로 인식할 수 없는 의무를 우발부채라고 한다. 우발부채는 구체적으로 다음에 해당하는 의무를 의미한다.

[우발부채의 정의]

> ① 과거 사건으로 생겼으나, 기업이 전적으로 통제할 수는 없는 하나 이상의 불확실한 미래 사건의 발생 여부로만 그 존재 유무를 확인할 수 있는 잠재적 의무
> ② 과거 사건으로 생겼으나, 다음의 경우에 해당하여 인식하지 않는 현재의무
>   ⊙ 해당 의무를 이행하기 위하여 경제적효익이 있는 자원을 유출할 가능성이 높지 않은 경우
>   ⓛ 해당 의무의 이행에 필요한 금액을 신뢰성 있게 추정할 수 없는 경우

충당부채의 인식요건

자원의 유출가능성	금액의 신뢰성 있는 추정가능성	
	추정 가능	추정 불가능(극히 드묾)
높음(50% 초과)	① 현재의무: 충당부채로 인식하고 공시 ② 잠재적 의무: 우발부채로 주석 공시	우발부채로 주석 공시
높지 않음	우발부채로 주석 공시	우발부채로 주석 공시
아주 낮음	공시하지 않음	

Additional Comment

충당부채는 부채의 인식요건을 충족하므로 재무상태표에 부채로 계상하고 포괄손익계산서에 당기손실을 반영한다. 반면에 우발부채는 부채의 인식요건을 충족하지 못하므로 재무제표 본문에 계상하지 못하고 주석으로 기재하는 것을 원칙으로 한다. 다만, 우발부채 중에서 자원의 유출가능성이 아주 낮은 경우에는 공시할 필요가 없다. 우발부채를 지속적으로 검토하여 과거에 우발부채로 처리하였더라도 미래경제적효익의 유출가능성이 높아진 경우에는 그러한 가능성의 변화가 발생한 기간의 재무제표에 충당부채로 인식한다.

(1) 현재의무

충당부채를 인식하기 위해서는 기업이 현재의무를 부담하고 있어야 한다. 현재의무에는 의무발생사건에 의해 발생한 법적의무와 의제의무가 모두 포함된다.

현재의무 구조	
현재의무 ① or ②로 성립	① 법적의무: 명시적 또는 암묵적 조건에 따른 계약, 법률 및 그 밖의 법적 효력에서 생기는 의무
	② 의제의무: 과거의 실무 관행, 발표된 경영방침 또는 구체적이고 유효한 약속 등을 통해 기업이 특정 책임을 부담하겠다는 것을 상대방에게 표명하여, 상대방이 당해 책임을 이행할 것이라는 정당한 기대를 가지게 되는 경우

Self Study

의무는 의무의 이행 대상이 되는 상대방이 존재하여야 한다. 그러나 의무의 상대방이 불특정 일반대중이 될 수도 있다. (즉, 현재의무가 성립되기 위해서 의무의 상대방이 누구인지 반드시 알아야 하는 것은 아니다.) 의무에는 반드시 상대방에 대한 확약이 포함되므로, 경영진이나 이사회의 결정이 보고기간 말이 되기 전에 충분히 구체적인 방법으로 전달되어 기업이 자신의 책임을 이행할 것이라는 정당한 기대를 상대방에게 갖도록 해야만 해당 결정이 의제의무를 생기게 하는 것으로 본다.

(2) 과거 사건

현재의무를 생기게 하는 과거 사건을 의무발생사건이라고 한다. 의무발생사건이 되기 위해서는 당해 사건으로부터 발생된 의무를 이행하는 것 외에는 실질적인 대안이 없어야 한다. 이러한 경우는 다음의 ① 또는 ②의 경우에만 해당된다.

> ① 의무의 이행을 법적으로 강제할 수 있는 경우
> ② 의제의무와 관련해서 기업이 당해 의무를 이행할 것이라는 정당한 기대를 상대방이 가지게 되는 경우

재무제표는 미래 시점의 예상 재무상태표가 아니라 보고기간 말의 재무상태를 표시하는 것이므로, 미래 영업에서 생길 원가는 충당부채로 인식하지 아니한다. 즉, 보고기간 말에 존재하는 부채만을 재무상태표에 인식한다.

① 복구의무

기업의 미래 행위(미래 사업 행위)와 관계없이 존재하는 과거 사건에서 생긴 의무만을 충당부채로 인식한다.

Additional Comment

환경오염으로 인한 범칙금이나 환경정화비용은 기업의 미래 행위에 관계없이 해당 의무를 이행해야 하므로 관련된 충당부채로 인식한다. 또한 유류보관시설이나 원자력 발전소 때문에 이미 일어난 피해에 대하여 기업은 미래 행위와 관계없이 복구할 의무가 있으므로 유류보관시설이나 원자력 발전소의 사후처리 원가와 관련된 충당부채를 인식한다.

어떤 사건은 발생 당시에는 현재의무를 생기게 하지 않지만 나중에 의무를 생기게 할 수 있다. 법률이 제정·개정되면서 의무가 생기거나 기업의 행위에 따라 나중에 의제의무가 생기는 경우가 있기 때문이다. 입법 예고된 법률의 세부 사항이 아직 확정되지 않은 경우에는 해당 법안대로 제정될 것이 거의 확실한 때에만 의무가 생긴 것으로 본다.

일어난 환경오염에 대하여 지금 당장 정화해야 하는 의무가 없는 경우에도 나중에 새로운 법률에서 그러한 환경오염을 정화하도록 요구하거나 기업이 그러한 정화의무를 의제의무로서 공개적으로 수용한다면, 해당 법률의 제정·개정 시점이나 기업의 공개적인 수용 시점에 그 환경오염을 일으킨 것은 의무발생사건이 된다.

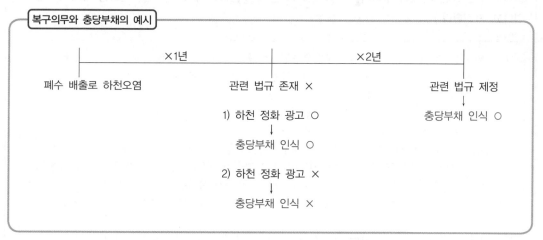

복구의무와 충당부채의 예시

② 설치의무

사업적 압력이나 법률 규정 때문에 공장에 특정 정화장치를 설치하는 지출을 계획하고 있거나 그런 지출이 필요한 경우에는 공장 운영방식을 바꾸는 등의 미래 행위로 미래의 지출을 회피할 수 있으므로 미래에 지출을 해야 하는 현재의무는 없다. 그러므로 이러한 경우 충당부채로 인식하지 않는다.

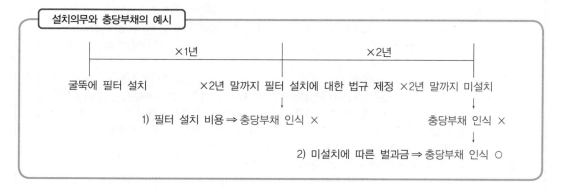

설치의무와 충당부채의 예시

③ 수선비

유형자산을 정기적으로 수선해야 하는 경우 미래에 발생할 수선비에 대해 현재 시점에서 비용을 인식하면서 수선충당부채로 인식할 수 없다. 그 이유는 기업은 해당 유형자산의 매각 등을 통하여 정기수선에 따른 미래의 지출을 회피할 수 있으므로 기업이 미래에 수행할 수선은 현재 부담해야 할 의무가 아니기 때문이다.

★★★ 사례연습 1. 충당부채의 인식요건(과거 사건의 결과로 존재하는 현재의무)

다음은 각 기업의 사례이다. 이 사례별로 20×1년 말 재무제표에 충당부채를 인식할 수 있는지 판단하시오. (단, 모든 사례에 대하여, 예상되는 유출금액은 중요하며, 그 금액을 신뢰성 있게 추정할 수 있다고 가정한다.)

(1) ㈜세계는 법률이 요구하는 경우에만 오염된 토지를 정화하는 정책을 가지고 있다. 이제까지는 오염된 토지를 정화해야 한다는 법규가 없었고, 따라서 ㈜세계는 지난 몇 년에 걸쳐 토지를 오염시켜 왔다. 그런데 이미 오염된 토지를 정화하는 것을 의무화하는 관계 법률이 연말 후에 곧 제정될 것이 20×1년 12월 31일 현재 거의 확실하다. 제정될 법률에 따라 오염된 토지를 정화하기 위한 추가 금액이 필요할 것으로 예상된다.

(2) ㈜클린은 기존의 법규에 따라 적정한 폐수처리시설을 운용하고 있다. 그런데 기존의 법규상 기준치보다 더 강화된 새로운 폐수처리에 대한 법규가 연말 이후에 곧 제정될 것이 20×1년 12월 31일 현재 거의 확실하다. 개정될 법규에 따라 추가 시설투자가 필요할 것으로 예상된다.

(3) ㈜포스포는 기술적인 이유로 용광로의 내벽을 4년마다 대체할 필요가 있다. 보고기간 말에 내벽은 2년 동안 사용하였다.

(4) ㈜에시이아나는 법률에 따라 항공기를 5년에 한 번씩 분해·수리하여야 한다.

풀이

(1) 토지정화비용 등의 환경과 관련된 지출이 현재의무가 되기 위해서는 과거에 환경오염을 발생시켰으며, 그러한 환경오염으로 인해 법적의무 또는 의제의무가 발생하여야만 한다. 이 경우 토지정화의 법규가 없었으므로 회사에게 법적인 의무는 발생하지 않았다. 그러나 이미 오염된 토지를 정화하는 것을 의무화하는 관계 법률이 연말 후에 곧 제정될 것이 기말 현재 거의 확실한 경우에는 현재의무를 발생시켰다고 볼 수 있다. 그러므로 과거의 오염이 법적의무를 발생시킨 것은 아니라고 하더라도 현재의무를 발생시킬 것이 거의 확실하므로 충당부채로 인식한다.

(2) 폐수처리시설과 관련한 지출 예상액이 현재의무가 되기 위해서는 환경오염이 과거에 발생하고 그에 따른 환경정화와 관련한 지출을 이행하는 것 외에는 현실적인 대안이 없어야 한다. 그러나 폐수처리시설과 관련된 환경오염은 과거에 발생한 것이 아니라 미래에 발생될 것이라 예상되는 오염이다. 또한 환경오염이 발생되지 않는 방식으로 공장을 운영한다면, 폐수처리시설과 관련된 지출이 반드시 발생하는 것도 아니므로(미래 행위에 독립적이지 않음) 현재의무에 해당하지 않는다. 그러므로 충당부채로 인식하지 않는다.

(3) 현재의무가 없으므로 충당부채로 인식하지 않는다.
   * 미래에 발생할 수선원가(수선비)는 법률적인 요구가 있는 경우든, 없는 경우든 충당부채로 인식하지 않는다. 수선유지가 필요한 자산을 매각하는 등 기업의 미래 행위로써 미래 지출을 회피할 수 있기 때문에 현재의무가 아니다.

(4) 현재의무가 없으므로 충당부채로 인식하지 않는다.
   * 미래에 발생할 수선원가(수선비)는 법률적인 요구가 있는 경우든, 없는 경우든 충당부채로 인식하지 않는다. 수선유지가 필요한 자산을 매각하는 등 기업의 미래 행위로써 미래 지출을 회피할 수 있기 때문에 현재의무가 아니다.

(3) 경제적효익이 있는 자원의 유출가능성

부채로 인식하기 위해서는 현재의무가 존재해야 할 뿐만 아니라 당해 의무의 이행을 위하여 경제적효익을 갖는 자원의 유출가능성이 높아야 한다. (특정 사건이 일어날 가능성이 일어나지 않을 가능성보다 높은 경우) 현재의무의 존재가능성이 높지 않은 경우에는 우발부채로 공시한다. 다만, 해당 의무를 이행하기 위하여 경제적효익이 있는 자원을 유출할 가능성이 희박한 경우에는 공시하지 않는다.

제품보증 또는 이와 유사한 계약 등 다수의 유사한 의무가 있는 경우 의무 이행에 필요한 자원의 유출가능성은 당해 유사한 의무 전체를 고려하여 결정한다. 비록 개별 항목의 의무 이행에 필요한 자원의 유출가능성이 높지 않더라도 전체적인 의무 이행을 위하여 필요한 자원의 유출가능성이 높을 경우에는 기타 인식기준이 충족된다면 충당부채로 인식한다.

★ 사례연습 2. 충당부채의 인식요건(경제적효익이 있는 자원의 유출가능성)

A사는 노트북을 제조·판매하는 회사로 제품에 하자가 발생하는 경우 무상으로 수리해주는 정책을 시행하고 있다. A사는 20×1년 중 제품 100,000대를 판매하였으며, 개별 제품에 하자가 발생하여 무상으로 수리해줄 가능성은 0.1%로 예상된다. A사는 동 거래와 관련하여 충당부채로 인식할 수 있는지 서술하시오.

[풀이]

충당부채로 인식할 수 있다.
판매한 제품에 하자가 발생할 가능성은 0.1%이지만 다수의 유사한 의무가 존재하므로 전체를 하나의 의무로 보아 자원의 유출가능성 여부를 판단한다. 동 거래는 100,000대의 0.1%에 해당하는 100대에 대하여 무상으로 수리해줄 가능성이 높으므로 충당부채로 인식하여야 한다.

---

(4) 신뢰성 있는 추정

추정치의 사용은 재무제표 작성에 반드시 필요하며 재무제표의 신뢰성을 떨어뜨리지 않는다. 충당부채의 특성상 재무상태표의 다른 항목보다 불확실성이 더 크기 때문에 극히 드문 경우를 제외하고는 가능한 결과의 범위를 판단할 수 있으므로 충당부채를 인식할 때 충분히 신뢰성 있는 금액을 추정할 수 있다. 극히 드문 경우로 신뢰성 있는 금액의 추정을 할 수 없을 때에는 부채로 인식하지 않고 우발부채로 공시한다.

02 우발부채

충당부채와 그 성격이 유사하지만 부채의 인식요건을 충족하지 못하여 재무상태표에 인식하지 못하는 의무를 우발부채라고 한다. 충당부채와 우발부채의 가장 큰 차이점은 재무상태표에 부채로 인식할 수 있는지의 여부이다.

우발부채는 재무제표에 인식하지 아니한다. 의무를 이행하기 위하여 경제적효익이 있는 자원을 유출할 가능성이 희박하지 않다면 우발부채로 주석에 공시한다.

우발부채는 처음에 예상하지 못한 상황에 따라 변할 수 있으므로, 경제적효익이 있는 자원의 유출가능성이 높아졌는지를 판단하기 위하여 우발부채를 지속적으로 평가한다. 과거에 우발부채로 처리하였더라도 미래경제적효익의 유출가능성이 높아진 경우에는 신뢰성 있게 추정할 수 없는 극히 드문 경우를 제외하고는 그러한 가능성 변화가 생긴 기간의 재무제표에 충당부채로 인식한다.

03 우발자산

우발자산은 과거 사건으로 생겼으나, 기업이 전적으로 통제할 수는 없는 하나 이상의 불확실한 미래 사건의 발생 여부로만 그 존재 유무를 확인할 수 있는 잠재적 자산을 말한다.

일반적으로 우발자산은 사전에 계획하지 않았거나 다른 예상하지 못한 사건으로 생기며, 그 사건은 경제적효익의 유입가능성을 불러온다. 기업이 제기하였으나 그 결과가 불확실한 소송을 예로 들 수 있다.

우발자산은 미래에 전혀 실현되지 않을 수도 있는 수익을 인식하는 결과를 가져올 수 있기 때문에 우발자산은 재무제표에 인식하지 아니한다. 그러나 우발부채와 마찬가지로 상황의 변화가 적절하게 재무제표에 반영될 수 있도록 우발자산을 지속적으로 평가하여 상황 변화로 수익의 실현이 거의 확실하다면 관련 자산은 우발자산이 아니므로 해당 자산을 재무제표에 인식하는 것이 타당하다.

또한, 경제적효익의 유입이 거의 확실한 것은 아니지만 경제적효익의 유입가능성이 높아진 경우에는 우발자산을 주석으로 공시한다. 우발자산을 주석 공시할 때에는 우발자산에서 수익이 생길 가능성이 있다는 오해를 주지 않도록 주의해야 한다.

우발자산의 인식		
자원의 유입가능성	금액의 신뢰성 있는 추정가능성	
	추정 가능	추정 불가능
거의 확실	재무상태표에 자산으로 인식	우발자산으로 주석 공시
높지만 거의 확실하지 않음	우발자산으로 주석 공시	우발자산으로 주석 공시
높지 않음	공시하지 않음	

1. 과거에 우발부채로 처리하였더라도 그 이후 상황 변화로 인하여 미래경제적효익의 유출가능성이 높아지고 금액을 신뢰성 있게 추정할 수 있는 경우에는 그러한 가능성의 변화가 발생한 기간에 충당부채로 인식한다.
2. 예상 이익의 경우 발생 가능성이 높지만 확실하지 않은 경우 우발자산으로 주석 공시, 거의 확실한 경우는 자산으로 인식한다.

연습문제

1. 충당부채에 대한 설명으로 옳지 않은 것은?

① 충당부채를 인식하기 위해서는 과거 사건의 결과로 현재의무가 존재하여야 한다.

② 충당부채를 인식하기 위한 현재의 의무는 법적의무로서 의제의무는 제외된다.

③ 충당부채의 인식요건 중 경제적효익이 있는 자원의 유출가능성이 높다는 것은 발생할 가능성이 발생하지 않을 가능성보다 더 높다는 것을 의미한다.

④ 충당부채를 인식하기 위해서는 과거 사건으로 인한 의무가 기업의 미래 행위와 독립적이어야 한다.

⑤ 우발부채는 재무제표에 인식하지 아니한다.

해설 --

충당부채를 인식하기 위한 현재의 의무는 법적의무와 의제의무이다.

참고 충당부채의 인식요건
(1) 과거 사건의 결과로 현재의무(법적의무나 의제의무)가 존재한다.
(2) 해당 의무를 이행하기 위하여 경제적효익이 내재된 자원의 유출가능성이 높다.
(3) 해당 의무의 이행에 소요되는 금액을 신뢰성 있게 추정할 수 있다.   답 ②

01 최선의 추정치

충당부채로 인식하는 금액은 현재의무를 보고기간 말에 이행하기 위하여 필요한 지출에 대한 최선의 추정치여야 한다.

Additional Comment

> 최선의 추정치란 보고기간 말에 의무를 이행하거나 제3자에게 이전하는 경우에 합리적으로 지급해야 하는 금액을 말한다.

충당부채로 인식하여야 하는 금액과 관련된 불확실성은 상황에 따라 판단한다. 다수의 항목과 관련되는 충당부채를 측정하는 경우에 해당 의무는 가능한 모든 결과에 관련된 확률을 가중평균하여 추정한다. 이러한 통계적 추정방법을 기댓값이라고 한다. 가능한 결과가 연속적인 범위에 분포하고 각각의 발생 확률이 같을 경우에는 해당 범위의 중간값을 사용한다.

기댓값의 예시

구입 후 첫 6개월 이내에 제조상 결함으로 생기는 수선비용을 보장하는 보증을 재화에 포함하여 판매하는 기업이 있다. 수선비용이 발생할 가능성이 다음과 같다고 가정한다.

상황	예상 수선비용	예상 확률
전혀 결함이 발생하지 않는 경우	–	75%
중요하지 않은 결함이 발생할 경우	₩120,000	20%
치명적인 결함이 발견되는 경우	₩480,000	5%

기업은 보증의무와 관련된 자원의 유출가능성을 해당 의무 전체에 대하여 평가한다. 이 경우 수선비용의 기댓값은 다음과 같이 계산한다.

⇒ 수선비용의 기댓값: (0 × 75%) + (120,000 × 20%) + (480,000 × 5%) = 48,000

하나의 의무를 측정하는 경우에는 가능성이 가장 높은 단일의 결과가 해당 부채에 대한 최선의 추정치가 될 수 있다. 그러나 그러한 경우에도 그 밖의 가능한 결과들을 고려한다. 만약 그 밖의 가능한 결과들이 가능성이 가장 높은 결과보다 대부분 높거나 낮다면 최선의 추정치도 높거나 낮은 금액일 것이다.

불확실성과 관련하여 충당부채로 인식하여야 하는 금액

충당부채 ─┬─ 다수의 항목과 관련된 경우: 가능한 모든 결과에 관련된 확률을 가중평균하여 추정
　　　　 └─ 하나의 의무를 측정하는 경우: 가능성이 가장 높은 단일의 결과로 추정

충당부채의 법인세효과와 그 변동은 한국채택국제회계기준 제1021호 '법인세'에 따라 회계처리하므로 충당부채는 세전 금액으로 측정한다.

02 위험과 불확실성

충당부채에 대한 최선의 추정치를 구할 때에는 관련된 여러 사건과 상황에 따르는 불가피한 위험과 불확실성을 고려한다. 위험은 결과의 변동성을 의미한다. 위험조정으로 부채의 측정금액이 증가할 수 있다. 그러나 불확실성을 이유로 과도한 충당부채를 계상하거나, 부채를 고의적으로 과대 표시하는 것은 정당화될 수 없다.

Additional Comment

불확실한 상황에서는 수익이나 자산을 과대 표시하거나 비용이나 부채를 과소 표시하지 않도록 유의하여야 한다. 예를 들어, 특별히 부정적인 결과에 대해 예상 원가를 신중하게 추정하였다고 해서 의도적으로 해당 결과의 발생 가능성이 실제보다 더 높은 것처럼 취급해서는 안 된다. 따라서 위험과 불확실성을 이중 조정하여 충당부채를 과대 표시하지 않도록 주의하여야 한다.

03 현재가치

충당부채는 미래의 예상되는 지출이므로 화폐의 시간가치가 중요할 수 있다. 이러한 경우 충당부채는 예상되는 지출액의 현재가치로 평가한다. 현재가치 평가 시 적용할 할인율은 부채의 특유한 위험과 화폐의 시간가치에 대한 현행 시장의 평가를 반영한 세전 이자율이다. 이 할인율에는 미래 현금흐름을 추정할 때 고려된 위험을 반영하지 않는다. 그 이유는 미래의 위험은 이미 현금흐름 추정액에 반영되기 때문에 할인율 추정 시 동 위험을 다시 고려할 필요가 없기 때문이다.

04 미래 사건

현재의무를 이행하기 위하여 필요한 지출 금액에 영향을 미치는 미래 사건이 일어날 것이라는 충분하고 객관적인 증거가 있는 경우에는 그 미래 사건을 고려하여 충당부채 금액을 추정한다.

새로운 법률의 제정이 거의 확실하다는 충분하고 객관적인 증거가 존재할 때 해당 법률의 영향을 고려하여 충당부채를 측정한다. 일반적으로 새로운 법률이 제정되기 전까지는 충분하고 객관적인 증거가 존재하지 않는다.

해커스 IFRS 정윤돈 회계원리 CH 7 충당부채

A사는 20×1년 말 안마의자를 2년간 무상수리하는 조건으로 판매하였다. 안마의자의 1대당 무상수리비용 예상액은 아래와 같이 추정되며, 모든 무상수리비용은 보고기간 말에 지출된다고 가정한다. 안마의자 1대당 20×2년 말의 무상수리비용과 20×3년 말의 무상수리비용이 모두 발생한다. A사가 20×1년 말에 판매한 안마의자가 모두 100대라고 가정할 경우 20×1년 말에 충당부채로 인식할 금액은 얼마인가? (단, 미래 현금흐름의 추정에 고려한 위험을 제외한 세전 이자율은 10%이고, 1기간 현가계수는 0.9091, 2기간 현가계수는 0.8264이다.)

구분	발생확률	20×2년 말	20×3년 말
하자가 없는 경우	70%	−	−
중요하지 않은 하자	20%	2,000	4,000
중요한 하자	10%	10,000	20,000

풀이

1. 1대당 무상수리비용 예상액
   1) 20×2년 말: (0 × 70%) + (2,000 × 20%) + (10,000 × 10%) = 1,400
   2) 20×3년 말: (0 × 70%) + (4,000 × 20%) + (20,000 × 10%) = 2,800
2. 20×1년 말 충당부채: (1,400 × 0.9091 × 100대) + (2,800 × 0.8264 × 100대) = 358,666

05 예상되는 자산의 처분이익

예상되는 자산의 처분이 충당부채를 생기게 한 사건과 밀접하게 관련되었더라도 예상되는 자산의 처분이익은 충당부채를 측정하는 데 고려하지 않는다. 예상되는 자산의 처분이익은 해당 자산과 관련된 회계처리를 다루는 한국채택국제회계기준에 규정하는 시점에 인식한다.

★ **사례연습** 4. 충당부채의 측정(예상되는 자산의 처분이익)

A사는 손해배상청구소송과 관련하여 충당부채로 인식할 최선의 추정치가 ₩10,000이다. 기업이 충당부채 의무를 이행하기 위해서는 현재 보유하고 있는 장부금액 ₩7,000의 토지를 처분하여야 하는데, 토지를 처분하는 경우 발생할 예상 처분이익은 ₩2,000이다. 이 경우 충당부채로 인식할 금액은 얼마인가?

풀이

충당부채로 인식할 금액은 ₩10,000이다. 관련 자산의 예상 처분이익은 충당부채 금액에 영향을 미치지 않는다.

06 미래 예상 영업손실

미래의 예상 영업손실은 충당부채로 인식하지 않는다. 그러나 미래에 영업손실이 예상되는 경우에는 영업과 관련된 자산이 손상되었을 가능성이 있으므로 기업회계기준 제1036호 '자산손상'에 따라 손상검사를 수행한다.

Additional Comment

부채는 과거 사건으로 생긴 현재의무로서, 기업이 가진 경제적효익이 있는 자원의 유출을 통해 그 이행이 예상되는 의무이다. 미래의 예상 영업손실은 이러한 부채의 정의에 부합하지 않고 충당부채의 인식기준도 충족하지 못한다.

핵심 빈출 문장

01 의제의무는 과거의 실무 관행, 발표된 경영방침 또는 구체적이고 유효한 약속 등을 통하여 기업이 특정 책임을 부담하겠다는 것을 상대방에게 표명하는 것만으로는 발생되지 않는다.

02 입법 예고된 법규의 세부 사항이 아직 확정되지 않은 경우에는 당해 법규안대로 제정될 것이 거의 확실한 때에만 의무가 발생한 것으로 본다.

03 어떤 사건이 실제로 발생하였는지 혹은 당해 사건으로 현재의무가 발생하였는지의 여부가 분명하지 아니한 경우에는 모든 이용 가능한 증거를 고려함으로써 보고기간 말 현재 의무가 존재하는지를 결정하여야 하며, 이때 고려해야 할 증거에는 보고기간후사건이 제공하는 추가적인 증거도 포함한다.

04 할인율은 화폐의 시간가치에 대한 현행 시장의 평가를 반영한 세전 이자율이다.

05 현재의무를 이행하기 위하여 소요되는 지출금액에 영향을 미치는 미래 사건이 발생할 것이라는 충분하고 객관적인 증거가 있는 경우에는 그러한 미래 사건을 감안하여 충당부채 금액을 추정한다.

06 예상되는 처분이 충당부채를 발생시킨 사건과 밀접하게 관련된 경우 당해 자산의 예상 처분이익은 충당부채를 측정하는 데 고려하지 않는다.

07 충당부채를 현재가치로 평가하여 표시하는 경우에는 장부금액을 기간 경과에 따라 증가시키고 해당 증가금액은 차입원가로 인식한다.

08 충당부채로 인식되기 위해서는 과거 사건으로 인한 의무가 기업의 미래 행위와 독립적이어야 한다. 따라서 불법적인 환경오염으로 인한 범칙금이나 환경정화비용의 경우에는 충당부채로 인식한다.

09 재무제표는 재무제표이용자들의 현재 및 미래 의사결정에 유용한 정보를 제공하는 데에 그 목적이 있다. 따라서 미래 영업을 위하여 발생하게 될 원가에 대해서 충당부채로 인식하지 않는다.

10 우발자산은 경제적효익이 유입될 것이 거의 확실하게 되는 경우에는 그러한 상황 변화가 발생한 기간의 재무제표에 그 자산과 관련 이익을 인식한다.

11 의무는 언제나 당해 의무의 이행 대상이 되는 상대방이 존재하게 된다. 그러나 의무의 상대방이 누구인지 반드시 알아야 하는 것은 아니며 경우에 따라서는 일반대중도 상대방이 될 수 있다.

객관식 문제

1. → Ⅱ 충당부채의 인식요건과 우발부채, 우발자산 ▶ 267p

01 충당부채의 인식

충당부채, 우발부채, 우발자산에 대한 설명으로 옳지 않은 것은?

① 우발자산은 경제적효익의 유입가능성이 높지 않은 경우에 주석으로 공시한다.

② 의무를 이행하기 위하여 경제적효익이 있는 자원을 유출할 가능성이 높지 않은 경우 우발부채를 주석으로 공시한다.

③ 우발부채와 우발자산은 재무제표에 인식하지 아니한다.

④ 현재의무를 이행하기 위하여 해당 금액을 신뢰성 있게 추정할 수 있고 경제적효익이 있는 자원을 유출할 가능성이 높은 경우 충당부채로 인식한다.

⑤ 기업의 미래 행위와 관계없이 존재하는 과거 사건에서 생긴 의무만을 충당부채로 인식한다.

1. → Ⅱ 충당부채의 인식요건과 우발부채, 우발자산 ▶ 267p

02 충당부채의 인식

충당부채와 우발부채에 대한 설명으로 옳지 않은 것은?

① 충당부채는 지출의 시기 또는 금액이 불확실한 부채이다.

② 충당부채와 우발부채 모두 재무상태표에 인식하지 않고 주석으로 공시한다.

③ 충당부채로 인식하기 위해서는 현재의무가 존재하여야 할 뿐만 아니라 당해 의무를 이행하기 위해 경제적효익이 내재된 자원의 유출가능성이 높아야 한다.

④ 현재의무를 이행하기 위한 자원의 유출가능성은 높으나 신뢰성 있는 금액의 추정이 불가능한 경우에는 우발부채로 공시한다.

⑤ 예상 이익의 경우 발생 가능성이 높지만 확실하지 않은 경우 우발자산으로 주석 공시한다.

03 충당부채의 인식

1. → Ⅱ 충당부채의 인식요건과 우발부채, 우발자산 ▶ 267p

2015년에 제품의 결함으로 인하여 피해를 입었다고 주장하는 고객이 ㈜한국을 상대로 손해배상청구소송을 제기하였다. 법률전문가는 2015년 재무제표가 승인되는 시점까지는 회사의 책임이 밝혀지지 않을 가능성이 높다고 조언하였다. 그러나 2016년 말 현재 ㈜한국에 소송이 불리하게 진행 중이며, 법률전문가는 ㈜한국이 배상금을 지급하게 될 가능성이 높다고 조언하였다. ㈜한국의 충당부채 또는 우발부채 인식과 관련된 설명으로 옳지 않은 것은?

① 충당부채는 현재의 의무가 존재하고, 경제적효익을 갖는 자원이 유출될 가능성이 높으며, 당해 금액을 신뢰성 있게 추정할 수 있을 경우에 인식한다.
② 2015년의 경우 현재의 의무가 없고, 배상금을 지급할 가능성이 아주 낮다고 하더라도 우발부채로 공시할 의무는 있다.
③ 2016년 말에는 현재의무가 존재하고 배상금에 대한 지급가능성이 높으므로, 배상금을 신뢰성 있게 추정할 수 있다면 충당부채를 인식해야 한다.
④ 만약 2016년 말에 배상금을 신뢰성 있게 추정할 수 없다면 이를 충당부채로 인식하지 않고 우발부채로 공시한다.
⑤ 정답 없음

04 충당부채의 측정

1. → Ⅲ 충당부채의 측정 ▶ 274p

충당부채에 대한 설명으로 가장 옳지 않은 것은?

① 보고기간 말마다 충당부채의 잔액을 검토하고, 보고기간 말 현재 최선의 추정치를 반영하여 조정한다.
② 충당부채와 관련하여 포괄손익계산서에 인식한 비용은 제3자의 변제와 관련하여 인식한 금액과 상계하여 표시할 수 없다.
③ 제3자가 지급하지 않더라도 기업이 해당 금액을 지급할 의무가 없는 경우에는 이를 충당부채에 포함하지 아니한다.
④ 충당부채를 현재가치로 평가하여 표시하는 경우에는 장부금액을 기간 경과에 따라 증액하고 해당 증가금액은 차입원가로 인식한다.
⑤ 현재의무를 이행하기 위하여 필요한 지출 금액에 영향을 미치는 미래 사건이 일어날 것이라는 충분하고 객관적인 증거가 있는 경우에는 그 미래 사건을 고려하여 충당부채의 금액을 추정한다.

객관식 문제 정답 및 해설

01 ① 우발자산은 경제적효익의 유입가능성이 거의 확실한 경우를 제외하고 주석으로 공시한다.

> 참고 우발자산의 인식

자원의 유입가능성	금액의 신뢰성 있는 추정가능성	
	추정 가능	추정 불가능
거의 확실	재무상태표에 자산으로 인식	우발자산으로 주석 공시
높지만 거의 확실하지 않음	우발자산으로 주석 공시	우발자산으로 주석 공시
높지 않음	공시하지 않음	

※ 과거에 우발자산으로 처리하였더라도 그 이후 상황 변화로 인하여 미래경제적효익의 유입가능성이 거의 확실하고 금액을 신뢰성 있게 추정할 수 있는 경우에는 그러한 가능성의 변화가 발생한 기간에 그 자산과 관련 이익을 인식한다.

02 ② (1) 충당부채는 재무제표에 인식한다.

(2) 우발부채는 재무제표에 인식하지 아니한다.

> 참고 충당부채와 우발부채의 비교

구분		충당부채	우발부채
잠재적 의무		해당사항 없음	잠재적 의무에 해당
현재의무	자원의 유출가능성	높음	높지 않음
	+	and	or
	신뢰성 있는 추정	추정 가능	추정 불가능
재무제표 공시		부채와 관련 비용 인식	자원의 유출가능성이 희박하지 않으면 주석 공시

※ 과거에 우발부채로 처리하였더라도 그 이후 상황 변화로 인하여 미래경제적효익의 유출가능성이 높아지고 금액을 신뢰성 있게 추정할 수 있는 경우에는 그러한 가능성의 변화가 발생한 기간에 충당부채로 인식한다.

03 ② 2015년의 경우 현재의 의무가 없고, 배상금을 지급할 가능성이 아주 낮으면 우발부채로 공시할 의무가 없다.

> 참고 보고기간후사건

구분	내용
수정을 요하는 보고기간후사건	보고기간 말에 존재하였던 상황에 대해 증거를 제공
수정을 요하지 않는 보고기간후사건	보고기간 후에 발생한 상황을 나타내는 사건

구분	보고기간 종료일 (×1년 말)	재무제표 발행승인일 (×2년 2월)	재무제표 수정 (×1년 F/S)
수정을 요하는 사건	존재	추가적인 증거	수정 ○
수정을 요하지 않는 사건	미존재	추가 발생한 상황	수정 ×

04 ② 충당부채와 관련하여 포괄손익계산서에 인식한 비용은 제3자의 변제와 관련하여 인식한 금액과 상계하여 표시할 수 있다.

참고 충당부채의 인식요건
(1) 과거 사건의 결과로 현재의무(법적의무나 의제의무)가 존재한다.
(2) 해당 의무를 이행하기 위하여 경제적효익이 내재된 자원의 유출가능성이 높다.
(3) 해당 의무의 이행에 소요되는 금액을 신뢰성 있게 추정할 수 있다.

참고 제3자와 연대하여 의무를 지는 경우

구분	내용	비고
연대보증의무	① 회사가 이행할 부분＋제3자가 이행 못하는 부분: 충당부채 ② 제3자가 이행할 부분: 우발부채	자원의 유출가능성이 높지 않은 경우 금융보증부채로 보증기간에 걸쳐 수익 인식

※ 제3자와 연대하여 의무를 지는 경우에는 이행할 전체 의무 중 제3자가 이행할 것으로 예상되는 부분을 우발부채로 처리한다. 신뢰성 있게 추정할 수 없는 극히 드문 경우를 제외하고는 해당 의무 중에서 경제적효익이 있는 자원의 유출가능성이 높은 부분에 대하여 충당부채로 인식한다.

참고 복구충당부채
(1) 개념: 자산을 제거, 해체하거나 부지를 복원하는 데 소요될 것으로 최초에 추정되는 원가에 따라 인식하는 부채
(2) 회계처리: 예상되는 복구원가의 현재가치로 평가하여 해당 금액을 유형자산의 원가에 가산

(차) 유형자산	××	(대) 현금	××
		복구충당부채	××

참고 복구충당부채: 예상되는 복구원가를 구입 시점의 시장 R로 할인한 PV

cpa.Hackers.com

Chapter 8

금융부채

1 금융부채의 정의와 분류

I 금융부채의 정의

01 금융상품

금융상품은 거래 당사자 어느 한쪽에게는 금융자산이 생기게 하고 동시에 거래 상대방에게 금융부채나 지분상품이 생기게 하는 모든 계약을 말한다. 그러므로 금융상품의 보유자는 금융상품을 금융자산으로 인식하며, 금융상품의 발행자는 거래의 실질에 따라 금융부채와 지분상품으로 분류하여 인식한다.

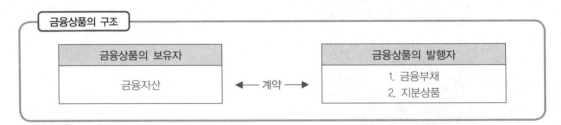

금융부채와 지분상품을 정의하면 다음과 같다.

[금융부채와 지분상품의 구분]

① 금융부채
  ㉠ 다음 중 하나에 해당하는 계약상 의무
   • 거래 상대방에게 현금 등 금융자산을 인도하기로 한 계약상 의무
   • 잠재적으로 불리한 조건으로 거래 상대방과 금융자산이나 금융부채를 교환하기로 한 계약상 의무
  ㉡ 기업자산의 지분상품(= 자기지분상품)으로 결제되거나 결제될 수 있는 다음 중 하나의 계약
   • 인도할 자기지분상품의 수량이 변동 가능한 비파생상품
   • 확정수량의 자기지분상품의 수량에 대하여 확정금액의 현금 등 금융자산을 교환하여 결제하는 방법이 아닌 방법으로 결제되거나 결제될 수 있는 파생상품
② 지분상품
  기업의 자산에서 모든 부채를 차감한 후의 잔여지분을 나타내는 모든 계약

02 금융부채의 정의

부채를 금융부채로 분류하기 위해서는 관련 의무가 계약에 기초하여 발생하여야 하고, 의무의 이행에는 현금 등 금융자산을 인도하여야 한다.

금융부채의 분류기준

① 현금 등 금융자산을 인도
② 관련 의무가 계약에 기초하여 발생

Additional Comment

계약에 의하지 않은 부채나 자산은 금융부채나 금융자산이 아니다. 그러므로 과세 당국에 납부할 당기법인세부채나 기준서 제1037호 '충당부채, 우발부채, 우발자산'에서 정의한 의제의무도 계약에서 발생한 것이 아니므로 금융부채가 아니다. 또한 계약에 기초하더라도 현금 등 금융자산을 인도할 의무이어야 금융부채로 분류한다. 선수수익, 선수금과 대부분의 품질보증의무와 같은 항목은 현금 등 금융자산을 인도할 의무가 아니라 재화나 용역을 인도해야 할 의무이기 때문에 금융부채에 해당되지 않는다.

II   금융부채의 분류

금융부채는 최초 인식 시점에서는 공정가치로 측정하지만 후속적으로 상각후원가로 측정하는 금융부채와 상각후원가로 측정하지 않고 별도의 후속 측정기준을 적용하는 금융부채로 분류한다. 또한 당기손익 – 공정가치 측정 금융부채로 지정하는 경우도 있다. 즉, 모든 금융부채는 다음을 제외하고는 후속적으로 상각후원가로 측정되도록 분류한다. 또한 금융부채는 재분류하지 않는다.

금융부채의 분류

① 상각후원가 측정 금융부채(AC금융부채)
② 상각후원가로 측정하지 않고 별도의 후속 측정기준을 적용하는 금융부채
   ⊙ 당기손익 – 공정가치 측정 금융부채(FVPL금융부채)
   ⓒ 금융자산의 양도가 제거조건을 충족하지 못하거나 지속적 관여접근법이 적용되는 경우 생기는 금융부채
   ⓒ 금융보증계약
   ⓔ 시장이자율보다 낮은 이자율로 대출하기로 한 약정
   ⓜ 기준서 제1103호 '사업결합'을 적용하는 사업결합에서 취득자가 인식하는 조건부 대가
	금융부채
	재분류 ×

---

2 상각후원가 측정 금융부채

금융부채는 당기손익 – 공정가치 측정 금융부채로 분류되지 않는 경우 상각후원가로 측정한다. 상각후원가 측정 금융부채에는 매입채무, 차입금, 사채 등이 있다. 이 중 1년 이내에 지급할 것으로 예상되는 매입채무 등은 유의적인 금융요소를 포함하지 않는다고 볼 수 있으므로 거래가격으로 측정할 수 있다. 상각후원가로 후속 측정하지 않는 금융부채에 대해서는 CHAPTER를 달리하여 설명하기로 하고 본 CHAPTER에서는 상각후원가로 측정하는 가장 대표적인 금융부채인 사채의 회계처리를 구체적으로 설명하고자 한다.

I 사채의 의의와 최초 인식

01 사채의 의의

사채란 주식회사가 자금을 조달하기 위하여 유가증권을 발행하여 불특정 다수로부터 자금을 차입하는 정형화된 부채를 말하며 회사채라고도 한다. 사채는 발행회사의 입장에서 상각후원가로 측정하는 가장 대표적인 금융부채이다.

사채의 기본요소는 사채 관련 현금흐름을 나타내는 것으로 다음과 같다.

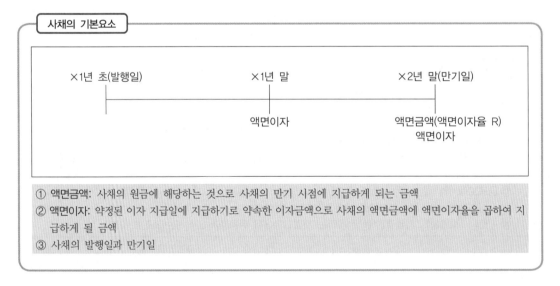

① **액면금액**: 사채의 원금에 해당하는 것으로 사채의 만기 시점에 지급하게 되는 금액
② **액면이자**: 약정된 이자 지급일에 지급하기로 약속한 이자금액으로 사채의 액면금액에 액면이자율을 곱하여 지급하게 될 금액
③ 사채의 발행일과 만기일

02 사채의 최초 인식

금융부채는 최초 인식 시 공정가치로 측정한다. 사채는 발행 시에 액면금액과 액면이자, 발행일 및 만기일, 시장이자율이 결정되어 있으므로 최초 인식 시점의 미래 현금유출액을 발행일의 시장이자율을 이용하여 산정한 현재가치가 발행일의 공정가치와 일치한다.

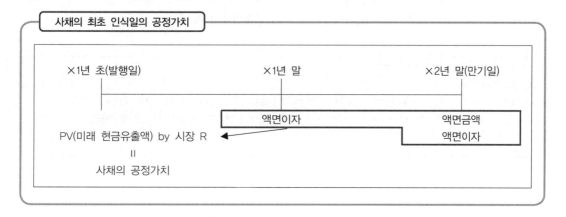

사채 발행일의 시장이자율은 당해 사채에 대하여 투자자들이 요구하는 수익률로 기준금리에 신용위험을 가산하여 결정된다.

> 시장이자율(채권수익률) = 기준금리(LIBOR금리 등) + 신용위험(위험프리미엄)

기업들은 자신들의 신용위험을 산정하기 위하여 신용평가기관에 사채의 신용등급평가를 의뢰한다. 각 신용등급에 따라 해당 기업의 신용위험이 다르게 결정된다. 동일한 일자에 동일한 조건의 사채를 발행하는 경우에는 어느 기업이든지 모두 동일한 기준금리를 부담하지만 신용위험이 기업마다 다르므로 시장이자율은 기업에 따라 다르게 결정된다. 따라서 동일한 일자에 동일한 조건으로 사채를 발행하는 경우에도 발행하는 기업의 사채 신용등급에 따라 사채의 발행금액이 다르게 결정된다.

사채의 발행금액은 사채의 미래 현금흐름을 현재의 시장이자율로 할인한 현재가치금액으로 한다는 것이다. 즉, 사채의 발행금액은 사채의 미래 현금흐름에 시장이자율에 해당하는 현재가치계수를 곱한 금액으로 계산된다. 현재가치계수는 이자율이 증가할수록 감소하므로, 시장이자율이 증가하면 사채의 발행금액인 현재가치는 감소하게 된다.

해커스 IFRS 정윤돈 회계원리

CH 8
금융부채

01 사채의 발행유형

사채의 발행금액은 사채의 미래 현금흐름에 시장이자율에 해당하는 현재가치계수를 곱한 금액으로 계산된다. 그러므로 사채의 발행금액 계산과정을 식으로 표현하면 다음과 같다.

> **사채의 발행금액 계산과정**
>
> 사채의 발행금액
> ① 액면이자 / (1 + 시장이자율) + 액면이자 / (1 + 시장이자율)^2 + ⋯ + (액면이자 + 액면금액) / (1 + 시장이자율)^n
> ② 액면이자 × 연금현가계수(사채 기간, 시장이자율) + 액면금액 × 현가계수(사채 기간, 시장이자율)
> * 액면이자 = 액면금액 × 액면이자율

사채의 발행금액은 액면이자율과 시장이자율의 관계에 의하여 결정된다. 시장이자율과 액면이자율에 따른 사채의 발행유형은 다음과 같다.

> **액면이자율과 시장이자율의 관계에 따른 사채의 발행유형**
>
> | 구분 | 이자율 간의 관계 | 액면금액과 발행금액의 관계 |
> | --- | --- | --- |
> | 액면발행 | 시장이자율 = 액면이자율 | 발행금액 = 액면금액 |
> | 할인발행 | 시장이자율 〉 액면이자율 | 발행금액 〈 액면금액 |
> | 할증발행 | 시장이자율 〈 액면이자율 | 발행금액 〉 액면금액 |

시장이자율은 사채의 수익률이므로 시장이자율과 액면이자율이 동일한 경우 사채의 미래 현금흐름을 시장이자율로 할인한 현재가치는 사채의 액면금액과 일치한다. 이러한 경우를 사채의 액면발행이라고 한다. 시장이자율이 액면이자율보다 높은 경우에는 사채의 액면이자율이 시장이자율보다 낮으므로 투자자는 사채의 상환기간 동안 시장이자율보다 덜 받게 되는 액면이자를 발행일에 덜 지급하려고 한다. 사채의 발행자는 발행일에 시장이자율과 액면이자율의 차액을 시장이자율로 할인한 현재가치에 해당하는 금액을 차감한 잔액만을 수령하게 된다. 그러므로 사채의 발행금액은 액면금액에 미달하게 되며, 이러한 경우를 할인발행이라고 한다. 이때 시장이자율과 액면이자율의 차액을 시장이자율로 할인한 현재가치는 사채할인발행차금이 된다.

시장이자율이 액면이자율보다 낮은 경우에는 발행자는 사채의 상환기간 동안 시장이자율보다 더 지급하게 되는 액면이자를 발행일에 더 받으려고 한다. 사채의 발행자는 발행일에 시장이자율과 액면이자율의 차액을 시장이자율로 할인한 현재가치에 해당하는 금액을 더 가산한 금액을 수령하게 된다. 따라서 사채의 발행금액은 액면금액을 초과하게 되며, 이러한 경우 할증발행이라고 한다. 이때 시장이자율과 액면이자율의 차액을 시장이자율로 할인한 현재가치는 사채할증발행차금이 된다.

사채의 액면이자율과 시장이자율이 같다면 사채는 액면금액으로 발행된다. 이를 액면발행이라고 한다. 사채를 액면발행하게 되면 매기 말 인식하는 이자비용은 액면이자와 동일하고 사채의 장부금액은 발행 시점에 액면금액으로 발행되어 매기 말 변동하지 않는다.

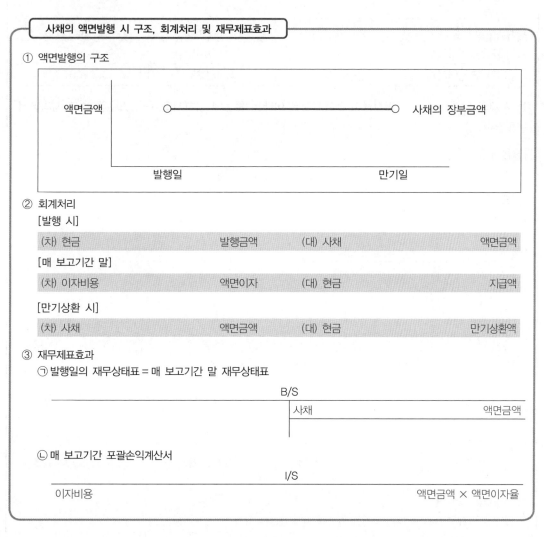

사채의 액면발행 시 구조, 회계처리 및 재무제표효과

① 액면발행의 구조

액면금액 ○━━━━━━━━━━━━━━━○ 사채의 장부금액

발행일   만기일

② 회계처리

[발행 시]

(차) 현금	발행금액	(대) 사채	액면금액

[매 보고기간 말]

(차) 이자비용	액면이자	(대) 현금	지급액

[만기상환 시]

(차) 사채	액면금액	(대) 현금	만기상환액

③ 재무제표효과

㉠ 발행일의 재무상태표 = 매 보고기간 말 재무상태표

B/S

	사채	액면금액

㉡ 매 보고기간 포괄손익계산서

I/S

이자비용	액면금액 × 액면이자율

A사는 20×1년 초에 만기 20×3년 말, 액면금액 ₩100,000, 액면이자율 연 8%, 이자 지급일은 매년 12월 31일, 만기상환일은 20×3년 12월 31일인 사채를 발행하였다.
관련 현가계수는 아래와 같다.

구분	이자율 8%	이자율 10%	이자율 6%
3기간 현가계수	0.79383	0.75131	0.83962
3기간 연금현가계수	2.57710	2.48685	2.67301

동 사채의 발행 당시 시장이자율이 8%인 경우 아래의 물음에 답하시오. (단, 소수점 첫째 자리에서 반올림한다.)

[물음 1]
동 사채의 발행 시부터 만기상환 시까지 회계처리를 보이시오.

[물음 2]
동 사채의 만기까지 A사가 인식할 총 이자비용을 구하시오.

풀이

[물음 1]
1. 회계처리
   [발행 시]

(차) 현금	100,000	(대) 사채[1]	100,000

   [1] (8,000 × 2.57710) + (100,000 × 0.79383) = 100,000

   [매 보고기간 말(20×1, 2, 3년 말)]

(차) 이자비용[2]	8,000	(대) 현금	8,000

   [2] 100,000 × 8% = 8,000

   [만기상환 시]

(차) 사채	100,000	(대) 현금	100,000

2. 재무제표 효과
   발행일의 재무상태표 = 매 보고기간 말 재무상태표(상환 전까지)

B/S

		사채	100,000

[물음 2]
사채의 만기까지 A사가 인식할 총 이자비용: 8,000 × 3년 = 24,000

(1) 사채의 할인발행 시 발행일의 회계처리

사채의 액면이자율이 시장이자율보다 낮다면 사채는 할인금액으로 발행될 것이며, 이를 할인발행이라고 한다. 사채는 일반적으로 정보이용자에게 유용한 정보를 제공하기 위하여 사채 계정을 액면금액으로 기록하며, 액면금액과 발행금액의 차액은 사채할인발행차금 계정으로 처리하는 것이 일반적이다. 사채할인발행차금은 사채의 차감계정으로 사채에서 차감하는 형식으로 표시한다. 사채에서 사채할인발행차금을 차감한 금액을 사채의 장부금액이라고 한다.

Additional Comment

사채할인발행차금은 재무상태표를 작성할 때 사채 계정에서 차감(표시)한다. 한국채택국제회계기준에서는 사채할인발행차금의 사용에 대해서 명시적 언급이 없기 때문에 사채할인발행차금 계정을 사용하지 않고 사채를 순액으로 계상할 수도 있다. 단, 사채할인발행차금의 잔액이나 사채할인발행차금의 상각액을 묻는 문제가 아니라면 사채할인발행차금을 사용한 총액법 회계처리와 사채할인발행차금을 사용하지 않는 순액법 회계처리의 사채의 장부금액이나 이자비용이 일치한다.

사채의 할인발행 시 구조, 발행일의 회계처리 및 재무제표효과

① 할인발행의 구조

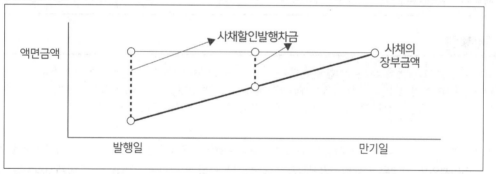

② 회계처리

[발행 시 – 순액법]

(차) 현금	발행금액	(대) 사채	PV(CF) by 시장 R

[발행 시 – 총액법]

(차) 현금	발행금액	(대) 사채	액면금액
사채할인발행차금	액면금액 – PV(CF) by 시장 R		

③ 발행일의 재무상태표

B/S

		사채	액면금액
		(사채할인발행차금)	(역산)
		사채 장부금액	PV(CF) by 시장 R

⇒ 매기 말 사채할인발행차금의 잔액: 액면금액 − PV(CF) by 시장 R

(2) 사채의 할인발행 시 매 보고기간 말의 회계처리

사채할인발행차금은 액면이자를 시장이자율보다 적게 지급함에 따른 대가를 투자자에게 미리 지급한 금액으로 이자와 동일한 성격이다. 사채할인발행차금은 사채의 상환기간에 걸쳐 유효이자율법에 따라 상각하여 이자비용에 가산한다.

Additional Comment

유효이자율법은 금융부채의 상각후원가를 계산하고 관련 기간에 이자비용을 당기손익으로 인식하고 배분하는 방법이다. 즉, 유효이자율을 이용하여 유효이자(= 기초 장부금액 × 시장이자율(or 유효이자율))를 이자비용으로 인식하고, 유효이자와 액면이자의 차이를 사채의 장부금액에 가감하는 방법이다. 사채의 할인발행하에서 유효이자는 매기 말 사채의 기초 장부금액이 증가하면서 매기 증가하게 된다.

Self Study

유효이자율은 금융부채의 기대존속기간에 추정 미래 현금 지급액의 현재가치를 금융부채의 상각후원가와 정확히 일치시키는 이자율을 말한다. 유효이자율은 거래원가를 차감한 사채의 발행금액과 사채의 미래 현금흐름의 현재가치를 일치시키는 이자율로 사채발행 시에 거래원가가 없다면 시장이자율과 유효이자율은 동일하다.

유효이자율법에서는 직전 이자 지급일의 장부금액에 유효이자율을 곱한 유효이자를 이자비용으로 인식하고, 액면이자와의 차액은 사채할인발행차금 상각액으로 인식한다. 또한 순액법으로 회계처리하는 경우에는 동 금액만큼 사채의 장부금액을 증가시킨다. 그러므로 매 보고기간 말 유효이자율법에 따라 인식한 이자비용에 포함되는 사채할인발행차금의 상각액은 사채의 장부금액 변동액과 일치한다.

┌─ **사채의 할인발행 시 매 보고기간 말의 구조, 회계처리 및 재무제표효과** ─┐

① 할인발행의 구조

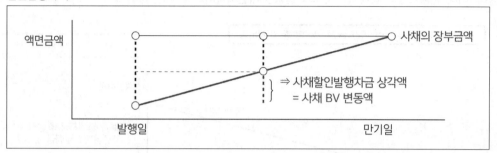

② 회계처리

[매 보고기간 말 – 순액법]

(차) 이자비용	기초 BV × 유효 R	(대) 현금	액면이자
		사채	기말 BV – 기초 BV

[매 보고기간 말 – 총액법]

(차) 이자비용	기초 BV × 유효 R	(대) 현금	액면이자
		사채할인발행차금	대차차액

⇒ 매 보고기간 말 사채할인발행차금 상각액: 기말 사채의 장부금액 – 기초 사채의 장부금액

③ 매 보고기간 말의 재무제표

㉠ 매 보고기간 말 재무상태표

B/S

	사채	액면금액
	(사채할인발행차금)	(역산)
	사채 장부금액	A

⇒ 기말 사채의 장부금액 산정방법

1) PV(잔여기간의 CF) by 취득 시 유효 R
2) 기초 사채의 장부금액 × (1 + 유효 R) – 액면이자
3) 기초 사채의 장부금액 + (유효이자 – 액면이자)

㉡ 매 보고기간 포괄손익계산서

I/S

이자비용	기초 사채의 장부금액 × 유효 R × 보유기간/12
	or
	액면이자 + (기말 사채의 장부금액 – 기초 사채의 장부금액)

사채의 상환기간 동안 사채의 발행금액보다 더 지급하는 금액은 성격적으로 모두 이자에 해당하므로 사채의 발행자가 상환기간 동안에 인식할 총 이자비용은 액면이자의 합계액과 사채할인발행차금의 합이나 사채의 미래 현금흐름의 합계액 – 사채의 발행금액(현재가치)으로 계산된다.

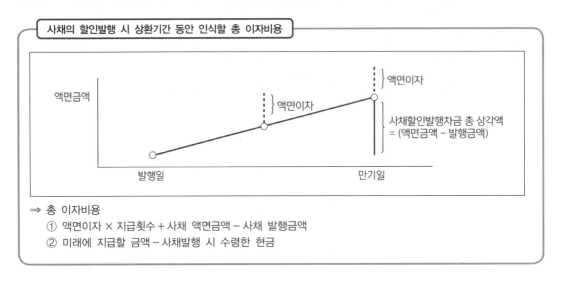

⇒ 총 이자비용
① 액면이자 × 지급횟수 + 사채 액면금액 – 사채 발행금액
② 미래에 지급할 금액 – 사채발행 시 수령한 현금

(3) 사채의 할인발행하에서 만기상환 시의 회계처리

사채의 상환기간 동안 매 보고 기간 말 유효이자율법에 따라 사채할인발행차금을 상각하면 만기 시점에는 사채할인발행차금은 모두 상각되어 잔액이 '0'이 된다. 순액법의 경우 매 보고기간 말에 유효이자율법에 따라 사채의 장부금액이 증가하여 만기 시점에는 사채의 장부금액이 액면금액과 동일하여진다. 그러므로 만기 시점에 상환 시 회계처리는 액면발행과 동일하다.

★ 사례연습 2. 사채의 할인발행

A사는 20×1년 초에 만기 20×3년 말, 액면금액 ₩100,000, 액면이자율 연 8%, 이자 지급일은 매년 12월 31일, 만기상환일은 20×3년 12월 31일인 사채를 발행하였다.
관련 현가계수는 아래와 같다.

구분	이자율 8%	이자율 10%	이자율 6%
3기간 현가계수	0.79383	0.75131	0.83962
3기간 연금현가계수	2.57710	2.48685	2.67301

동 사채의 발행 당시 시장이자율이 10%인 경우 아래의 물음에 답하시오. (단, 소수점 첫째 자리에서 반올림한다.)

[물음 1]
동 사채의 발행 시부터 만기상환 시까지 회계처리를 보이시오.

[물음 2]
동 사채의 만기까지 A사가 인식할 총 이자비용을 구하시오.

__풀이__

[물음 1]
1. 발행일
(1) 회계처리
[발행 시 - 순액법]

(차) 현금	95,026	(대) 사채[1]	95,026

[1] $(8,000 \times 2.48685) + (100,000 \times 0.75131) = 95,026$

[발행 시 - 총액법]

(차) 현금	95,026	(대) 사채	100,000
사채할인발행차금	4,974		

(2) 발행일의 재무상태표

		B/S	
		사채	100,000
		(사채할인발행차금)	(4,974)
		사채 장부금액	95,026

⇒ 발행일의 사채할인발행차금 잔액: 100,000 − 95,026 = 4,974

2. 매 보고기간 말
(1) 20×1년 말
  1) 회계처리
  [매 보고기간 말 - 순액법]

(차) 이자비용[2]	9,503	(대) 현금	8,000
		사채	1,503

[2] $95,026 \times 10\% = 9,503$

  [매 보고기간 말 - 총액법]

(차) 이자비용	9,503	(대) 현금	8,000
		사채할인발행차금	1,503

  2) 20×1년 말 재무상태표

		B/S	
		사채	100,000
		(사채할인발행차금)	(3,471)
		사채 장부금액	96,529

⇒ 기말 사채의 장부금액 산정방법
  ① PV(잔여기간의 CF) by 취득 시 유효 R: $(8,000/1.1) + (108,000/1.1^2) = 96,529$
  ② 기초 사채의 장부금액 × (1 + 유효 R) − 액면이자: $[95,026 \times (1 + 10\%)] - 8,000 = 96,529$
  ③ 기초 사채의 장부금액 + (유효이자 − 액면이자): $95,026 + (9,503 - 8,000) = 96,529$
⇒ 20×1년 말 사채할인발행차금 상각액: $96,529 - 95,026 = 1,503$

3) 20×1년 포괄손익계산서

	I/S
이자비용	기초 사채의 장부금액 × 유효 R × 보유기간/12
	95,026 × 10% = 9,503
	or
	액면이자 + (기말 사채의 장부금액 − 기초 사채의 장부금액)
	8,000 + (96,529 − 95,026) = 9,503

(2) 20×2년 말

1) 회계처리

[매 보고기간 말 − 순액법]

(차) 이자비용[3]	9,653	(대) 현금	8,000
		사채	1,653

[3] 96,529×10% = 9,653

[매 보고기간 말 − 총액법]

(차) 이자비용	9,653	(대) 현금	8,000
		사채할인발행차금	1,653

2) 20×2년 말 재무상태표

	B/S	
	사채	100,000
	(사채할인발행차금)	(1,818)
	사채 장부금액	98,182

⇒ 기말 사채의 장부금액 산정방법

① PV(잔여기간의 CF) by 취득 시 유효 R: 108,000/1.1 = 98,182

② 기초 사채의 장부금액 × (1 + 유효 R) − 액면이자: [96,529 × (1 + 10%)] − 8,000 = 98,182

③ 기초 사채의 장부금액 + (유효이자 − 액면이자): 96,529 + (9,653 − 8,000) = 98,182

⇒ 20×2년 말 사채할인발행차금 상각액: 98,182 − 96,529 = 1,653

3) 20×2년 포괄손익계산서

	I/S
이자비용	기초 사채의 장부금액 × 유효 R × 보유기간/12
	96,529 × 10% = 9,653
	or
	액면이자 + (기말 사채의 장부금액 − 기초 사채의 장부금액)
	8,000 + (98,182 − 96,529) = 9,653

(3) 20×3년 말

1) 회계처리

[매 보고기간 말 − 순액법]

(차) 이자비용[4]	9,818	(대) 현금	8,000
		사채	1,818

[4] 98,182 × 10% = 9,818

[매 보고기간 말 – 총액법]

(차) 이자비용	9,818	(대) 현금	8,000
		사채할인발행차금	1,818

2) 20×3년 말 재무상태표

B/S

	사채	100,000
	(사채할인발행차금)	(—)
	사채 장부금액	100,000

⇒ 기말 사채의 장부금액 산정방법
　① 기초 사채의 장부금액 × (1 + 유효 R) – 액면이자: [98,182 × (1 + 10%)] – 8,000 = 100,000
　② 기초 사채의 장부금액 + (유효이자 – 액면이자): 98,182 + (9,818 – 8,000) = 100,000
⇒ 20×3년 말 사채할인발행차금 상각액: 100,000 – 98,182 = 1,818

3) 20×3년 포괄손익계산서

I/S

이자비용	기초 사채의 장부금액 × 유효 R × 보유기간/12
	98,182 × 10% = 9,818
	or
	액면이자 + (기말 사채의 장부금액 – 기초 사채의 장부금액)
	8,000 + (100,000 – 98,182) = 9,818

3. 만기상환 시
1) 회계처리
[20×3년 말 – 순액법, 총액법 동일]

(차) 사채	100,000	(대) 현금	100,000

[물음 2]
사채의 만기까지 A사가 인식할 총 이자비용: (8,000 × 3년) + 100,000 – 95,026 = 28,974

1. ㈜한국은 20×1년 1월 1일에 액면금액 ₩ 1,000,000, 표시이자율 연 8%, 이자 지급일 매년 12월 31일, 만기 3년인 사채를 할인발행하였다. 만기까지 상각되는 연도별 사채할인발행차금 상각액은 다음과 같다.

20×1. 12. 31.	20×2. 12. 31.	20×3. 12. 31.
₩ 15,025	₩ 16,528	₩ 18,195

이에 대한 설명으로 옳지 않은 것은?

① 20×2년 12월 31일에 인식할 이자비용은 ₩ 96,528이다.
② 20×1년 1월 1일 사채의 발행금액은 ₩ 950,252이다.
③ 이 사채의 표시이자율은 유효이자율보다 낮다.
④ 이 사채의 발행기간에 매년 인식하는 이자비용은 동일한 금액이다.
⑤ 이 사채의 발행기간에 발생한 총 이자비용은 ₩ 289,748이다.

해설

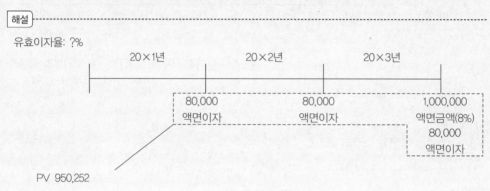

이 사채의 발행기간에 매년 인식하는 이자비용은 매년 증가한다.

▶ 오답체크
① ×2년 말 이자비용: 96,528
= 액면이자 (1,000,000 × 8%) + 상각액 16,528
② ×1년 초 발행금액(역산): 950,252
= 액면금액 1,000,000 − Σ상각액 (18,195 + 16,528 + 15,025)
③ 상각액이 증가하므로 할인발행이며, 할인발행의 표시이자율은 유효이자율보다 낮다.

참고 액면이자율과 시장이자율의 관계에 따른 사채의 발행유형

구분	이자율 간의 관계	액면금액과 발행금액의 관계
액면발행	시장이자율 = 액면이자율	발행금액 = 액면금액
할인발행	시장이자율 〉 액면이자율	발행금액 〈 액면금액
할증발행	시장이자율 〈 액면이자율	발행금액 〉 액면금액

⑤ 총 이자비용: 289,748 = (1,000,000 − 950,252) + (80,000 × 3년)   답 ④

(1) 사채의 할증발행 시 발행일의 회계처리

사채의 액면이자율이 시장이자율보다 높다면 사채는 할증금액으로 발행될 것이며, 이를 할증발행이라고 한다. 사채는 일반적으로 정보이용자에게 유용한 정보를 제공하기 위하여 사채 계정을 액면금액으로 기록하며, 액면금액과 발행금액의 차액은 사채할증발행차금 계정으로 처리하는 것이 일반적이다. 사채할증발행차금은 사채의 가산계정으로 사채에 가산하는 형식으로 표시한다. 사채에서 사채할증발행차금을 가산한 금액을 사채의 장부금액이라고 한다.

Additional Comment

사채할증발행차금은 재무상태표를 작성할 때 사채 계정에서 가산(표시)한다. 한국채택국제회계기준에서는 사채할증발행차금의 사용에 대해서 명시적 언급이 없기 때문에 사채할증발행차금 계정을 사용하지 않고 사채를 순액으로 계상할 수도 있다. 단, 사채할증발행차금의 잔액이나 사채할증발행차금의 상각액을 묻는 문제가 아니라면 사채할증발행차금을 사용한 총액법 회계처리와 사채할증발행차금을 사용하지 않는 순액법 회계처리의 사채의 장부금액이나 이자비용이 일치한다.

사채의 할증발행 시 구조, 발행일의 회계처리 및 재무제표효과

① 할증발행의 구조

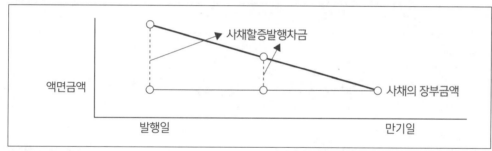

② 회계처리

[발행 시 - 순액법]

(차) 현금	발행금액	(대) 사채	PV(CF) by 시장 R

[발행 시 - 총액법]

(차) 현금	발행금액	(대) 사채	액면금액
		사채할증발행차금	액면금액 - PV(CF) by 시장 R

③ 발행일의 재무상태표

B/S	
사채	액면금액
사채할증발행차금	역산
사채 장부금액	PV(CF) by 시장 R

⇒ 매기 말 사채할증발행차금의 잔액: PV(CF) by 시장 R - 액면금액

(2) 사채의 할증발행 시 매 보고기간 말의 회계처리

사채할증발행차금은 액면이자를 시장이자율보다 많이 지급함에 따른 대가를 투자자에게 미리 수령한 금액으로 이자와 동일한 성격이다. 사채할증발행차금은 사채의 상환기간에 걸쳐 유효이자율법에 따라 상각하여 이자비용에서 차감한다.

유효이자율법에서는 직전 이자 지급일의 장부금액에 유효이자율을 곱한 유효이자를 이자비용으로 인식하고, 액면이자와의 차액은 사채할증발행차금 상각액으로 인식한다. 또한 순액법으로 회계처리하는 경우에는 동 금액만큼 사채의 장부금액을 감소시킨다. 그러므로 매 보고기간 말 유효이자율법에 따라 인식한 이자비용에 고려되는 사채할증발행차금의 상각액은 사채의 장부금액 변동액과 일치한다.

사채의 할증발행 시 매 보고기간 말의 구조, 회계처리 및 재무제표효과

① 할증발행의 구조

② 회계처리

[매 보고기간 말 – 순액법]

(차) 이자비용	기초 BV × 유효 R	(대) 현금	액면이자
사채	기초 BV – 기말 BV		

[매 보고기간 말 – 총액법]

(차) 이자비용	기초 BV × 유효 R	(대) 현금	액면이자
사채할증발행차금	대차차액		

⇒ 매 보고기간 말 사채할증발행차금 상각: 기초 사채의 장부금액 – 기말 사채의 장부금액

③ 매 보고기간 말의 재무제표

㉠ 매 보고기간 말 재무상태표

	B/S	
	사채	액면금액
	(사채할인발행차금)	역산
	사채 장부금액	A

⇒ 기말 사채의 장부금액 산정방법
  1) PV(잔여기간의 CF) by 취득 시 유효 R
  2) 기초 사채의 장부금액 × (1 + 유효 R) – 액면이자
  3) 기초 사채의 장부금액 + (유효이자 – 액면이자)

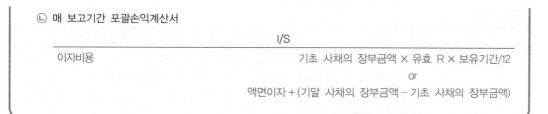

ⓒ 매 보고기간 포괄손익계산서

	I/S
이자비용	기초 사채의 장부금액 × 유효 R × 보유기간/12
	or
	액면이자 + (기말 사채의 장부금액 − 기초 사채의 장부금액)

사채의 상환기간 동안 사채의 발행금액보다 더 지급하는 금액은 성격적으로 모두 이자에 해당하므로 사채의 발행자가 상환기간 동안에 인식할 총 이자비용은 액면이자의 합계액과 사채할증발행차금의 차감이나 사채의 미래 현금흐름의 합계액 − 사채의 발행금액(현재가치)으로 계산된다.

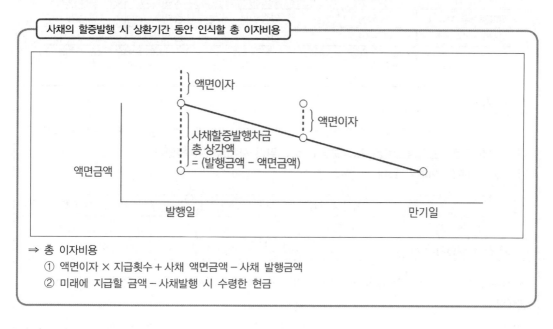

(3) 사채의 할증발행하에서 만기상환 시의 회계처리

사채의 상환기간 동안 매 보고기간 말 유효이자율법에 따라 사채할증발행차금을 상각하면 만기 시점에는 사채할증발행차금은 모두 상각되어 잔액이 '0'이 된다. 순액법의 경우 매 보고기간 말에 유효이자율법에 따라 사채의 장부금액이 감소하여 만기 시점에는 사채의 장부금액이 액면금액과 동일해진다. 그러므로 만기 시점에 상환 시 회계처리는 액면발행과 동일하다.

정액법과 유효이자율법의 비교

사채가 할인 또는 할증 발행되는 경우 사채할인(할증)발행차금을 정액법으로 상각할 수도 있다. 정액법은 사채할인(할증)발행차금을 사채의 상환기간 동안 균등하게 상각하는 것이다. 따라서 사채의 상환기간 동안 이자비용이 균등하게 인식된다. 국제회계기준에서는 이자비용은 유효이자율법으로 인식하도록 규정하고 있으므로 사채할인(할증)발행차금을 정액법으로 상각하는 방법은 인정하지 않는다.

구분	정액법		유효이자율법	
	할인발행 시	할증발행 시	할인발행 시	할증발행 시
이자비용	일정	일정	증가	감소
표시이자	일정	일정	일정	일정
사채발행차금 상각액	일정	일정	증가	증가
사채의 장부금액	증가	감소	증가	감소

★ 사례연습 3. 사채의 할증발행

A사는 20×1년 초에 만기 20×3년 말, 액면금액 ₩100,000, 액면이자율 연 8%, 이자 지급일은 매년 12월 31일, 만기상환일은 20×3년 12월 31일인 사채를 발행하였다.

관련 현가계수는 아래와 같다.

구분	이자율 8%	이자율 10%	이자율 6%
3기간 현가계수	0.79383	0.75131	0.83962
3기간 연금현가계수	2.57710	2.48685	2.67301

동 사채의 발행 당시 시장이자율이 6%인 경우 아래의 물음에 답하시오. (단, 소수점 첫째 자리에서 반올림한다.)

[물음 1]
동 사채의 발행 시부터 만기상환 시까지 회계처리를 보이시오.

[물음 2]
동 사채의 만기까지 A사가 인식할 총 이자비용을 구하시오.

풀이

[물음 1]
1. 발행일
(1) 회계처리
[발행 시 - 순액법]

| (차) 현금 | 105,346 | (대) 사채$^{1)}$ | 105,346 |

    $^{1)}$ (8,000 × 2.67301) + (100,000 × 0.83962) = 105,346

[발행 시 - 총액법]

| (차) 현금 | 105,346 | (대) 사채 | 100,000 |
| | | 사채할증발행차금 | 5,346 |

(2) 발행일의 재무상태표

	B/S	
	사채	100,000
	사채할증발행차금	5,346
	사채 장부금액	105,346

⇒ 발행일의 사채할증발행차금 잔액: 105,346 - 100,000 = 5,346

2. 매 보고기간 말
(1) 20×1년 말
  1) 회계처리
[매 보고기간 말 - 순액법]

| (차) 이자비용$^{2)}$ | 6,321 | (대) 현금 | 8,000 |
| 사채 | 1,679 | | |

    $^{2)}$ 105,346 × 6% = 6,321

[매 보고기간 말 - 총액법]

| (차) 이자비용 | 6,321 | (대) 현금 | 8,000 |
| 사채할증발행차금 | 1,679 | | |

  2) 20×1년 말 재무상태표

	B/S	
	사채	100,000
	사채할증발행차금	3,667
	사채 장부금액	103,667

⇒ 기말 사채의 장부금액 산정방법
    ① PV(잔여기간의 CF) by 취득 시 유효 R: $(8,000/1.06) + (108,000/1.06^2) = 103,667$
    ② 기초 사채의 장부금액 × (1 + 유효 R) - 액면이자: [105,346 × (1 + 6%)] - 8,000 = 103,667
    ③ 기초 사채의 장부금액 + (유효이자 - 액면이자): 105,346 + (6,321 - 8,000) = 103,667
⇒ 20×1년 말 사채할증발행차금 상각액: 105,346 - 103,667 = 1,679

3) 20×1년 포괄손익계산서

	I/S
이자비용	기초 사채의 장부금액 × 유효 R × 보유기간/12
	105,346 × 6% = 6,321
	or
	액면이자 + (기말 사채의 장부금액 − 기초 사채의 장부금액)
	8,000 + (103,667 − 105,346) = 6,321

(2) 20×2년 말

1) 회계처리

[매 보고기간 말 - 순액법]

(차) 이자비용[3]	6,220	(대) 현금	8,000
사채	1,780		

[3] 103,667 × 6% = 6,220

[매 보고기간 말 - 총액법]

(차) 이자비용	6,220	(대) 현금	8,000
사채할증발행차금	1,780		

2) 20×2년 말 재무상태표

	B/S	
	사채	100,000
	사채할증발행차금	1,887
	사채 장부금액	101,887

⇒ 기말 사채의 장부금액 산정방법

① PV(잔여기간의 CF) by 취득 시 유효 R: 108,000/1.06 = 101,887

② 기초 사채의 장부금액 × (1 + 유효 R) − 액면이자: [103,667 × (1 + 6%)] − 8,000 = 101,887

③ 기초 사채의 장부금액 + (유효이자 − 액면이자): 103,667 + (6,220 − 8,000) = 101,887

⇒ 20×2 말 사채할증발행차금 상각액: 103,667 − 101,887 = 1,780

3) 20×2년 포괄손익계산서

	I/S
이자비용	기초 사채의 장부금액 × 유효 R × 보유기간/12
	103,667 × 6% = 6,220
	or
	액면이자 + (기말 사채의 장부금액 − 기초 사채의 장부금액)
	8,000 + (101,887−103,667) = 6,220

(3) 20×3년 말

1) 회계처리

[매 보고기간 말 - 순액법]

(차) 이자비용[4]	6,113	(대) 현금	8,000
사채	1,887		

[4] 101,887 × 6% = 6,113

[매 보고기간 말 - 총액법]

(차) 이자비용	6,113	(대) 현금	8,000
사채할증발행차금	1,887		

2) 20×3년 말 재무상태표

	B/S	
	사채	100,000
	사채할증발행차금	(-)
	사채 장부금액	100,000

⇒ 기말 사채의 장부금액 산정방법

① 기초 사채의 장부금액 × (1 + 유효 R) - 액면이자: [101,887 × (1 + 6%)] - 8,000 = 100,000

② 기초 사채의 장부금액 + (유효이자 - 액면이자): 101,887 + (6,113 - 8,000) = 100,000

⇒ 20×3년 말 사채할증발행차금 상각액: 101,887 - 100,000 = 1,887

3) 20×3년 포괄손익계산서

	I/S
이자비용	기초 사채의 장부금액 × 유효 R × 보유기간/12
	101,887 × 6% = 6,113
	or
	액면이자 + (기말 사채의 장부금액 - 기초 사채의 장부금액)
	8,000 + (100,000 - 101,887) = 6,113

3. 만기상환 시

(1) 회계처리

[20×3년 말 - 순액법, 총액법 동일]

(차) 사채	100,000	(대) 현금	100,000

[물음 2]

사채의 만기까지 A사가 인식할 총 이자비용: (8,000 × 3년) + 100,000 - 105,346 = 18,654

2. 사채의 발행 및 발행 후 회계처리에 대한 설명으로 옳지 않은 것은?

① 상각후원가로 측정하는 사채의 경우 사채발행비가 발생한다면 액면발행, 할인발행, 할증발행 등 모든 상황에서 유효이자율은 사채발행비가 발생하지 않는 경우보다 높다.

② 사채를 할증발행한 경우 사채 이자비용은 현금 이자 지급액에 사채할증발행차금 상각액을 가산하여 인식한다.

③ 사채의 할증발행 시 유효이자율법에 의해 상각하는 경우 기간 경과에 따라 매기 인식하는 할증발행차금의 상각액은 증가한다.

④ 사채의 할인발행 시 유효이자율법에 의해 상각하는 경우 기간 경과에 따라 매기 인식하는 할인발행차금의 상각액은 증가한다.

⑤ 사채의 발행유형과 관련 없이 액면이자는 모두 동일하다.

해설 --

사채를 할증발행한 경우 사채 이자비용은 현금 이자 지급액에 사채할증발행차금 상각액을 차감하여 인식한다.

참고 액면이자율과 시장이자율의 관계에 따른 사채의 발행유형

구분	이자율 간의 관계	액면금액과 발행금액의 관계
액면발행	시장이자율 = 액면이자율	발행금액 = 액면금액
할인발행	시장이자율 〉 액면이자율	발행금액 〈 액면금액
할증발행	시장이자율 〈 액면이자율	발행금액 〉 액면금액

참고 사채 할인발행 시 보고기간 말의 회계처리

[매 보고기간 말 – 총액법]

(차) 이자비용	기초 BV × 유효 R	(대) 현금	액면이자
		사채할인발행차금	대차차액

[매 보고기간 말 – 순액법]

(차) 이자비용	기초 BV × 유효 R	(대) 현금	액면이자
		사채	기말 BV – 기초 BV

참고 사채 할증발행 시 보고기간 말의 회계처리

[매 보고기간 말 – 총액법]

(차) 이자비용	기초 BV × 유효 R	(대) 현금	액면이자
사채할증발행차금	대차차액		

[매 보고기간 말 – 순액법]

(차) 이자비용	기초 BV × 유효 R	(대) 현금	액면이자
사채	기초 BV – 기말 BV		

답 ②

01 사채상환손익의 발생 이유

사채를 만기일 이전에 상환하는 경우 사채의 상환금액은 장부금액과 일치하지 않게 되므로 상환에 따른 손익이 발생하게 된다. 사채의 상환금액은 상환일 현재 사채의 시장가치로 사채상환손익은 사채의 시장가치와 장부금액의 차액으로 계산된다. 사채의 상환금액은 사채의 미래 현금흐름을 상환일 현재의 시장이자율로 할인한 현재가치금액이며 사채의 장부금액은 상환일 현재 사채의 미래 현금흐름을 사채발행 시의 시장이자율(또는 유효이자율)로 할인한 현재가치금액이다. 즉, 사채의 상환금액과 장부금액은 미래 현금흐름을 현재가치로 평가할 때 적용하는 이자율만 다를 뿐 다른 모든 부분이 동일하다.

[사채의 상환금액과 장부금액의 구분]

① **사채의 상환금액**: PV(상환 시 잔여기간의 CF) by 상환 시점의 시장이자율
② **사채의 장부금액**: PV(상환 시 잔여기간의 CF) by 발행 시점의 유효이자율

Additional Comment

시장이자율이 변동하면 사채의 시장가치가 변동한다. 사채의 시장가치는 사채의 미래 현금흐름을 시장이자율로 할인한 현재가치이므로 시장이자율과 반비례한다. 즉, 시장이자율이 상승하면 사채의 시장가치가 하락하고, 시장이자율이 하락하면 사채의 시장가치가 상승한다. 이 경우 시장이자율이 상승하면 사채의 상환금액은 장부금액에 미달하여 사채상환이익이 발생한다. 반대의 경우 시장이자율이 하락하면 사채의 상환금액은 장부금액을 초과하여 사채상환손실이 발생한다.

사채상환손익의 발생 구조

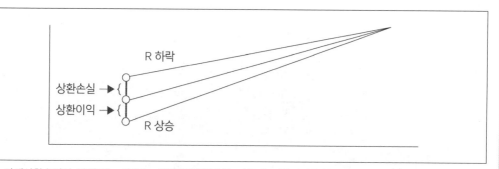

⇒ 사채상환손익이 발생하는 이유는 사채발행(취득)일 이후에 시장이자율이 변동하기 때문이다.
 ① 발행(취득) 시 시장(유효)이자율 〈 상환(처분) 시 시장이자율: 상환이익
 ② 발행(취득) 시 시장(유효)이자율 〉 상환(처분) 시 시장이자율: 상환손실

핵심 빈출 문장

01 할인발행은 유효이자율이 표시이자율보다 큰 경우이다.

02 할증발행의 경우 발행연도의 현금 지급이자는 사채 이자비용보다 크다.

03 상각후원가로 측정하는 사채의 경우 사채발행비가 발생한다면 액면발행, 할인발행, 할증발행 등 모든 상황에서 유효이자율은 사채발행비가 발생하지 않는 경우보다 높다.

01 사채의 발행유형의 비교

2. → Ⅱ 사채의 발행유형별 회계처리 ▶ 290p

사채의 발행에 관한 설명으로 옳지 않은 것은?

① 할인발행은 유효이자율이 표시이자율보다 큰 경우이다.

② 할증발행의 경우 발행연도의 현금 지급이자는 사채 이자비용보다 크다.

③ 할인발행의 경우 만기가 가까워질수록 사채의 이자비용이 감소한다.

④ 할증발행과 할인발행은 사채의 만기금액이 동일하다.

⑤ 할증발행과 할인발행은 매년 표시이자가 동일하다.

02 사채의 할인발행 시 매 보고기간 말의 회계처리(이자비용)

2. → Ⅱ → 03 → (2) 사채의 할인발행 시 매 보고기간 말의 회계처리 ▶ 294p

㈜한국은 2013년 1월 1일 자금조달을 위해 액면금액 ₩10,000, 표시이자율 6%, 만기 3년, 매년 말 이자 지급 조건의 사채를 발행하였다. 사채를 발행할 당시 시장이자율이 12%였다면, 2014년도에 인식할 사채 관련 이자비용은? (단, 사채발행 시 사채의 현재가치는 아래의 현재가치표를 이용하여 계산하고, 계산과정에서 현가계수 외의 소수점 이하는 소수 첫째 자리에서 반올림한다.)

기간	6%		12%	
	단일금액	연금	단일금액	연금
3년	0.84	2.67	0.71	2.40

① ₩ 696

② ₩1,025

③ ₩1,076

④ ₩1,198

⑤ ₩1,216

03 상환기간 동안 인식할 총 이자비용

2. → Ⅱ → 03 → (2) 사채의 할인발행 시 매 보고기간 말의 회계처리 ▶ 294p

㈜서울이 20×1년 1월 1일에 액면금액 ₩500,000, 매년 말 액면이자 8%, 3년 만기인 사채를 할인발행하였다. 사채할인발행차금은 유효이자율법에 따라 상각한다. 20×1년 말과 20×2년 말 사채 장부금액이 〈보기〉와 같고, 해당 사채가 만기상환되었다고 할 때, ㈜서울이 20×2년부터 20×3년까지 2년간 사채와 관련하여 인식한 총 이자비용은?

〈보기〉

- 20×1년 말 사채 장부금액 = ₩482,600
- 20×2년 말 사채 장부금액 = ₩490,900

① ₩86,500
② ₩89,100
③ ₩97,400
④ ₩106,500
⑤ ₩98,200

04 상환기간 동안 인식할 총 이자비용과 상각액

2. → Ⅱ → 03 → (2) 사채의 할인발행 시 매 보고기간 말의 회계처리 ▶ 294p

㈜한국은 20×7년 1월 1일에 다음과 같은 조건으로 3년 만기 사채를 발행하였다.

- 발행일: 20×7년 1월 1일
- 액면금액: ₩100,000
- 이자 지급: 매년 12월 31일에 액면금액의 연 8% 이자 지급
- 발행금액: ₩105,344

발행일 현재 유효이자율은 6%이며, 유효이자율법에 따라 이자를 인식하고 이자는 매년 12월 31일에 지급한다. 연도별 상각액은 20×7년도 ₩1,679, 20×8년도 ₩1,780, 20×9년도 ₩1,885이며, 상각액 합계액은 ₩5,344이다. 이 사채발행 시부터 만기까지 인식할 총 이자비용은? (단, 사채발행비는 발생하지 않았다.)

① ₩5,344
② ₩18,656
③ ₩24,000
④ ₩42,656
⑤ ₩48,344

㈜한국은 20×1년 1월 1일에 액면금액 ₩100,000, 액면이자율 연 8%, 5년 만기의 사채를 ₩92,416에 발행하였다. 이자는 매년 12월 31일에 지급하기로 되어 있고 20×1년 1월 1일 시장이자율은 연 10%이다. 동 사채의 회계처리에 대한 설명으로 옳지 않은 것은? (단, 계산결과는 소수점 아래 첫째 자리에서 반올림한다.)

① 사채발행 시 차변에 현금 ₩92,416과 사채할인발행차금 ₩7,584을 기록하고, 대변에 사채 ₩100,000을 기록한다.

② 20×1년 12월 31일 이자 지급 시 차변에 사채 이자비용 ₩9,242을 기록하고 대변에 현금 ₩8,000과 사채할인발행차금 ₩1,242을 기록한다.

③ 20×1년 12월 31일 사채의 장부금액은 ₩91,174이다.

④ 사채 만기까지 인식할 총 사채 이자비용은 액면이자 합계액과 사채할인발행차금을 합한 금액이다.

⑤ 사채의 만기 시점에는 사채할인발행차금의 장부금액은 '0'이 된다.

객관식 문제 정답 및 해설

01 ③ 할인발행의 경우 만기가 가까워질수록 사채의 이자비용이 증가한다.

참고 시간의 경과에 따른 할인발행과 할증발행의 비교

구분	할인발행	할증발행
장부금액	증가	감소
이자비용	증가	감소
상각액	증가	증가

02 ③ 시장이자율: 12%

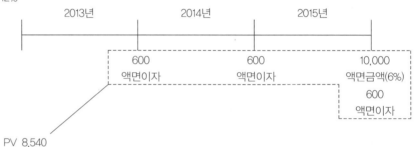

14년도 사채 이자비용: 1,076
(1) 13년 초 BV: 8,540 = (10,000 × 0.71) + [(10,000 × 6%) × 2.40]
(2) 13년 말 BV: 8,965
    1) 기말 BV = 기초 BV × (1 + 유효 R) − 액면이자
      8,965 ≒ [8,540 × (1 + 0.12)] − (10,000 × 6%)
    2) 기말 BV = 기초 BV + 상각액
      8,965 ≒ 8,540 + [(8,540 × 12%) − (10,000 × 6%)]
(3) 14년 이자비용: 1,076
    이자비용 = 기초 BV × 유효 R = 8,965 × 12% = 1,076

03 ③ 2년간 총 이자비용: 97,400

총 이자비용 산식

(1) (액면이자 × 지급횟수) + (사채 액면금액 − 사채 발행금액)

97,400 = [(500,000 × 8%) × 2] + (500,000 − 482,600)

(2) 미래에 지급할 금액 − 사채발행 시 수령한 현금

97,400 = {500,000 + [(500,000 × 8%) × 2]} − 482,600

참고 사채의 할인발행 시 상환기간 동안 인식할 총 이자비용

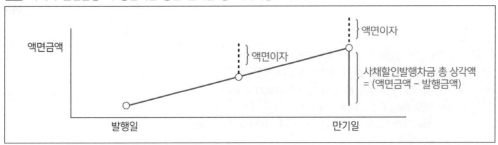

⇒ 총 이자비용

① 액면이자 × 지급횟수 + 사채 액면금액 − 사채 발행금액

② 미래에 지급할 금액 − 사채발행 시 수령한 현금

04 ② 유효이자율: 6%

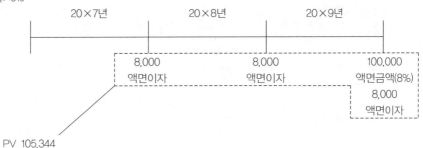

3년간 총 이자비용: 18,656

총 이자비용 산식

(1) (액면이자 × 지급횟수) + (사채 액면금액 − 사채 발행금액)

18,656 = [(100,000 × 8%) × 3] + (100,000 − 105,344)

(2) 미래에 지급할 금액 − 사채발행 시 수령한 현금

18,656 = {100,000 + [(100,000 × 8%) × 3]} − 105,344

05 ③　시장이자율: 10%

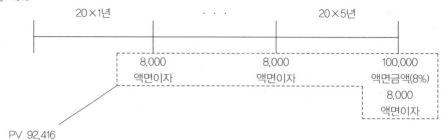

20×1년 12월 31일 사채의 장부금액은 93,658이다.
(1) 기말 BV = 기초 BV × (1 + 유효 R) − 액면이자
　　93,658 ≒ [92,416 × (1 + 0.1)] − (100,000 × 8%)
(2) 기말 BV = 기초 BV + 상각액
　　93,658 ≒ 92,416 + [(92,416 × 10%) − (100,000 × 8%)]

▶ 오답체크
① 사채발행 시 회계처리

(차) 현금	92,416	(대) 사채	100,000
사채할인발행차금	7,584		

② ×1 말 회계처리

(차) 이자비용	9,242	(대) 현금	8,000
		사채할인발행차금	1,242

　　* 이자비용: 92,416 × 10% ≒ 9,242
　　* 현금: 100,000 × 8% = 8,000
④ 총 이자비용 산식
　　(1) (액면이자 × 지급횟수) + (사채 액면금액 − 사채 발행금액)
　　(2) 미래에 지급할 금액 − 사채발행 시 수령한 현금
⑤ 할인발행의 경우 사채의 만기 시점에 사채할인발행차금이 모두 상각되어 장부금액은 '0'이 된다.

cpa.Hackers.com

Chapter 9

자본

1 자본의 의의와 측정, 분류

I 자본의 의의와 측정

01 자본의 의의

자본은 기업의 경제적 자원 중 주주들에게 귀속되는 지분을 말한다. 자본은 보유한 경제적 자원에 대한 주주의 청구권을 나타내기 때문에 주주지분 또는 소유주지분이라고도 하며, 채권자의 지분인 부채를 차감한 이후의 지분이라는 의미에서 잔여지분이라고도 한다. 또한 자본을 자금의 개념으로 이해하는 경우, 기업 소유주의 순수한 자금이라는 의미에서 자기자본이라고도 하는데 이러한 개념하에서는 기업의 자산은 총자본이라고 표현하며 부채는 타인자본이라고 표현한다.

> 자산 − 부채 = 자본 (주주지분, 소유주지분, 잔여지분, 자기자본)

02 자본의 측정

'재무보고를 위한 개념체계'에 따르면 자본은 별도로 측정할 수 없으며, 자산과 부채를 측정한 결과 그 차액으로만 계산된다. 즉, 자산에서 부채를 차감한 잔여지분으로, 독립적으로 측정할 수 없으며, 평가의 대상이 아니다.

Additional Comment

재무상태표에 표시되는 자본의 금액은 독립적으로 인식하고 측정하는 대상이 아니라 자산과 부채 금액의 인식과 측정에 따라 종속적으로 결정되는 특징이 있다. 일반적으로 자본총액은 그 기업이 발행한 주식의 시가총액, 또는 순자산을 나누어서 처분하거나 계속기업을 전제로 기업 전체를 처분할 때 받을 수 있는 총액과는 다른 금액이다. 만약 이 금액이 자본총액과 일치하는 경우 이는 우연의 일치이다.

Self Study

자본은 평가의 대상이 아니다. (인식과 측정기준은 구비되어 있지 않다.) 그러므로 최초 인식일 이후 매기 말 공정가치 변동에 대한 후속 측정을 하지 않는다.

자본은 자산과 부채가 증감하게 된 원인별로 구분하여 재무상태표에 표시된다. 자산과 부채가 증감하게 된 원인이 되는 거래는 자본거래와 손익거래로 구분된다.

[자본거래와 손익거래의 구분]

> ① 자본거래: 현재 또는 잠재적 주주와의 거래
> ② 손익거래: 자본거래 이외의 모든 거래

자본거래는 해당 거래의 결과가 포괄손익계산서에 영향을 주지 않고 곧바로 재무상태표에 반영되지만, 손익거래의 결과는 포괄손익계산서에서 수익과 비용으로 인식될 수 있으며, 이렇게 인식된 거래의 결과는 최종적으로 재무상태표에 반영된다.

또한 손익거래의 결과로 발생하는 손익은 당기손익과 기타포괄손익으로 구분된다. 개념적으로 당기손익은 실현손익을 의미하고, 기타포괄손익은 실현되지 않은 손익을 의미하지만, 한국채택국제회계기준에서는 이러한 개념을 엄격히 적용하여 손익을 구분하지는 않는다.

자본은 발생 원천에 따라 불입자본과 유보이익으로 구분된다. 일반적으로 불입자본은 지분참여자와의 거래인 자본거래를 통해 유입된 자본을 의미하고 유보이익은 손익거래의 결과 인식된 포괄손익의 누적액을 의미한다. 여기서 포괄손익은 다시 당기손익과 기타포괄손익으로 구분되기 때문에, 유보이익도 당기손익의 누적 부분은 이익잉여금이라고 하고 기타포괄손익의 누적 부분은 기타포괄손익누계액이라고 한다.

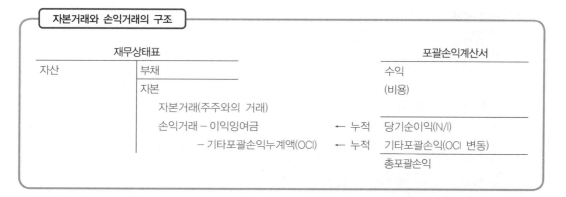

01 자본거래

자본거래의 결과는 당기손익에 반영되어서는 안 되며, 자본거래의 결과로 발생한 이익과 손실은 거래별로 서로 상계한 이후의 잔액만을 표시한다. 상계한 후의 잔액이 대변잔액이면 자본에 가산하여 표시하고, 차변잔액이면 자본에서 차감하여 표시한다.

한국채택국제회계기준 기준서 제1001호 '재무제표 표시'에서는 자본을 납입자본, 이익잉여금 및 기타 자본 구성요소로 분류하도록 하고 있다. 따라서 자본거래의 결과는 납입자본이나 기타 자본구성요소로 분류되어야 하는데, 한국채택국제회계기준의 규정은 강제 규정이 아니므로 기업들이 스스로 판단하여 분류를 변경하여 표시할 수도 있다.

[자본의 분류]

거래의 구분	한국채택국제회계기준	일반기업회계기준
자본거래	납입자본	자본금
		자본잉여금
	기타 자본요소	자본조정
손익거래		기타포괄손익누계액
	이익잉여금	이익잉여금

또한, 자본거래의 결과에는 손익이 발생하지 않고 부(−)의 자본이 발생하는 경우(예 자기자본)도 있다. 이 경우, 부(−)의 자본은 자본에서 차감하여 표시하고 납입자본이나 기타 자본구성요소로 적절하게 구분하여 표시한다.

자본거래의 결과로 증가하는 자본은 주주들에게 배당할 수 없으며, 자본전입이나 결손보전 이외의 목적에는 사용할 수 없다.

(1) 자본금(순자산에 미치는 효과: +)

자본금이란 주주가 납입한 자본 중 상법의 규정에 따라 자본금으로 계상한 부분을 의미한다.

[자본금의 구분]

보통주자본금	보통주 발행주식수 × 액면금액
우선주자본금	우선주 발행주식수 × 액면금액

(2) 자본잉여금(순자산에 미치는 효과: +)

자본잉여금이란 자본금 이외에 주주들이 추가로 출자한 금액을 의미한다.

[자본잉여금의 분류]

주식발행초과금	발행금액[1] 〉 액면금액
기타 자본잉여금	감자차익(자본 감소액 〉 감자대가)
	자기주식처분이익(재발행금액 〉 취득원가)
	주식선택권(행사되지 않고 만료된 경우)
	자산수증이익(주주에게 증여받은 자산의 공정가치)

[1] 신주발행을 위하여 직접 발생한 비용을 차감한 후의 금액

(3) 자본조정(순자산에 미치는 효과: +, −)

자본조정이란 납입자본 중 자본금과 자본잉여금을 제외한 임시적인 자본항목으로 자본에서 차감 또는 가산되어야 하는 항목을 의미한다.

[자본조정의 분류]

자기주식	자기주식의 취득원가
기타 자본조정	주식할인발행차금(이익잉여금처분으로 상각)
	주식선택권(주식결제형 주식기준보상거래)
	미교부주식배당금(발행될 주식의 액면금액)
	감자차손(감자대가 〉 자본 감소액)
	자기주식처분손실(재발행금액 〈 취득원가)
	신주청약증거금(주식을 발행하는 시점에 자본금으로 대체)
	전환권대가, 신주인수권대가(발행금액 − 사채의 현재가치)

Self Study

일반적으로 납입자본은 출자된 자본을 의미하므로 문제에서 특별한 언급이 없으면 납입자본은 자본금과 주식발행초과금으로 한다.

02 손익거래

손익거래의 결과는 원칙적으로 모두 당기손익이 포함되어야 한다. 그러나 손익거래의 결과이지만 정책적인 목표나 기타의 이유로 인하여 당기손익에 포함시키기 어려운 경우에는 포괄손익계산서의 기타포괄손익으로 하여 총포괄이익에 포함시킨다.

기타포괄손익은 총포괄손익에 포함한 직후 누적 금액을 재무상태표의 자본 항목으로 구분하여 보고하는데 후속적으로 당기손익으로 재분류되거나 다른 자본 항목으로 대체될 수 있다. 누적 금액이 자본 항목으로 보고되는 기타포괄손익은 기타 자본구성요소에 포함시킨다.

재무상태표에 당기순이익의 누적액을 이익잉여금으로 보고하며, 당기순손실의 누적액을 결손금으로 보고한다. 이익잉여금과 결손금은 재무상태표에 동시에 표시되는 것이 아니라 누적 이익인 경우에는 이익잉여금으로, 누적 손실인 경우에는 결손금으로 표시한다.

(1) 기타포괄손익(순자산에 미치는 효과: +, -)

[기타포괄손익의 분류]

구분	내용
재분류 조정 ○	FVOCI금융자산(채무상품)에 대한 투자에서 발생한 손익
	해외사업환산손익
	파생상품평가손익(현금흐름위험회피에서 위험회피대상이 비금융자산이나 비금융부채가 아닌 경우에 발생하는 평가손익 중 효과적인 부분)
	관계기업 및 공동기업의 재분류되는 지분법기타포괄손익
재분류 조정 ×	순확정급여부채(자산)의 재측정요소
	유형·무형자산의 재평가잉여금의 변동손익
	FVOCI금융자산(지분상품)에 대한 투자에서 발생한 손익
	FVPL금융부채(지정)의 신용위험 변동으로 인한 공정가치 변동손익
	파생상품평가손익(현금흐름위험회피에서 위험회피대상이 비금융자산이나 비금융부채인 경우)
	관계기업 및 공동기업의 재분류되지 않는 지분법기타포괄손익

(2) 이익잉여금(결손금)(순자산에 미치는 효과: +, -)

매년 발생한 당기순이익에서 배당이나 자본조정 항목의 상각 등으로 사용한 금액을 차감한 잔액을 의미한다.

[이익잉여금의 분류]

법정적립금	법규에 따라 강제적으로 적립된 이익잉여금
임의적립금	회사의 선택에 따라 임의적으로 적립된 이익잉여금
미처분이익잉여금 (미처리결손금)[1]	회사가 창출한 당기순손익 중 배당, 자본조정 항목의 상각 또는 다른 이익잉여금 계정으로 대체되지 않고 남은 이익잉여금

[1] 미처리결손금은 후속적으로 임의적립금이나 이익준비금의 다른 잉여금이나 자본잉여금으로 대체한다.

2 자본금

I 자본금의 의의

기업이 발행하는 주식 1주의 금액이 정관에 정해져 있는 주식을 액면주식이라고 하고, 1주의 금액이 정해져 있지 않은 주식을 무액면주식이라고 한다. 자본금은 발행주식이 액면주식인지 아니면 무액면주식인지에 따라 다르게 결정된다.

액면주식의 자본금은 발행주식수에 액면금액을 곱한 금액을 말한다. 우리나라 상법은 회사의 정관에 규정이 있는 경우 무액면주식의 발행을 허용하고 있다.

Additional Comment

주식회사는 설립과 동시에 회사가 발행할 주식의 총수와 액면주식을 발행하는 경우 1주의 금액(액면금액) 및 회사의 설립 시에 발행하는 주식의 총수를 정관에 기재하여야 한다. 이때 발행할 수 있는 주식의 총수를 수권주식수라고 한다. 수권주식수는 회사가 발행할 수 있는 주식의 총수일 뿐, 실제로 발행된 주식 수를 의미하는 것은 아니다.

II 주식의 종류

01 보통주

보통주는 기본적인 소유권을 나타내는 주식으로, 기업의 최종위험을 부담하는 잔여지분의 성격을 갖는 주식을 말한다. 한 가지 종류의 주식만을 발행하는 경우 당해 주식은 모두 보통주가 된다. 기업이 발행한 보통주를 보유하고 있는 자를 보통주주라고 하는데, **보통주주는 기본적으로 의결권과 신주인수권을 가진다.** 의결권은 주식회사의 최고 의사결정기관인 주주총회에 참석하여 이익의 배당 및 경영진의 선임 등 기업의 중요한 영업 및 재무정책결정에 참여할 수 있는 권리를 말한다. 또한, 신주인수권은 기업이 추가적으로 주식을 발행하는 경우 동 신주를 우선적으로 배정받을 수 있는 권리를 말한다.

02 우선주

기업이 여러 종류의 주식을 발행한 경우 **보통주와 구분되는 다른 종류의 주식을 우선주**라고 한다. 우선주에는 일반적으로 보통주에 기본적으로 내재되어 있는 **의결권과 신주인수권이 제한된다.** 이에 따라 우선주주가 보통주주에 비해 우선적 권리를 가지는 것이 일반적이다.

3 자본거래

I 자본금의 증가 거래(= 증자)

기업의 자본금을 증가시키는 절차를 증자라고 하는데, 이는 자본총계 전체의 증가가 아닐 수도 있다. 그 이유는 기업의 자본금이 증가될 때 기업의 순자산이 함께 증가할 수도 있지만 경우에 따라서는 순자산이 변동하지 않는 자본금의 증가도 있기 때문이다.

01 유상증자 - 현금출자

기업이 사업에 필요한 자금을 주식의 발행으로 조달할 경우 현재의 주주 또는 제3자로부터 현금을 납입받고 신주를 발행·교부한다. 이 경우 자본금은 기업이 유지해야 할 최소한의 자본을 말하며, 재무상태표에 보고될 자본금은 실제로 발행된 주식의 액면총액을 말한다. 그러나 주식의 발행금액은 일반적으로 액면금액과 일치하지 않는다. 발행주식이 액면주식일 경우 발행금액과 액면금액의 일치 여부에 따라 액면발행, 할증발행 또는 할인발행으로 구분된다. 이를 정리하면 다음과 같다.

[발행가액과 액면금액의 관계에 따른 발행주식의 발행유형]

> ① 액면발행: 발행금액 = 액면금액
> ② 할증발행: 발행금액 > 액면금액
> ③ 할인발행: 발행금액 < 액면금액

주식의 발행금액이 액면금액을 초과하는 경우 그 금액을 주식발행초과금의 과목으로 하여 자본 항목으로 표시하고, 주식의 발행금액이 액면금액을 미달하는 경우 동 금액은 주식할인발행차금의 과목으로 하여 부(−)의 자본 항목으로 표시한다.

[발행주식의 발행유형별 자본의 분류]

발행금액 > 액면금액	발행금액 − 액면금액 = 주식발행초과금(자본잉여금)
발행금액 < 액면금액	액면금액 − 발행금액 = 주식할인발행차금(자본조정)

주식발행초과금과 주식할인발행차금은 발생 순서와 관계없이 서로 우선 상계한다. 주식할인발행차금은 주주총회에서 이익잉여금의 처분으로 상각할 수 있다.

유상증자 시에는 신주발행수수료, 주권인쇄비, 인지세 등 거래원가가 발생하는데, 이러한 거래원가 중 해당 자본거래가 없었다면 회피할 수 있고 해당 자본거래에 직접 관련하여 생긴 증분원가는 자본에서 차감하여 회계처리한다. 유상증자 시 발생하는 거래원가를 신주발행비라고 하는데, 신주발행비는 주식의 발행으로 납입되는 현금액을 감소시키므로 주식의 발행금액에서 차감한다.

┌─ 유상증자 - 현금출자의 회계처리 ──────────────────────────────┐

[할증발행]

(차) 현금		발행금액	(대) 자본금	액면금액 × 발행주식수
			주식발행초과금[1]	대차차액
(차) 주식발행초과금		××	(대) 현금	신주발행비 등

[할인발행]

(차) 현금		발행금액	(대) 자본금	액면금액 × 발행주식수
주식할인발행차금[1]		대차차액		
(차) 주식할인발행차금		××	(대) 현금	신주발행비 등

[1] 주식발행초과금과 주식할인발행차금은 서로 우선 상계

└──┘

Additional Comment

자본거래는 수익과 비용이 발생하는 거래가 아니므로 자본거래에서 발생하는 차익은 자본잉여금으로 자본거래에서 발생한 차손은 이미 인식한 관련 자본잉여금과 우선 상계하고, 미상계된 잔액은 자본조정으로 분류하였다가 이익잉여금과 상계한다. 자본거래에서 발생한 차손을 손익거래에서 발생한 이익잉여금과 상계하는 것이 논리적으로 적절하지 않을 수 있지만, 자본거래에서 발생한 차손을 미래의 여러 기간 동안 이월시켜 재무제표에 표시하는 것보다 조기에 이익잉여금과 상계하는 것이 실무상 간편할 수 있다는 점에서 논리상 수용된 회계처리이다.

Self Study

1. 「상법」상 법정자본금은 주주총회의 결의 등 「상법」상 자본절차를 밟지 않는 한 자본금을 감소시킬 수 없다. 따라서 자본금 계정은 발행주식수에 액면금액을 곱한 금액으로 한다. (할인발행의 경우도 동일)
2. 중도에 거래를 포기한 자본거래의 원가는 비용으로 인식한다.

각 일자별로 회계처리를 보이고, 각 일자별 재무상태표를 보이시오.

> (1) 12월 말 결산법인인 ㈜포도는 20×1년 초에 보통주 1주(액면금액 ₩100)를 주당 ₩100에 액면발행하였다.
> (2) ㈜포도는 20×1년 10월 1일에 보통주 1주를 주당 ₩120에 할증발행하였다.
> (3) ㈜포도는 20×1년 11월 1일에 보통주 1주를 주당 ₩50에 할인발행하였다. 이때, 주당 ₩10의 신주발행비가 발생하였다.

풀이

1. 20×1년 초

(차) 현금	발행금액 100	(대) 자본금	액면금액 × 발행주식수 100

B/S

현금	100		
		자본금	100

2. 20×1년 10월 1일

(차) 현금	발행금액 120	(대) 자본금	액면금액 × 발행주식수 100
		주식발행초과금	대차차액 20

B/S

현금	220		
		자본금	200
		자본잉여금	20

3. 20×1년 11월 1일

(차) 현금	발행금액 50	(대) 자본금	액면금액 × 발행주식수 100
주식발행초과금	우선 상계 20		
주식할인발행차금	대차차액 30		
(차) 주식할인발행차금	신주발행비 10	(대) 현금	10

B/S

현금	260		
		자본금	300
		자본잉여금	0
		자본조정	(40)

02 무상증자

상법에서는 주주총회 또는 이사회의 결의에 의하여 자본잉여금 또는 이익잉여금 중 법정적립금의 전부 또는 일부를 자본금으로 전입(액면배당만 가능)하고, 그 전입액에 대해서는 신주를 발행하여 주주에게 무상으로 교부할 수 있도록 하고 있는데 이를 무상증자라고 한다.

무상증자의 회계처리

(차) 자본잉여금 or 법정적립금(이익준비금)　　×× 　　　　(대) 자본금 　　　　　　　　　××

유상증자는 주식발행으로 현금이 유입되기 때문에 실질적으로 순자산이 증가하지만, 무상증자는 자본잉여금 또는 이익잉여금 중 법정적립금이 자본금으로 대체되는 것이므로 순자산의 변동(= 자본총계의 변동) 없이 발행주식수만 증가할 뿐이다.

Additional Comment

무상증자는 기업의 실질적인 순자산의 증가를 가져오지 않지만 일반적으로 유통주식수가 적은 상장기업이 실시한다. 시장에서 유통되는 특정 기업의 주식 수가 많지 않을 경우, 주가를 조작하려는 세력들은 소량의 주식거래만으로도 주가를 크게 변동시킬 수 있다. 그러므로 주가 변동에 따른 주주들의 피해를 막기 위해 무상증자를 통해 유통주식수를 늘리는 경우가 많다.

II　자본금의 감소 거래(= 감자)

기업의 자본금을 감소시키는 절차를 감자라고 하는데, 이는 자본총계 전체의 감소가 아닐 수도 있다. 그 이유는 기업의 자본금이 감소될 때 기업의 순자산이 함께 감소할 수도 있지만 경우에 따라서는 순자산이 변동하지 않는 자본금의 감소도 있기 때문이다.

01 유상감자

유상감자는 기존의 주주들에게 현금 등의 대가를 지급하고 해당 주주들로부터 주식을 반환받아 소각하는 것을 말한다. 주식을 소각하는 경우에는 현금이 유출되어 자본총계가 감소하게 되므로 실질적 감자라고 한다. 기업이 신주를 발행하였을 때 자본금이 증가하였던 것처럼, 발행되었던 주식을 다시 매입하여 소각하는 경우 기업의 자본금은 감소하게 된다. 이때 지급한 현금 등의 대가와 감소된 자본금의 차액이 생길 수도 있는데, 지급한 현금 등의 대가가 더 많다면 감자차손이 발생하고 감소된 자본금이 더 많다면 감자차익이 발생한다.

[유상감자의 유형별 자본의 분류]

감자대가 < 주식의 액면금액	주식의 액면금액 − 감자대가 = 감자차익(자본잉여금)
감자대가 > 주식의 액면금액	감자대가 − 주식의 액면금액 = 감자차손(자본조정)

유상감자의 대가가 액면금액에 미달하는 경우 동 미달액은 감자차익의 과목으로 하여 자본잉여금으로 분류한다. 유상감자의 대가가 액면금액을 초과하는 경우 동 초과액은 감자차손의 과목으로 하여 자본조정으로 분류한다. 감자차익과 감자차손은 발생 순서에 관계없이 서로 우선 상계한다. 감자차손은 주주총회에서 이익잉여금의 처분으로 상각할 수 있다.

유상감자의 회계처리

[감자대가 〈 액면금액]

(차) 자본금	액면금액	(대) 현금	감자대가
		감자차익*	대차차액

[감자대가 〉 액면금액]

(차) 자본금	액면금액	(대) 현금	감자대가
감자차손*	대차차액		

* 감자차익과 감자차손은 서로 우선 상계

Self Study

한국채택국제회계기준에서는 감자차손익을 계산하는 방법에 대해 별도로 규정하지 않고 있다. 그럼에도 불구하고 감자 시 감자 관련 손익을 주식의 액면금액과 비교하여 계산하는 이유는 우리나라 상법상 자본잉여금은 결손보전과 자본금 전입을 제외하고는 처분하지 못하도록 규정하고 있기 때문이다. 다만, 실제 문제에서는 감자에 대하여 최초 발행금액에서 차감하는지 액면금액에서 차감하는지를 명확히 명시하고 있다.

12월 말 결산법인인 ㈜포도는 20×1년 초에 보통주 3주(액면금액 ₩100)를 주당 ₩200에 할증발행하였다.

> (1) ㈜포도는 20×1년 10월 1일에 보통주 1주를 주당 ₩90에 취득하고 즉시 소각하였다.
> (2) ㈜포도는 20×1년 11월 1일에 보통주 1주를 주당 ₩120에 취득하고 즉시 소각하였다.

각 일자별로 회계처리를 보이고, 각 일자별 재무상태표를 보이시오.

풀이

1. 20×1년 1월 1일

| (차) 현금 | 발행금액 600 | (대) 자본금 | 액면금액 × 발행주식수 300 |
| | | 주식발행초과금 | 대차차액 300 |

		B/S	
현금	600		
		자본금	300
		자본잉여금	300

2. 20×1년 10월 1일

| (차) 자본금 | 액면금액 100 | (대) 현금 | 감자대가 90 |
| | | 감자차익 | 대차차액 10 |

		B/S	
현금	510		
		자본금	200
		자본잉여금	310

3. 20×1년 11월 1일

(차) 자본금	액면금액 100	(대) 현금	감자대가 120
감자차익	우선 상계 10		
감자차손	대차차액 10		

		B/S	
현금	390		
		자본금	100
		자본잉여금	300
		자본조정	(10)

무상감자는 주주들에게 대가를 지급하지 않고 주당 액면금액을 감액시키거나 주식 수를 일정비율로 감소시키는 것을 말한다. 무상감자는 현금유출도 없고 자본이 감소하지도 않으므로 형식적 감자라고 한다.

무상감자의 회계처리

(차) 자본금	××	(대) 이월결손금	××
		감자차익	××

일반적으로 무상감자는 누적 결손금이 커지는 경우 결손보전 등의 목적으로 감자대가의 지급 없이 무상으로 주식을 상환하여 소각시키는 자본거래로 자본금을 감소시키지만 순자산의 총액은 변하지 않는다. 무상감자의 경우 감자대가가 없으므로 감자차익만 발생하고, 감자차손은 발생하지 않는다. 감자차손이 발생하려면, 감소되는 자본금보다 보전할 결손금이 더 많아야 하는데, 이는 보전되지 않은 결손금을 보유하는 상태에서 자본거래 손익을 발생시키는 결과가 된다. 자본거래 손실은 주주총회의 결의를 통하여 미처분이익잉여금이 상계될 부분인데, 아직 결손금이 남아있는 회사에 미처분이익잉여금이란 있을 수 없다. 그러므로 결손보전의 과정에서 감자차손이 발생하는 회계처리는 적절하지 않다.

Additional Comment

무상감자는 보통 미처리결손금이 있는 기업에서 대주주인 경영자가 자기가 보유하는 주식을 미처리결손금과 상계하는 방식으로 부실 경영에 대한 책임을 지는 과정에서 발생한다. 경우에 따라 미처리결손금이 없는 기업도 무상감자를 할 수 있으나 실익은 없다.

Self Study

자본거래가 자본에 미치는 영향

구분	유상증자	무상증자	유상감자	무상감자
발행주식수	증가	증가	감소	감소
주당 액면금액	불변	불변	불변	불변
자본금 총액	증가	증가	감소	감소
자본잉여금	불변	감소 가능	증가 가능	증가 가능
이익잉여금	불변	감소 가능	불변	불변
자본총계	증가	불변	감소	불변

1. ㈜한국은 2016년 초 보통주 200주(주당 액면금액 ₩5,000, 주당 발행금액 ₩6,000)를 발행하였으며, 주식 발행과 관련된 직접원가 ₩80,000과 간접원가 ₩10,000이 발생하였다. ㈜한국의 주식 발행에 대한 설명으로 옳은 것은? (단, 기초 주식할인발행차금은 없다고 가정한다.)

   ① 자본의 증가는 ₩1,200,000이다.
   ② 자본잉여금의 증가는 ₩120,000이다.
   ③ 주식발행초과금의 증가는 ₩110,000이다.
   ④ 주식발행과 관련된 직·간접원가 ₩90,000은 비용으로 인식한다.
   ⑤ 회계처리상 자본조정에 미치는 영향이 있다.

   해설 ────────────────────────────────
   자본잉여금 120,000 증가 = 200,000 − 80,000

   ▶ 오답체크
   ① 자본(= 현금의 증감) 1,110,000 증가 = 1,200,000 − (80,000 + 10,000)
   ③ 주식발행초과금(자본잉여금) 120,000 증가 = 200,000 − 80,000
   ④ 주식발행과 관련된 간접원가 ₩10,000은 비용으로 인식한다.
   ⑤ 회계처리상 자본조정에 영향을 미치는 항목은 없다.

   참고 유상증자 시 회계처리

(차) 현금	1,200,000	(대) 자본금	1,000,000
		주식발행초과금	200,000

   * 현금: 200주 × @6,000 = 1,200,000
   * 자본금: 200주 × @5,000 = 1,000,000

(차) 주식발행초과금	80,000	(대) 현금	80,000
(차) 비용	10,000	(대) 현금	10,000

   답 ②

01 자기주식의 의의

자기주식이란 주식회사가 이미 발행한 자기지분상품을 소각하거나 추후에 재발행할 목적으로 재취득한 것을 말한다. 기업회계기준서 제1032호 '금융상품: 표시'에서는 기업이 자기지분상품을 재취득하는 경우에 이러한 지분상품을 자본에서 차감한다고 규정하고 있다. 그러므로 자기지분상품을 매입, 매도, 발행, 소각하는 경우의 손익은 당기손익으로 인식하지 않는다.

Additional Comment

상장기업의 경우 자사 주식의 주가가 하락할 때 주가를 일정 수준으로 유지하기 위하여 자기주식을 취득하는 경우가 많다. 또한 적대적 인수합병의 방어 차원에서 대주주 지분율을 높이기 위하여 자기주식을 취득하기도 한다.

Self Study

자기주식은 자산이 아닌 자본의 차감계정으로 본다. 그 이유는 자기주식을 자산으로 보는 견해는 자기가 자신의 소유주가 된다는 것이므로 논리적으로 타당하지 않고, 자기주식은 의결권, 배당청구권 등 주주의 기본적인 권리가 제한되어 있어 보유로 인한 효익을 얻을 수 없기 때문이다. 그러므로 자기주식의 취득은 불입자본의 환급일 뿐이며, 취득 시 유통주식수가 감소하므로 미발행주식이 증가한 것과 동일하다고 본다.

02 자기주식의 회계처리

자기주식은 부(-)의 자본이므로 취득 목적에 관계없이 자본에서 차감하여 표시한다. 자기주식은 장부에 어떠한 금액으로 기록할지에 따라 원가법과 액면금액법으로 구분된다.

① **원가법**: 자기주식을 최초 원가로 인식하며 자본총계에서 차감하는 방법으로 공시
② **액면금액법**: 자기주식을 액면금액으로 인식하며 자본금에서 차감하는 방법으로 공시

한국채택국제회계기준에서는 이 중 어느 방법을 사용하여야 하는지에 대한 규정이 없으나, 본서는 시험목적상 원가법에 근거한 회계처리를 다루도록 한다.

(1) 자기주식의 취득

기업이 자기지분상품인 자기주식을 유상으로 취득하는 경우 취득원가로 기록하고, 유통 중인 주식이 아님을 공시하기 위해 자본의 차감 항목으로 하여 재무상태표에 공시(자본조정)한다.

> **자기주식 취득의 회계처리**
>
> (차) 자기주식   자본조정(자본의 차감)   (대) 현금   취득원가

자기주식을 2회 이상 연속 취득하였는데 취득 시점마다 취득단가가 상이한 경우 매각 또는 소각 시 어떤 원가의 흐름을 가정해야 하는지가 이슈가 될 수 있다. 한국채택국제회계기준에서는 별도의 규정이 없으므로 실제 출제가 된다면 문제의 조건에서 확인하여야 할 것이다.

(2) 자기주식의 처분

기업이 보유한 자기주식을 외부로 처분할 시 처분대가가 장부금액을 초과하는 경우 초과액은 자기주식처분이익의 과목으로 하여 자본잉여금으로 처리한다. 만일 처분대가가 장부금액에 미달하는 경우에는 미달액은 자기주식처분손실의 과목으로 하여 부(-)의 자본으로 분류하고 자본조정으로 처리한다.

[자기주식의 처분유형별 자본의 분류]

처분대가 > 취득원가	처분대가 - 취득원가 = 자기주식처분이익(자본잉여금)
처분대가 < 취득원가	취득원가 - 처분대가 = 자기주식처분손실(자본조정)

자기주식처분이익과 자기주식처분손실은 발생 순서에 관계없이 서로 우선 상계한다. 자기주식처분손실은 주주총회에서 이익잉여금의 처분으로 상각할 수 있다.

> **자기주식 처분의 회계처리**
>
> [처분대가 > 취득원가]
>
> (차) 현금   처분대가   (대) 자기주식   취득원가
>   자기주식처분이익*   대차차액
>
> [처분대가 < 취득원가]
>
> (차) 현금   처분대가   (대) 자기주식   취득원가
>   자기주식처분손실*   대차차액
>
> * 자기주식처분이익과 자기주식처분손실은 서로 우선 상계

(3) 자기주식의 소각

기업이 취득한 자기주식을 소각시키는 자본거래를 말한다. 이는 결과적으로 자본을 감소시키는 감자거래이므로 소각되는 주식의 자본금을 감소시키고, 감소되는 자본금과 자기주식의 취득원가를 비교하여 자본금 감소금액이 더 많은 경우에는 감자차익의 과목으로 하여 자본잉여금으로 처리하고 자본금 감소금액이 더 적은 경우에는 감자차손의 과목으로 하여 자본조정으로 처리한다.

[자기주식의 소각유형별 자본의 분류]

자본금 감소액 > 취득원가	자본금 감소액 − 취득원가 = 감자차익(자본잉여금)
자본금 감소액 < 취득원가	취득원가 − 자본금 감소액 = 감자차손(자본조정)

감자차익과 감자차손은 발생 순서에 관계없이 서로 우선 상계한다. 감자차손은 주주총회에서 이익잉여금의 처분으로 상각할 수 있다. 또한 자기주식의 소각을 통하여 자본의 구성내역만 변동할 뿐이지 자본총계에 미치는 영향은 없다.

자기주식 소각의 회계처리

[취득원가 < 액면금액]

(차) 자본금	액면금액	(대) 자기주식	취득원가
		감자차익*	대차차액

[취득원가 > 액면금액]

(차) 자본금	액면금액	(대) 자기주식	취득원가
감자차손*	대차차액		

* 감자차익과 감자차손은 서로 우선 상계

Self Study

자기주식거래가 자본에 미치는 영향

구분	자기주식의 취득	자기주식의 처분	자기주식의 소각
발행주식수	불변	불변	감소
주당 액면금액	불변	불변	불변
자본금 총액	불변	불변	감소
자본잉여금	불변	증가 가능	증가 가능
이익잉여금	불변	불변	불변
자본총계	감소	증가	불변

12월 말 결산법인인 ㈜포도는 20×1년 초에 보통주 3주(액면금액 ₩ 100)를 주당 ₩ 100에 액면발행하였다.

---

(1) ㈜포도는 20×1년 10월 1일에 자기주식 3주를 주당 ₩ 80에 취득하였다.
(2) ㈜포도는 20×1년 11월 1일에 자기주식 1주를 주당 ₩ 100에 재발행하였다.
(3) ㈜포도는 20×1년 11월 30일에 자기주식 1주를 주당 ₩ 50에 재발행하였다.
(4) ㈜포도는 20×1년 12월 1일에 자기주식 1주를 소각하였다.

각 일자별로 회계처리를 보이고, 각 일자별 재무상태표를 보이시오.

풀이

1. 20×1년 1월 1일

(차) 현금	발행금액 300	(대) 자본금	액면금액 × 발행주식수 300

B/S

현금	300		
		자본금	300

2. 20×1년 10월 1일

(차) 자기주식	취득원가 240	(대) 현금	취득원가 240

B/S

현금	60		
		자본금	300
		자본조정	(240)

3. 20×1년 11월 1일

(차) 현금	재발행금액 100	(대) 자기주식	취득원가 80
		자기주식처분이익	대차차액 20

B/S

현금	160		
		자본금	300
		자본잉여금	20
		자본조정	(160)

4. 20×1년 11월 30일

(차) 현금	재발행금액 50	(대) 자기주식	취득원가 80
자기주식처분이익	우선 상계 20		
자기주식처분손실	대차차액 10		

B/S

현금	210		
		자본금	300
		자본잉여금	0
		자본조정	(90)

5. 20×1년 12월 1일

| (차) 자본금 | 100 | (대) 자기주식 | 80 |
| | | 감자차익 | 20 |

B/S

현금	210		
		자본금	200
		자본잉여금	20
		자본조정	(10)

2. 20×1년 초 설립한 ㈜한국의 자본거래는 다음과 같다. ㈜한국의 20×1년 말 자본총액은?

> • 20×1년 1월: 보통주 1,000주(주당 액면가 ₩5,000)를 액면발행하였다.
> • 20×1년 3월: 자기주식 200주를 주당 ₩6,000에 매입하였다.
> • 20×1년 4월: 자기주식 200주를 주당 ₩7,000에 매입하였다.
> • 20×1년 5월: 3월에 구입한 자기주식 100주를 주당 ₩8,000에 처분하였다.
> • 20×1년 9월: 3월에 구입한 자기주식 100주를 주당 ₩9,000에 처분하였다.

① ₩3,600,000   ② ₩4,100,000

③ ₩5,000,000   ④ ₩5,500,000

⑤ ₩5,300,000

해설

×1년 말 자본총액: 4,100,000
= 기초 0 + 증가 (5,000,000 + 800,000 + 900,000) − 감소 (1,200,000 + 1,400,000)
(1) 자본(기초, 설립): 0
(2) 1월(유상증자): + 5,000,000 = 1,000주 × @5,000
(3) 3월(자기주식 취득): − 1,200,000 = 200주 × @6,000
(4) 4월(자기주식 취득): − 1,400,000 = 200주 × @7,000
(5) 5월(자기주식 처분): + 800,000 = 100주 × @8,000
(6) 9월(자기주식 처분): + 900,000 = 100주 × @9,000

참고 자본총계에 미치는 영향 풀이 Tool

자본의 변동(=1+2)	= 1. 자본거래 = + 현금 유입 − 현금 유출 or 자산·부채 증감	
= 기말 자본 − 기초 자본	+	
	2. 손익거래(= ① + ②)	① N/I
	= 총포괄손익	② OCI 변동

* 자기주식 취득 및 처분 문제에서 자본총계 계산 시
  (1) 취득 시 현금 지급액 = 자본 감소액
  (2) 처분 시 현금 수령액 = 자본 증가액

답 ②

4 손익거래

01 이익잉여금의 의의

이익잉여금은 회사의 정상적인 영업활동, 자산의 처분 및 기타의 손익거래에서 발생한 이익을 원천으로 하여 회사 내에 유보되어 있는 잉여금을 말한다. 즉, 재무상태표의 이익잉여금은 누적된 당기순이익에서 배당으로 사외유출되거나 자본의 다른 항목으로 대체된 금액을 차감한 후의 잔액을 의미한다.

> **이익잉여금의 정의**
>
> 이익잉여금 = Σ [(수익 − 비용) − 배당(사외유출) ± 자본전입·이입]
>
> * 회사설립 시점부터 이익잉여금 계산 시점까지를 나타낸다.

Additional Comment

잉여금을 자본잉여금과 이익잉여금으로 구분하는 이유는 잉여금을 발생 원천에 따라 분류함으로써 배당가능잉여금과 배당불가능잉여금에 관한 정보를 제공하기 위해서이다. 배당할 수 있는 잉여금은 손익거래로부터 발생한 잉여금에 국한되어야 한다. 배당 가능한 이익잉여금과 유지하여야 할 자본잉여금을 명확하게 구분하지 않으면, 자본잉여금이 배당의 형태로 주주에게 환급되어 기업재정의 기초를 위태롭게 할 수 있다. 또한 배당 가능한 이익이 자본잉여금에 포함되면 주주에게 배당할 수 있는 잉여금이 감소된다.

02 이익잉여금의 종류

이익잉여금은 기본적으로 모두 주주에게 배당할 수 있는 것은 아니다. 모든 이익을 배당하면 기업이 미래에 사업을 위하여 재투자할 재원이 부족하게 되며, 채권자 보호도 제대로 이루어질 수 없을 것이다. 따라서 이익잉여금은 기본적으로 주주에 대한 배당이 가능한 자본 항목이지만, 각종 법률에서 배당을 제한하기 위해 법정적립금을 규정하거나 기업이 자발적으로 임의적립금을 적립하여 배당이 일시적으로 불가능하도록 한 부분이 있다. 또한 기업이 지속적으로 당기순손실을 보고하는 경우에는 이익잉여금이 부(−)의 금액이 될 수도 있는데, 이러한 경우에는 재무상태표에 결손금으로 표시된다. 이러한 결손금은 임의적립금이나 법정적립금, 자본잉여금으로 처리하거나 감자의 방법으로 자본금과 상계하기도 한다.

이익잉여금의 종류		
이익잉여금	법정적립금(이익준비금)	영구적으로 현금배당 불가능
	임의적립금	일시적으로 현금배당 불가능
	미처분이익잉여금	즉시 현금배당 가능

(1) 법정적립금과 이익준비금

법정적립금은 법률에 따라 기업의 이익 중 일부를 적립한 것으로서, 이익준비금이 대표적인 항목이다. 이익준비금은 우리나라의 상법에 따라 기업이 자본금의 1/2에 달할 때까지 매기 결산 시 주식배당을 제외한 이익배당액(현금배당과 현물배당)의 1/10 이상을 적립한 금액이다. 이익준비금을 적립하는 이유는 회사가 가득한 이익을 주주들이 모두 배당으로 가져가는 것을 막기 위해서 이익으로 배당하려는 금액의 10% 이상을 회사 내에 유보하도록 하는 것이다.

(2) 임의적립금

임의적립금은 정관이나 주주총회 결의에 의하여 이익잉여금 중 사내에 유보한 이익잉여금을 말한다. 임의적립금은 적립 목적이나 금액 등을 기업이 재량적으로 결정할 수 있다. 이에 기업들은 사업확장적립금, 감채기금적립금, 재해손실적립금 등 다양한 목적에 따라 임의적으로 적립할 수 있다. 기업이 가득한 이익 중 법정적립금과 임의적립금 적립액을 빼고 난 후에 주주들에게 배당할 수 있는 금액(배당가능이익)이 결정되므로 기업이 가득한 이익을 주주들이 배당으로 모두 가져가지 못하도록 법정적립금뿐만 아니라 임의적립금도 적립하는 것이다.

(3) 미처분이익잉여금

회사가 창출한 당기순손익 중 배당, 자본조정 항목의 상각 또는 다른 이익잉여금 계정으로 대체되지 않고 남아있는 이익잉여금을 말한다. 즉, 기업의 미처분이익잉여금은 기업이 유보시킨 당기순이익 중에서 아직 배당되지 않거나 적립금으로 적립되지 않거나 자본조정과 상각되지 않아 배당의 재원 또는 추가적인 적립금의 적립재원이 될 수 있는 금액을 말한다.

미처분이익잉여금의 구조
미처분이익잉여금 = Σ[당기순손익 + 임의적립금 이입 − 이익잉여금처분(배당, 적립 등)]

해커스 IFRS 정윤돈 회계원리

CH 9 자본

미처분이익잉여금은 기업이 유보시킨 당기순이익 중에서 배당되지 않거나 적립금으로 적립되지 않거나 자본조정과 상각되지 않아 배당의 재원 또는 추가적인 적립금의 적립재원이 될 수 있는 금액이다. 미처분이익잉여금의 처분 권한은 주주총회에 있다. 이러한 미처분이익잉여금은 다음과 같은 원인으로 변동한다.

01 당기순손익의 대체

회계순환과정 중 보고기간 동안 집계된 당기손익은 집합손익에 집계되었다가 미처분이익잉여금에 대체함으로써 마감된다. 이러한 과정에서 미처분이익잉여금이 증가하지만 당기순손실이 대체되는 경우에는 미처분이익잉여금이 감소되기도 한다.

> **당기순손익의 이익잉여금 대체 회계처리**
>
> [당기순이익 대체]
>
> | (차) 집합손익 | N/I | (대) 미처분이익잉여금 | ×× |
> |---|---|---|---|
>
> [당기순손실 대체]
>
> | (차) 미처분이익잉여금 | ×× | (대) 집합손익 | N/I |
> |---|---|---|---|

02 기타포괄손익누계액의 대체

한국채택국제회계기준에 열거된 기타포괄손익의 항목은 기타포괄손익누계액에 누적적으로 집계되었다가, 해당 항목이 실현되는 경우 동 항목은 당기손익으로 재분류되거나 미처분이익잉여금에 직접 대체되어 미처분이익잉여금이 변동한다.

> **기타포괄손익누계액의 이익잉여금 대체 회계처리**
>
> [기타포괄이익누계액 대체]
>
> | (차) 기타포괄손익누계액(예 재평가잉여금) | ×× | (대) 미처분이익잉여금 | ×× |
> |---|---|---|---|
>
> [기타포괄손실누계액 대체]
>
> | (차) 미처분이익잉여금 | ×× | (대) 기타포괄손실누계액(예 금융자산평가손실) | ×× |
> |---|---|---|---|

03 배당

(1) 배당의 정의

배당은 기업의 경영활동의 결과를 통해 창출한 이익을 주주들에게 배분하는 것으로 자기자본에 대한 이자라고 할 수 있다. 배당은 현금으로 지급되는 것이 일반적이지만 경우에 따라서는 주식 등 다른 형태로 지급되기도 한다.

(2) 배당 관련 일자의 정의

배당의 회계처리에 있어서 배당기준일, 배당결의일, 배당지급일은 중요한 의미를 갖는다.

① 배당기준일

특정일 현재 주주명부에 기재된 주주들에게 배당을 받을 권리가 있다고 할 때 그 특정일이 배당기준일이다. 배당기준일 현재 주주라면 배당을 받을 권리가 있으며, 그 다음날에 주주가 된 사람은 배당을 받을 권리가 없다. 일반적으로 연 1회 배당을 지급할 때 배당기준일은 결산일이다.

② 배당결의일

배당금 지급에 대한 결의는 주주총회 결의사항이다. 따라서 배당결의일은 주주총회 결의일이며, 주주총회 결의일에 비로소 회사는 배당금을 지급해야 할 의무가 발생한다.

③ 배당지급일

배당을 결의했다고 해서 즉시 배당금이 지급되는 것은 아니다. 배당금은 상법에 따라 배당결의일로부터 1개월 내에 지급되며, 이 날이 배당지급일이다.

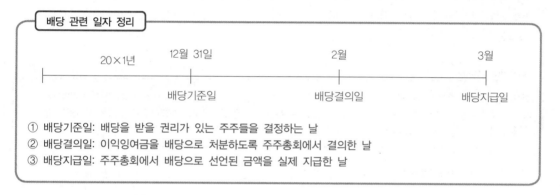

배당 관련 일자 정리

① 배당기준일: 배당을 받을 권리가 있는 주주들을 결정하는 날
② 배당결의일: 이익잉여금을 배당으로 처분하도록 주주총회에서 결의한 날
③ 배당지급일: 주주총회에서 배당으로 선언된 금액을 실제 지급한 날

(3) 현금배당

현금배당은 배당금을 현금으로 지급하는 것으로 실질적인 채무는 배당선언일에 발생한다. 회사는 배당선언일에 미지급배당금으로 처리하고, 실제 배당금을 현금 지급하는 시점에 현금 지급액과 상계한다. 기업이 현금배당을 하게 되면, 미처분이익잉여금의 감소와 함께 자본총계가 감소하게 된다.

현금배당의 회계처리

[배당기준일]

회계처리 없음			

[배당결의일]

(차) 미처분이익잉여금	1.1A	(대) 미지급배당금(유동부채)	A
		이익준비금	0.1A

[배당지급일]

(차) 미지급배당금	××	(대) 현금	××

(4) 주식배당

주식배당은 회사가 주식을 신규로 발행하여 주주들에게 배당하는 것을 말한다. 기업이 주식배당을 하게 되면, 현금배당과 같이 미처분이익잉여금이 감소하지만 자본의 총액은 감소하지 않는다는 특징이 있다.

Additional Comment

주식배당을 하는 회사는 자금을 지출하지 않고 주주의 배당압력을 줄일 수 있으며, 기업의 순자산에는 변화를 주지 않고 주식의 유통을 원활하게 하는 장점이 있다. 또한, 주주의 입장에서는 무상으로 교부받은 주식을 시가로 처분함으로써 실질적인 현금배당을 받는 혜택이 있다고 볼 수 있다.

주식배당의 회계처리에는 다음과 같은 방법이 있다.

① 액면금액법: 주식배당 시 주식의 액면금액만큼의 이익잉여금을 자본금으로 대체시키는 방법
② 공정가치법: 배당되는 주식배당을 결의 시점의 주식의 공정가치만큼 이익잉여금을 자본금과 자본잉여금으로 대체시키는 방법

액면금액법은 주식배당이 투자자의 수익이 아니라는 것에 주안점을 두었다. 즉, 주식배당은 주주의 지분을 보다 많은 수의 주식으로 분할하는 것에 불과하므로 투자자에게 수익이 발생하지 않는다는 것이다. 우리나라 상법에서는 주식배당을 액면금액법으로 회계처리하도록 하였다. 주식배당은 배당선언일에 회계처리하고, 미교부주식배당의 과목으로 하여 자본조정으로 처리한다. 해당 미교부주식배당은 실제 주식을 발행·교부하는 시점에 자본금으로 대체한다.

[배당기준일]

회계처리 없음		

[배당결의일]

(차) 미처분이익잉여금　　　　　××　　　　(대) 미교부주식배당(자본조정)　　　××

[배당지급일]

(차) 미교부주식배당　　　　　　××　　　　(대) 자본금　　　　　　　　　　　××

(5) 중간배당

연 1회의 결산기를 정한 회사는 정관에 정한 경우 영업연도 중 1회에 한하여 이사회의 결의로 일정한 날을 정하여 그 날의 주주에 대하여 배당을 할 수 있는데, 이러한 배당을 중간배당이라고 한다. 중간배당은 현금배당이나 현물배당만이 가능하고 이사회의 결의로 배당한다는 점에서 정기주주총회에서 결의되어 지급되는 연차배당과는 다르다.

중간배당도 이익배당이므로 이익준비금을 적립하여야 한다. 따라서 정기주주총회에서 이익준비금을 적립할 금액은 중간배당액과 정기주주총회에서 결의될 연차배당액의 합계액을 기준으로 계산하여야 한다.

중간배당의 회계처리

[중간배당의 이사회 결의 시]

(차) 미처분이익잉여금　　　　　A　　　　(대) 미지급배당금　　　　　　　　A

[중간배당 지급 시]

(차) 미지급배당금　　　　　　　A　　　　(대) 현금　　　　　　　　　　　A

[해당 연도 주주총회 결의 시 중간배당에 대한 이익준비금 적립]

(차) 미처분이익잉여금　　　　0.1A　　　(대) 이익준비금　　　　　　　　0.1A

(6) 주식분할과 주식병합

주식분할은 하나의 주식을 여러 개의 주식으로 분할하는 것이고 주식병합은 여러 개의 주식을 하나의 주식으로 병합하는 것을 말한다. 주식분할과 주식병합은 자본 구성내역에 변동이 없기 때문에 회계처리하지 않는다.

Additional Comment

주식분할은 주식을 추가로 주주들에게 분배해 준다는 점에서 주식배당과 동일하나, 자본 구성내역에 변동이 없다는 점에서 배당 가능한 이익잉여금이 자본으로 대체되어 자본 구성내역에 변동이 있는 주식배당과 다르다.

손익거래가 자본에 미치는 영향

구분	N/I 대체	OCI 대체	현금배당	주식배당	주식분할	주식병합
발행주식수	불변	불변	불변	증가	증가	감소
주당 액면금액	불변	불변	불변	불변	감소	증가
자본금 총액	불변	불변	불변	증가	불변	불변
자본잉여금	불변	불변	불변	불변	불변	불변
이익잉여금	감소 가능	증가	감소	감소	불변	불변
자본총계	증가 가능	불변	감소	불변	불변	불변

연습문제

3. 주식배당, 무상증자, 주식분할, 주식병합에 대한 설명으로 가장 옳지 않은 것은?

① 주식배당, 무상증자의 경우 총자본은 변하지 않는다.

② 무상증자, 주식분할의 경우 자본금이 증가한다.

③ 주식병합의 경우 발행주식수가 감소하지만 주식분할의 경우 발행주식수가 증가한다.

④ 주식분할의 경우 주당 액면금액이 감소하지만 주식배당, 무상증자의 경우 주당 액면금액은 변하지 않는다.

⑤ 주식분할과 주식병합은 자본금 총액에는 영향을 미치지 않는다.

해설 --

(1) 무상증자: 발행주식수 증가, 액면가 불변, 자본금 증가, 자본잉여금 감소 가능, 이익잉여금 감소 가능

(2) 주식분할: 발행주식수 증가, 액면가 감소, 자본금 불변, 자본잉여금 불변, 이익잉여금 불변   답 ②

04 법정적립금, 임의적립금의 적립과 이입

(1) 법정적립금과 이익준비금

법정적립금은 법률에 따라 기업의 이익 중 일부를 적립한 것으로서, 이익준비금이 대표적인 항목이다. 이익준비금은 우리나라의 상법에 따라 기업이 자본금의 1/2에 달할 때까지 매기 결산 시 주식배당을 제외한 이익배당액(현금배당과 현물배당)의 1/10 이상을 적립한 금액이다. 단, 상법에서는 이익준비금으로 적립할 금액의 최저한도만을 규정한 것이므로 이익배당이 없는 경우에도 이익준비금은 적립 가능하다.

이익준비금의 최소적립액과 회계처리

이익준비금의 최소적립액 = Min[이익배당가능액 × 10%, 자본금 × 1/2 - 이익준비금 기적립분]

[법정적립금의 적립]

(차) 미처분이익잉여금	××	(대) 이익준비금	××

[법정적립금을 재원으로 한 결손보전]

(차) 이익준비금	××	(대) 미처분이익잉여금	××

* 이익준비금의 적립은 주주총회에서 결정되며, 주주총회일에 회계처리한다.

Additional Comment

법정적립금은 무상증자나 결손보전으로 사용할 수 있다. 법정적립금을 자본금으로 대체하는 것은 무상증자이며, 법정적립금을 미처리결손금과 상계하는 것은 결손보전이다.

(2) 임의적립금

임의적립금은 정관이나 주주총회 결의에 의하여 이익잉여금 중 사내에 유보한 이익잉여금을 말한다. 임의적립금은 적립 목적이나 금액 등을 기업이 재량적으로 결정할 수 있다. 기업이 가득한 이익 중 법정적립금과 임의적립금 적립액을 빼고 난 후에 주주에 대한 배당가능이익이 결정되므로 기업이 가득한 이익을 주주들이 배당으로 모두 가져가지 못하도록 법정적립금뿐만 아니라 임의적립금도 적립하는 것이다.

임의적립금의 적립 목적이 달성되었다면, 차기 이후의 주주총회에 해당 임의적립금을 다시 미처분이익잉여금으로 환원시킨 후 다른 목적의 임의적립금을 적립하거나 배당으로 사외유출할 수도 있다. 이렇게 임의적립금을 미처분이익잉여금으로 환원하는 것을 임의적립금의 이입이라고 한다.

임의적립금의 적립과 이입의 회계처리

[임의적립금의 적립]

(차) 미처분이익잉여금	××	(대) 임의적립금	××

[임의적립금의 이입]

(차) 임의적립금	××	(대) 미처분이익잉여금	××

* 이익준비금의 적립은 주주총회에서 결정되며, 주주총회일에 회계처리한다.

Additional Comment

기업이 임의적립금을 적립한다고 해서 당해 목적에 사용할 자금이 마련되는 것은 아니다. 그러나 기업은 주주들의 배당압력을 회피할 수단으로 임의적립금을 이용하거나, 추후 특정 부분에 사용하기 위해서 현재는 배당재원이 있음에도 불구하고 배당할 수 없는 사실을 알려주는 역할로 임의적립금을 이용한다.

05 자본거래 손실의 상각

주식할인발행차금, 감자차손 및 자기주식처분손실 등과 같이 자본거래 손실은 회사와 주주와의 거래를 통해 회사가 손실을 입은 것이기 때문에 주주의 입장에서 본다면 회사로부터 이익을 배분받은 것으로 볼 수 있다. 그러므로 자본거래 손실은 주주에 대한 배당으로 해석할 수도 있다. 그러나 우리나라의 경우 이익잉여금의 처분 권한이 주주총회에 있으므로 이를 배당으로 회계처리하지 않고, 자본조정으로 처리한 후 주주총회의 결의를 통하여 미처분이익잉여금과 상계하도록 하고 있다.

자본거래 손실 상각의 회계처리

[자본거래 손실 상각]

(차) 미처분이익잉여금	××	(대) 주식할인발행차금 등	××

* 자본거래 손실 상각의 회계처리는 주주총회일에 수행한다.

---

06 결손금의 처리

영업활동의 결과 당기순손실이 발생할 수도 있다. 이때 회사는 당기순손실을 포함한 결손금을 다른 잉여금과 상계하여 제거할 수도 있고 차기로 이월시킬 수도 있다. 여기서 결손금(전기이월미처분결손금 포함)의 처리란 결손금을 이익잉여금(법정적립금과 임의적립금) 또는 자본잉여금과 상계하여 장부에서 제거하는 것이며 이를 결손보전이라고도 한다. 결손금은 자본금과 상계할 수도 있는데, 이를 무상감자라고 한다. 결손금의 처리도 주주총회의 승인을 받아야 하기 때문에 당기 말 재무상태표에는 처리하기 전의 결손금이 표시되며, 결손금처리에 대한 회계처리는 주주총회일에 이루어진다.

결손금처리의 회계처리

[결산일 마감분개]

(차) 미처리결손금	××	(대) 집합손익	××

[주주총회일의 결손금처리]

(차) 법정적립금	××	(대) 미처리결손금	××
임의적립금	××		
자본잉여금	××		

* 결손금처리의 회계처리는 주주총회일에 수행한다.

Additional Comment

미처리결손금 중 얼마의 금액을 처리해야 하는지는 기업이 결정할 사항이다. 미처리결손금 전액을 다른 잉여금과 상계할 수도 있고 일부만 상계할 수도 있으며, 전혀 상계하지 않고 차기로 이월할 수도 있다. 미처리결손금을 처리할 때 상계 대상 잉여금은 자본잉여금, 법정적립금 및 임의적립금이 될 수 있는데, 상법에는 미처리결손금의 상계 순서를 정하고 있지 않다.

⊞ 참고 | 자본거래가 자본에 미치는 영향

1. 자본거래가 자본총계에 미치는 영향 분류

구분	세부 항목	자본총계에 미치는 영향
자본의 증감	주주와의 거래로 자산·부채의 증감 ⇒ 현금 유출·유입 및 자산·부채의 변동	○
	당기순손익(N/I)	
	기타포괄손익(OCI)	
자본 구성내역의 변동	무상증자/감자, 주식배당/분할/병합	×
	이익준비금 적립	
	자본거래 손실 상계	
	임의적립금 적립, 이입	

2. 거래별 자본총계에 미치는 효과

구분		자본총계 영향	금액
자본거래	유상증자	+	발행금액
	유상감자	−	감자대가
	자기주식 취득	−	취득원가
	자기주식 재발행	+	재발행금액
	자기주식 소각	변동 없음	
	이익배당	−	현금배당액
	무상증자/주식배당/주식분할/주식병합	변동 없음	
	이익준비금/임의적립금 적립	변동 없음	
총포괄이익		+	총포괄이익

🖹 실제시험 풀이용 TOOL 분석 및 계산 - 자본총계에 미치는 영향 풀이방법 II형

자본의 변동(= 1 + 2)   = 1. 자본거래 = + 현금 유입 − 현금 유출 or 자산·부채 증감
= 기말 자본 − 기초 자본   +

                          2. 손익거래(= ① + ②)   ① N/I
                             = 총포괄손익   ② OCI 변동

4. 〈보기〉는 ㈜서울의 2018년 1월 1일 자본 관련 자료이다. 2018년 5월 초에 보통주 200주를 주당 ₩4,500에 발행(유상증자)하였으며, 11월 말에 자기주식 100주를 주당 ₩6,000에 현금 취득하였다. 2018년도 당기순이익이 ₩500,000이었다면, 2018년 말 자본총액은?

〈보기〉

- 자본금
  보통주자본금 ₩10,000,000 (주당 액면금액 ₩5,000)
- 자본잉여금
  주식발행초과금 ₩1,000,000
- 이익잉여금 ₩2,300,000
  자본총액 ₩13,300,000

① ₩13,800,000   ② ₩14,100,000
③ ₩14,300,000   ④ ₩14,700,000
⑤ ₩14,800,000

해설 --

18년 말 자본총액: 14,100,000 = 기초 13,300,000 + 증가 (900,000 + 500,000) − 감소 600,000
(1) 자본거래: + 300,000 = 900,000 − 600,000
  1) 유상증자: + 900,000 = 200주 × @4,500
  2) 자기주식 취득: − 600,000 = 100주 × @6,000
(2) 손익거래: + 500,000   답 ②

핵심 빈출 문장

01 발행자가 보유자에게 미래의 시점에 확정된 금액을 의무적으로 상환해야 하는 우선주는 금융부채로 분류한다.

02 현물배당을 실시할 경우, 각 보고기간 말과 결제일에 기업은 미지급배당의 장부금액을 검토하고 조정한다. 이 경우 미지급배당의 장부금액 변동은 분배금액에 대한 조정으로 자본으로 인식한다.

객관식 문제

01 자본의 구성

다음의 장부마감 전 자료를 토대로 계산한 기말 자본은? (단, 수익과 비용에는 기타포괄손익 항목이 포함되어 있지 않다.)

수익합계	₩2,000,000	비용합계	₩1,000,000
자본금	₩1,000,000	주식발행초과금	₩500,000
이익잉여금	₩500,000	자기주식	₩100,000
감자차익	₩100,000	재평가잉여금	₩200,000

① ₩3,500,000　　　　　② ₩3,300,000

③ ₩3,200,000　　　　　④ ₩3,000,000

⑤ ₩2,500,000

02 자기주식거래

3. → Ⅲ 자기주식 ▶ 334p

㈜한국은 액면금액 ₩5,000인 주식 10,000주를 주당 ₩5,000에 발행하였다. ㈜한국은 유통주식수의 과다로 인한 주가관리 차원에서 20×1년에 1,000주를 매입·소각하기로 주주총회에서 결의하였다. ㈜한국은 두 번에 걸쳐 유통주식을 매입하여 소각하였는데 20×1년 6월 1일에 주당 ₩4,000에 500주를 매입한 후 소각했고, 20×1년 9월 1일에 주당 ₩7,000에 500주를 매입한 후 소각했다고 한다면 20×1년 9월 1일의 감자차손익 잔액은?

① 감자차익　₩500,000　　　② 감자차손　₩1,000,000

③ 감자차손　₩500,000　　　④ 감자차익　₩1,000,000

⑤ 감자차손　₩750,000

03 자본거래 서술형 문제

자본에 대한 설명으로 옳지 않은 것은? (단, 자기주식의 회계처리는 원가법을 따른다.)

① 자기주식을 취득원가보다 낮은 금액으로 매각한 경우 자기주식처분손실이 발생하며 포괄손익계산서에 비용으로 계상한다.

② 감자 시 주주에게 지급하는 대가가 감소하는 주식의 액면금액보다 적을 때에는 차액을 감자차익으로 기록한다.

③ 실질적 감자의 경우 자본금과 자산이 감소하며, 감자차익 또는 감자차손이 발생할 수 있다.

④ 결손을 보전하기 위한 목적으로 형식적 감자를 실시하는 경우 자본금 감소가 이월결손금보다 큰 경우에는 감자차익이 발생한다.

⑤ 자기주식처분이익과 자기주식처분손실은 발생 순서에 관계없이 서로 우선 상계한다.

04 자본거래 및 손익거래가 자본에 미치는 영향

3. → Ⅱ → [Self Study] 자본거래가 자본에 미치는 영향 ▶ 332p
4. → Ⅱ → [Self Study] 손익거래가 자본에 미치는 영향 ▶ 346p

다음 각 항목이 재무상태표의 자본금, 이익잉여금 및 자본총계에 미치는 영향으로 옳지 않은 것은?

항목	자본금	이익잉여금	자본총계
① 무상증자	증가	증가	증가
② 주식배당	증가	감소	불변
③ 주식분할	불변	불변	불변
④ 유상증자	증가	불변	증가
⑤ 유상감자	감소	불변	감소

05 자본거래 계산형 문제(자본잉여금)

3. 자본거래 ▶ 326p

㈜한국의 20×1년 초 자본잉여금은 ₩1,000,000이다. 당기에 다음과 같은 거래가 발생하였을 때, 20×1년 말 자본잉여금은? (단, 다음 거래를 수행하는 데 충분한 계정 금액을 보유하고 있으며, 자기주식에 대하여 원가법을 적용한다.)

- 2월에 1주당 액면금액이 ₩2,000인 보통주 500주를 1주당 ₩3,000에 발행하였다.
- 3월에 주주총회에서 총액 ₩200,000의 배당을 결의하였다.
- 4월에 자기주식 100주를 1주당 ₩2,500에 취득하였다.
- 3월에 결의한 배당금을 4월에 현금으로 지급하였다.
- 4월에 취득한 자기주식 40주를 9월에 1주당 ₩4,000에 처분하였다.

① ₩1,000,000
② ₩1,110,000
③ ₩1,510,000
④ ₩1,560,000
⑤ ₩1,660,000

06 자본거래 계산형 문제(무상증자·주식배당)

3. 자본거래 ▶ 326p

다음은 ㈜한국의 2015년 12월 31일 자본 내역이다.

자본	
자본금(액면금액 @₩500)	₩3,000,000
주식발행초과금	1,500,000
이익준비금	2,000,000
미처분이익잉여금	5,500,000
	₩12,000,000

㈜한국은 주권상장법인이며, 2016년 2월 주주총회에서 2,000주의 주식배당과 이익준비금을 재원으로 한 2,000주의 무상증자를 실시하기로 하였다. 주식배당과 무상증자를 실시하여 주식을 교부하였다면, ㈜한국의 자본금은?

① ₩3,000,000
② ₩4,000,000
③ ₩5,000,000
④ ₩6,000,000
⑤ ₩8,000,000

07 자본총계에 미치는 영향

자본총액에 영향을 주지 않는 거래는?

① 당기손익-공정가치 측정 금융자산에 대하여 평가손실이 발생하다.

② 이익준비금을 자본금으로 전입하다.

③ 주주로부터 자산을 기부받다.

④ 자기주식을 재발행하다.

⑤ 주주에게 현금을 지급하고 주식을 감자하였다.

08 자본총계에 미치는 영향

㈜서울의 2018년 초와 2018년 말의 총자산은 각각 ₩150,000과 ₩270,000이며, 2018년 초와 2018년 말의 총부채는 각각 ₩80,000과 ₩120,000이다. ㈜서울은 2018년 중 ₩50,000의 유상증자를 실시하고 현금배당 ₩10,000과 주식배당 ₩7,000을 실시하였다. ㈜서울의 2018년 기타포괄손익이 ₩10,000인 경우 2018년 포괄손익계산서의 당기순이익은?

① ₩30,000

② ₩37,000

③ ₩40,000

④ ₩47,000

⑤ ₩50,000

객관식 문제 정답 및 해설

01 ③　기말 자본의 금액: 3,200,000 = 1,500,000 + 1,700,000
　　1. 자본거래: 1,500,000
　　　(1) 자본금: +1,000,000
　　　(2) 자본잉여금: +600,000
　　　　1) 주식발행초과금: 500,000
　　　　2) 감자차익: 100,000
　　　(3) 자본조정: −100,000
　　　　1) 자기주식: −100,000
　　2. 손익거래: 1,700,000
　　　(1) 당기순이익: +1,000,000 = 총 수익 2,000,000 − 총 비용 1,000,000
　　　(2) 이익잉여금: +500,000
　　　(3) 재평가잉여금: +200,000

02 ③　×1년 9월 1일의 감자차손 잔액: 500,000 = 500주 × [@(5,000 − 4,000) + @(5,000 − 7,000)]
　　참고 누적 회계처리

유상증자	(차) 현금	50,000,000	(대) 자본금		50,000,000
	* 현금: 10,000주 × @5,000 = 50,000,000				
	* 자본금: 액면발행이므로 현금과 동일, 주식발행초과금 없음				
6월 자기주식 취득	(차) 자기주식	2,000,000	(대) 현금		2,000,000
	* 자기주식: 500주 × @4,000 = 2,000,000				
6월 자기주식 소각	(차) 자본금	2,500,000	(대) 자기주식 감자차익		2,000,000 500,000
	* 자본금: 500주 × @5,000 = 2,500,000				
	* 자기주식: 500주 × @4,000 = 2,000,000				
9월 자기주식 취득	(차) 자기주식	3,500,000	(대) 현금		3,500,000
	* 자기주식: 500주 × @7,000 = 3,500,000				
9월 자기주식 소각	(차) 자본금 감자차익 감자차손	2,500,000 500,000 500,000	(대) 자기주식		3,500,000
	* 자본금: 500주 × @5,000 = 2,500,000				
	* 자기주식: 500주 × @7,000 = 3,500,000				

03 ① 자기주식을 취득원가보다 낮은 금액으로 매각한 경우 자기주식처분손실이 발생하며 재무상태표의 자본(자본조정)으로 처리한다.

04 ① [참고] 유상증자, 무상증자, 주식배당, 주식분할의 비교

구분	유상증자	무상증자	주식배당	주식분할
발행주식수	증가	증가	증가	증가
주당 액면금액	불변	불변	불변	감소
자본금 총액	증가	증가	증가	불변
자본잉여금	불변	감소 가능	불변	불변
이익잉여금	불변	감소 가능	감소	불변
자본총계	증가	불변	불변	불변

05 ④ ×1년 말 자본잉여금: 1,560,000 = 기초 1,000,000 + 증가 (500,000 + 60,000)
(1) 자본(기초): 1,000,000
(2) 2월(유상증자): +500,000 = 500주 × @(3,000 − 2,000)
(3) 3월(배당 결의): 자본잉여금과 관련 없음
(4) 4월(배당금 지급): 자본잉여금과 관련 없음
(5) 4월(자기주식 취득): 자본잉여금과 관련 없음
(6) 4월(자기주식 처분): +60,000 = 40주 × @(4,000 − 2,500)

2월 유상증자	(차) 현금	1,500,000	(대) 자본금 주식발행초과금	1,000,000 500,000
	* 현금: 500주 × @3,000 = 1,500,000 * 자본금: 500주 × @2,000 = 1,000,000			
3월 배당 결의	[현금배당의 결의 관련 회계처리]			
	(차) 미처분이익잉여금 (차) 미처분이익잉여금	200,000 20,000	(대) 미지급배당 (대) 이익준비금	200,000 20,000
	* 이익준비금: 200,000 × 10% = 20,000			
	[주식배당의 결의 관련 회계처리]			
	(차) 미처분이익잉여금	200,000	(대) 미교부주식배당	200,000
4월 배당금 지급	[현금배당의 지급 관련 회계처리]			
	(차) 미지급배당	200,000	(대) 현금	200,000
	[주식배당의 지급 관련 회계처리]			
	(차) 미교부주식배당	200,000	(대) 자본금	200,000
4월 자기주식 취득	(차) 자기주식	250,000	(대) 현금	250,000
	* 자기주식: 100주 × @2,500 = 250,000			
4월 자기주식 처분	(차) 현금	160,000	(대) 자기주식 자기주식처분이익	100,000 60,000
	* 현금: 40주 × @4,000 = 160,000 * 자기주식: 40주 × @2,500 = 100,000			

06 ③ ㈜한국의 자본금: 5,000,000

(1) 자본금(기초): +3,000,000

(2) 주식배당: +1,000,000 = 2,000주 × @500

배당 결의	(차) 미처분이익잉여금	1,000,000	(대) 미교부주식배당	1,000,000
	* 미처분이익잉여금: 2,000주 × @500 = 1,000,000			
배당금 지급	(차) 미교부주식배당	1,000,000	(대) 자본금	1,000,000

(3) 무상증자: +1,000,000 = 2,000주 × @500

무상증자	(차) 이익준비금	1,000,000	(대) 자본금	1,000,000
	* 자본금: 2,000주 × @500 = 1,000,000			

07 ② 무상증자: 자본총계 불변

(차) 이익준비금(자본 감소)	(대) 자본금(자본 증가)

▶ 오답체크

① 평가손실 발생: 자본총계 감소

(차) 금융자산평가손실(비용 발생)	(대) FVPL금융자산(자산 감소)

③ 자산의 수증: 자본총계 증가

(차) 자산(자산 증가)	(대) 자산수증이익(수익 발생)

④ 자기주식 처분: 자본총계 증가

(차) 현금(자산 증가)	(대) 자기주식(자본 감소)

⑤ 유상감자: 자본총계 감소

(차) 자본금(자본 감소)	(대) 현금(자산 감소)

08 ①

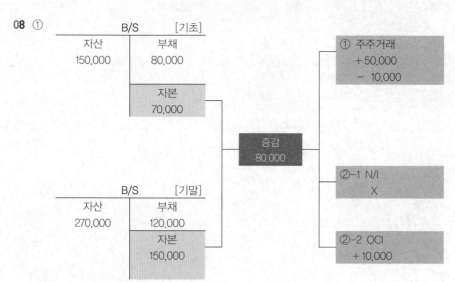

⇒ 150,000 − 70,000 = (50,000 − 10,000) + X + 10,000

∴ X = 30,000

(1) 자본(기초): 70,000 = 자산 150,000 − 부채 80,000

(2) 자본(기말): 150,000 = 자산 270,000 − 부채 120,000

(3) 자본증가: 80,000 = 기말 150,000 − 기초 70,000

(4) 자본거래 증감: 40,000 = 유상증자 50,000 − 현금배당 10,000

(5) 총포괄손익: 40,000 = 증가 80,000 − 증감 40,000

(6) 당기순이익: 30,000 = 총포괄손익 40,000 − 기타포괄손익 10,000

부록

현가표

1. 복리이자요소(CVIF)
2. 연금의 복리이자요소(CVIFa)
3. 현가이자요소(PVIF)
4. 연금의 현가이자요소(PVIFa)

1 복리이자요소(CVIF)

$$CVIF = (1 + i)^n$$

(n = 기간, i = 기간당 이자율)

n/i	1.0	2.0	3.0	4.0	5.0	6.0	7.0	8.0	9.0	10.0
1	1.01000	1.02000	1.03000	1.04000	1.05000	1.06000	1.07000	1.08000	1.09000	1.10000
2	1.02010	1.04040	1.06090	1.08160	1.10250	1.12360	1.14490	1.16640	1.18810	1.21000
3	1.03030	1.06121	1.09273	1.12486	1.15762	1.19102	1.22504	1.25971	1.29503	1.33100
4	1.04060	1.08243	1.12551	1.16986	1.21551	1.26248	1.31080	1.36049	1.41158	1.46410
5	1.05101	1.10408	1.15927	1.21665	1.27628	1.33823	1.40255	1.46933	1.53862	1.61051
6	1.06152	1.12616	1.19405	1.26532	1.34010	1.41852	1.50073	1.58687	1.67710	1.77156
7	1.07214	1.14869	1.22987	1.31593	1.40710	1.50363	1.60578	1.71382	1.82804	1.94872
8	1.08286	1.17166	1.26677	1.36857	1.47746	1.59385	1.71819	1.85093	1.99256	2.14359
9	1.09369	1.19509	1.30477	1.42331	1.55133	1.68948	1.83846	1.99900	2.17189	2.35795
10	1.10462	1.21899	1.34392	1.48024	1.62889	1.79085	1.96715	2.15892	2.36736	2.59374
11	1.11567	1.24337	1.38423	1.53945	1.71034	1.89830	2.10485	2.33164	2.58043	2.85312
12	1.12682	1.26824	1.42576	1.60103	1.79586	2.01220	2.25219	2.51817	2.81266	3.13843
13	1.13809	1.29361	1.46853	1.66507	1.88565	2.13293	2.40984	2.71962	3.06580	3.45227
14	1.14947	1.31948	1.51259	1.73168	1.97993	2.26090	2.57853	2.93719	3.34173	3.79750
15	1.16097	1.34587	1.55797	1.80094	2.07893	2.39656	2.75903	3.17217	3.64248	4.17725
16	1.17258	1.37279	1.60471	1.87298	2.18287	2.54035	2.95216	3.42594	3.97030	4.59497
17	1.18430	1.40024	1.65285	1.94790	2.29202	2.69277	3.15881	3.70002	4.32763	5.05447
18	1.19615	1.42825	1.70243	2.02582	2.40662	2.85434	3.37993	3.99602	4.71712	5.55992
19	1.20811	1.45681	1.75351	2.10685	2.52695	3.02560	3.61653	4.31570	5.14166	6.11591
20	1.22019	1.48595	1.80611	2.19112	2.65330	3.20713	3.86968	4.66096	5.60441	6.72750

n/i	11.0	12.0	13.0	14.0	15.0	16.0	17.0	18.0	19.0	20.0
1	1.11000	1.12000	1.13000	1.14000	1.15000	1.16000	1.17000	1.18000	1.19000	1.20000
2	1.23210	1.25440	1.27690	1.29960	1.32250	1.34560	1.36890	1.39240	1.41610	1.44000
3	1.36763	1.40493	1.44290	1.48154	1.52087	1.56090	1.60161	1.64303	1.68516	1.72800
4	1.51807	1.57352	1.63047	1.68896	1.74901	1.81064	1.87389	1.93878	2.00534	2.07360
5	1.68506	1.76234	1.84244	1.92541	2.01136	2.10034	2.19245	2.28776	2.38635	2.48832
6	1.87041	1.97382	2.08195	2.19497	2.31306	2.43640	2.56516	2.69955	2.83976	2.98598
7	2.07616	2.21068	2.35261	2.50227	2.66002	2.82622	3.00124	3.18547	3.37931	3.58318
8	2.30454	2.47596	2.65844	2.85259	3.05902	3.27841	3.51145	3.75886	4.02138	4.29982
9	2.55804	2.77308	3.00404	3.25195	3.51788	3.80296	4.10840	4.43545	4.78545	5.15978
10	2.83942	3.10585	3.39457	3.70722	4.04556	4.41143	4.80683	5.23383	5.69468	6.19173
11	3.15176	3.47855	3.83586	4.22623	4.65239	5.11726	5.62399	6.17592	6.77667	7.43008
12	3.49845	3.89598	4.33452	4.81790	5.35025	5.93603	6.58007	7.28759	8.06424	8.91610
13	3.88328	4.36349	4.89801	5.49241	6.15279	6.88579	7.69868	8.59936	9.59645	10.69932
14	4.31044	4.88711	5.53475	6.26135	7.07570	7.98752	9.00745	10.14724	11.41977	12.83918
15	4.78459	5.47356	6.25427	7.13794	8.13706	9.26552	10.53872	11.97374	13.58953	15.40701
16	5.31089	6.13039	7.06732	8.13725	9.35762	10.74800	12.33030	14.12902	16.17154	18.48842
17	5.89509	6.86604	7.98608	9.27646	10.76126	12.46768	14.42645	16.67224	19.24413	22.18610
18	6.54355	7.68996	9.02427	10.57517	12.37545	14.46251	16.87895	19.67324	22.90051	26.62332
19	7.26334	8.61276	10.19742	12.05569	14.23177	16.77651	19.74837	23.21443	27.25161	31.94798
20	8.06231	9.64629	11.52309	13.74348	16.36653	19.46075	23.10559	27.39302	32.42941	38.33758

2 연금의 복리이자요소(CVIFa)

$$CVIFa = \frac{(1+i)^n - 1}{i}$$

(n = 기간, i = 기간당 이자율)

n/i	1.0	2.0	3.0	4.0	5.0	6.0	7.0	8.0	9.0	10.0
1	1.00000	1.00000	1.00000	1.00000	1.00000	1.00000	1.00000	1.00000	1.00000	1.00000
2	2.01000	2.02000	2.03000	2.04000	2.04500	2.06000	2.07000	2.08000	2.09000	2.10000
3	3.03010	3.06040	3.09090	3.12160	3.13702	3.18360	3.21490	3.24640	3.27810	3.31000
4	4.06040	4.12161	4.18363	4.24646	4.27819	4.37462	4.43994	4.50611	4.57313	4.64100
5	5.10100	5.20404	5.30914	5.41632	5.47071	5.63709	5.75074	5.86660	5.98471	6.10510
6	6.15201	6.30812	6.46841	6.63298	6.71689	6.97532	7.15329	7.33593	7.52333	7.71561
7	7.21353	7.43428	7.66246	7.89829	8.01915	8.39384	8.65402	8.92280	9.20043	9.48717
8	8.28567	8.58297	8.89234	9.21423	9.38001	9.89747	10.25980	10.63663	11.02847	11.43589
9	9.36853	9.75463	10.15911	10.58279	10.80211	11.49132	11.97799	12.48756	13.02104	13.57948
10	10.46221	10.94972	11.46388	12.00611	12.28821	13.18079	13.81645	14.48656	15.19293	15.93742
11	11.56683	12.16871	12.80779	13.48635	13.84118	14.97164	15.78360	16.64549	17.56029	18.53117
12	12.68250	13.41209	14.19203	15.02580	15.46403	16.86994	17.88845	18.97713	20.14072	21.38428
13	13.80933	14.68033	15.61779	16.62684	17.15991	18.88214	20.14064	21.49530	22.95338	24.52271
14	14.94742	15.97394	17.08632	18.29191	18.93211	21.01506	22.55049	24.21492	26.01919	27.97498
15	16.09689	17.29342	18.59891	20.02359	20.78405	23.27597	25.12902	27.15211	29.36091	31.77248
16	17.25786	18.63928	20.15688	21.82453	22.71933	25.67252	27.88805	30.32428	33.00339	35.94973
17	18.43044	20.01207	21.76158	23.69751	24.74170	28.21287	30.84021	33.75022	36.97370	40.54470
18	19.61474	21.41231	23.41443	25.64541	26.85508	30.90565	33.99903	37.45024	41.30133	45.59917
19	20.81089	22.84056	25.11686	27.67123	29.06356	33.75998	37.37896	41.44626	46.01845	51.15908
20	22.01900	24.29737	26.87037	29.77807	31.37142	36.78558	40.99549	45.76196	51.16011	57.27499

n/i	11.0	12.0	13.0	14.0	15.0	16.0	17.0	18.0	19.0	20.0
1	1.00000	1.00000	1.00000	1.00000	1.00000	1.00000	1.00000	1.00000	1.00000	1.00000
2	2.11000	2.12000	2.13000	2.14000	2.15000	2.16000	2.17000	2.18000	2.19000	2.20000
3	3.34210	3.37440	3.40690	3.43960	3.47250	3.50560	3.53890	3.57240	3.60610	3.64000
4	4.70973	4.77933	4.84980	4.92114	4.99337	5.06650	5.14051	5.21543	5.29126	5.36800
5	6.22780	6.35285	6.48027	6.61010	6.74238	6.87714	7.01440	7.15421	7.29660	7.44160
6	7.91286	8.11519	8.32271	8.53552	8.75374	8.97748	9.20685	9.44197	9.68295	9.92992
7	9.78327	10.08901	10.40466	10.73049	11.06680	11.41387	11.77201	12.14152	12.52271	12.91590
8	11.85943	12.29969	12.75726	13.23276	13.72682	14.24009	14.77325	15.32699	15.90203	16.49908
9	14.16397	14.77566	15.41571	16.08535	16.78584	17.51851	18.28471	19.08585	19.92341	20.79890
10	16.72201	17.54873	18.41975	19.33729	20.30372	21.32147	22.39311	23.52131	24.70886	25.95868
11	19.56143	20.65458	21.81432	23.04451	24.34927	25.73290	27.19993	28.75514	30.40354	32.15041
12	22.71318	24.13313	25.65018	27.27074	29.00166	30.85016	32.82392	34.93106	37.18021	39.58049
13	26.21163	28.02911	29.98470	32.08865	34.35191	36.78619	39.40399	42.21865	45.24445	48.49659
14	30.09491	32.39260	34.88271	37.58106	40.50470	43.67198	47.10266	50.81801	54.84090	59.19591
15	34.40535	37.27971	40.41746	43.84241	47.58041	51.65949	56.11012	60.96525	66.26067	72.03509
16	39.18994	42.75327	46.67173	50.98034	55.71747	60.92501	66.64883	72.93899	79.85019	87.44210
17	44.50083	48.88367	53.73906	59.11759	65.07508	71.67301	78.97913	87.06801	96.02173	105.93052
18	50.39592	55.74971	61.72513	68.39405	75.83635	84.14069	93.40559	103.74025	115.26585	128.11662
19	56.93947	63.43967	70.74940	78.96922	88.21180	98.60320	110.28453	123.41349	138.16636	154.73994
20	64.20282	72.05243	80.94682	91.02491	102.44357	115.37971	130.03290	146.62792	165.41797	186.68792

3 현가이자요소(PVIF)

$$PVIF = \frac{1}{(1+i)^n}$$

(n = 기간, i = 기간당 할인율)

n/i	1.0	2.0	3.0	4.0	5.0	6.0	7.0	8.0	9.0	10.0
1	0.99010	0.98039	0.97087	0.96154	0.95238	0.94340	0.93458	0.92593	0.91743	0.90909
2	0.98030	0.96117	0.94260	0.92456	0.90703	0.89000	0.87344	0.85734	0.84168	0.82645
3	0.97059	0.94232	0.91514	0.88900	0.86384	0.83962	0.81630	0.79383	0.77218	0.75131
4	0.96098	0.92385	0.88849	0.85480	0.82270	0.79209	0.76290	0.73503	0.70843	0.68301
5	0.95147	0.90573	0.86261	0.82193	0.78353	0.74726	0.71299	0.68058	0.64993	0.62092
6	0.94205	0.88797	0.83748	0.79031	0.74622	0.70496	0.66634	0.63017	0.59627	0.56447
7	0.93272	0.87056	0.81309	0.75992	0.71068	0.66506	0.62275	0.58349	0.54703	0.51316
8	0.92348	0.85349	0.78941	0.73069	0.67684	0.62741	0.58201	0.54027	0.50187	0.46651
9	0.91434	0.83676	0.76642	0.70259	0.64461	0.59190	0.54393	0.50025	0.46043	0.42410
10	0.90529	0.82035	0.74409	0.67556	0.61391	0.55839	0.50835	0.46319	0.42241	0.38554
11	0.89632	0.80426	0.72242	0.64958	0.58468	0.52679	0.47509	0.42888	0.38753	0.35049
12	0.88745	0.78849	0.70138	0.62460	0.55684	0.49697	0.44401	0.39711	0.35553	0.31863
13	0.87866	0.77303	0.68095	0.60057	0.53032	0.46884	0.41496	0.36770	0.32618	0.28966
14	0.86996	0.75788	0.66112	0.57748	0.50507	0.44230	0.38782	0.34046	0.29925	0.26333
15	0.86135	0.74301	0.64186	0.55526	0.48102	0.41727	0.36245	0.31524	0.27454	0.23939
16	0.85282	0.72845	0.62317	0.53391	0.45811	0.39365	0.33873	0.29189	0.25187	0.21763
17	0.84438	0.71416	0.60502	0.51337	0.43630	0.37136	0.31657	0.27027	0.23107	0.19784
18	0.83602	0.70016	0.58739	0.49363	0.41552	0.35034	0.29586	0.25025	0.21199	0.17986
19	0.82774	0.68643	0.57029	0.47464	0.39573	0.33051	0.27651	0.23171	0.19449	0.16351
20	0.81954	0.67297	0.55368	0.45639	0.37689	0.31180	0.25842	0.21455	0.17843	0.14864

n/i	11.0	12.0	13.0	14.0	15.0	16.0	17.0	18.0	19.0	20.0
1	0.90090	0.89286	0.88496	0.87719	0.86957	0.86207	0.85470	0.84746	0.84034	0.83333
2	0.81162	0.79719	0.78315	0.76947	0.75614	0.74316	0.73051	0.71818	0.70616	0.69444
3	0.73119	0.71178	0.69305	0.67497	0.65752	0.64066	0.62437	0.60863	0.59342	0.57870
4	0.65873	0.63552	0.61332	0.59208	0.57175	0.55229	0.53365	0.51579	0.49867	0.48225
5	0.59345	0.56743	0.54276	0.51937	0.49718	0.47611	0.45611	0.43711	0.41905	0.40188
6	0.53464	0.50663	0.48032	0.45559	0.43233	0.41044	0.38984	0.37043	0.35214	0.33490
7	0.48166	0.45235	0.42506	0.39964	0.37594	0.35383	0.33320	0.31393	0.29592	0.27908
8	0.43393	0.40388	0.37616	0.35056	0.32690	0.30503	0.28478	0.26604	0.24867	0.23257
9	0.39092	0.36061	0.33288	0.30751	0.28426	0.26295	0.24340	0.22546	0.20897	0.19381
10	0.35218	0.32197	0.29459	0.26974	0.24718	0.22668	0.20804	0.19106	0.17560	0.16151
11	0.31728	0.28748	0.26070	0.23662	0.21494	0.19542	0.17781	0.16192	0.14757	0.13459
12	0.28584	0.25668	0.23071	0.20756	0.18691	0.16846	0.15197	0.13722	0.12400	0.11216
13	0.25751	0.22917	0.20416	0.18207	0.16253	0.14523	0.12989	0.11629	0.10421	0.09346
14	0.23199	0.20462	0.18068	0.15971	0.14133	0.12520	0.11102	0.09855	0.08757	0.07789
15	0.20900	0.18270	0.15989	0.14010	0.12289	0.10793	0.09489	0.08352	0.07359	0.06491
16	0.18829	0.16312	0.14150	0.12289	0.10686	0.09304	0.08110	0.07078	0.06184	0.05409
17	0.16963	0.14564	0.12522	0.10780	0.09293	0.08021	0.06932	0.05998	0.05196	0.04507
18	0.15282	0.13004	0.11081	0.09456	0.08081	0.06914	0.05925	0.05083	0.04367	0.03756
19	0.13768	0.11611	0.09806	0.08295	0.07027	0.05961	0.05064	0.04308	0.03670	0.03130
20	0.12403	0.10367	0.08678	0.07276	0.06110	0.05139	0.04328	0.03651	0.03084	0.02608

$$PVIFa = \frac{1 - \dfrac{1}{(1+i)^n}}{i}$$

$(n = 기간, \ i = 기간당\ 할인율)$

n/i	1.0	2.0	3.0	4.0	5.0	6.0	7.0	8.0	9.0	10.0
1	0.99010	0.98039	0.97087	0.96154	0.95238	0.94340	0.93458	0.92593	0.91743	0.90909
2	1.97039	1.94156	1.91347	1.88609	1.85941	1.83339	1.80802	1.78326	1.75911	1.73554
3	2.94098	2.88388	2.82861	2.77509	2.72325	2.67301	2.62432	2.57710	2.53129	2.48685
4	3.90197	3.80773	3.71710	3.62990	3.54595	3.46511	3.38721	3.31213	3.23972	3.16987
5	4.85343	4.71346	4.57971	4.45182	4.32948	4.21236	4.10020	3.99271	3.88965	3.79079
6	5.79548	5.60143	5.41719	5.24214	5.07569	4.91732	4.76654	4.62288	4.48592	4.35526
7	6.72819	6.47199	6.23028	6.00206	5.78637	5.58238	5.38929	5.20637	5.03295	4.86842
8	7.65168	7.32548	7.01969	6.73275	6.46321	6.20979	5.97130	5.74664	5.53482	5.33493
9	8.56602	8.16224	7.78611	7.43533	7.10782	6.80169	6.51523	6.24689	5.99525	5.75902
10	9.47130	8.98259	8.53020	8.11090	7.72174	7.36009	7.02358	6.71008	6.41766	6.14457
11	10.36763	9.78685	9.25262	8.76048	8.30642	7.88687	7.49867	7.13896	6.80519	6.49506
12	11.25508	10.57534	9.95400	9.38507	8.86325	8.38384	7.94269	7.53608	7.16073	6.81369
13	12.13374	11.34837	10.63495	9.98565	9.39357	8.85268	8.35765	7.90378	7.48690	7.10336
14	13.00370	12.10625	11.29607	10.56312	9.89864	9.29498	8.74547	8.24424	7.78615	7.36669
15	13.86505	12.84926	11.93793	11.11839	10.37966	9.71225	9.10791	8.55948	8.06069	7.60608
16	14.71787	13.57771	12.56110	11.65230	10.83777	10.10590	9.44665	8.85137	8.31256	7.82371
17	15.56225	14.29187	13.16612	12.16567	11.27407	10.47726	9.76322	9.12164	8.54363	8.02155
18	16.39827	14.99203	13.75351	12.65930	11.68959	10.82760	10.05909	9.37189	8.75563	8.20141
19	17.22601	15.67846	14.32380	13.13394	12.08532	11.15812	10.33560	9.60360	8.95011	8.36492
20	18.04555	16.35143	14.87747	13.59033	12.46221	11.46992	10.59401	9.81815	9.12855	8.51356

n/i	11.0	12.0	13.0	14.0	15.0	16.0	17.0	18.0	19.0	20.0
1	0.90090	0.89286	0.88496	0.87719	0.86957	0.86207	0.85470	0.84746	0.84034	0.83333
2	1.71252	1.69005	1.66810	1.64666	1.62571	1.60523	1.58521	1.56564	1.54650	1.52778
3	2.44371	2.40183	2.36115	2.32163	2.28323	2.24589	2.20959	2.17427	2.13992	2.10648
4	3.10245	3.03735	2.97447	2.91371	2.85498	2.79818	2.74324	2.69006	2.63859	2.58873
5	3.69590	3.60478	3.51723	3.43308	3.35216	3.27429	3.19935	3.12717	3.05764	2.99061
6	4.23054	4.11141	3.99755	3.88867	3.78448	3.68474	3.58918	3.49760	3.40978	3.32551
7	4.71220	4.56376	4.42261	4.28830	4.16042	4.03857	3.92238	3.81153	3.70570	3.60459
8	5.14612	4.96764	4.79877	4.63886	4.48732	4.34359	4.20716	4.07757	3.95437	3.83716
9	5.53705	5.32825	5.13166	4.94637	4.77158	4.60654	4.45057	4.30302	4.16333	4.03097
10	5.88923	5.65022	5.42624	5.21612	5.01877	4.83323	4.65860	4.49409	4.33894	4.19247
11	6.20652	5.93770	5.68694	5.45273	5.23371	5.02864	4.83641	4.65601	4.48650	4.32706
12	6.49236	6.19437	5.91765	5.66029	5.42062	5.19711	4.98839	4.79323	4.61050	4.43922
13	6.74987	6.42355	6.12181	5.84236	5.58315	5.34233	5.11828	4.90951	4.71471	4.53268
14	6.98187	6.62817	6.30249	6.00207	5.72448	5.46753	5.22930	5.00806	4.80228	4.61057
15	7.19087	6.81086	6.46238	6.14217	5.84737	5.57546	5.32419	5.09158	4.87586	4.67547
16	7.37916	6.97399	6.60388	6.26506	5.95424	5.66850	5.40529	5.16235	4.93770	4.72956
17	7.54879	7.11963	6.72909	6.37286	6.04716	5.74870	5.47461	5.22233	4.98966	4.77463
18	7.70162	7.24967	6.83991	6.46742	6.12797	5.81785	5.53385	5.27316	5.03333	4.81220
19	7.83929	7.36578	6.93797	6.55037	6.19823	5.87746	5.58449	5.31624	5.07003	4.84350
20	7.96333	7.46944	7.02475	6.62313	6.25933	5.92884	5.62777	5.35275	5.10086	4.86958

해커스
IFRS
정윤돈
회계원리

개정 2판 3쇄 발행 2025년 1월 27일

개정 2판 1쇄 발행 2023년 12월 14일

지은이	정윤돈
펴낸곳	해커스패스
펴낸이	해커스 경영아카데미 출판팀

주소	서울특별시 강남구 강남대로 428 해커스 경영아카데미
고객센터	02-537-5000
교재 관련 문의	publishing@hackers.com
학원 강의 및 동영상강의	cpa.Hackers.com

ISBN	979-11-6999-618-1 (13320)
Serial Number	02-03-01

회계사 · 세무사 · 경영지도사 단번에 합격,
해커스 경영아카데미 cpa.Hackers.com

해커스 경영아카데미

- 정윤돈 교수님의 **본 교재 인강** (교재 내 할인쿠폰 수록)
- **공인회계사 · 세무사 기출문제, 시험정보/뉴스** 등 추가학습 콘텐츠
- 선배들의 성공 비법을 확인하는 **시험 합격후기**

해커스
IFRS
정윤돈
회계원리

합격생을 만드는 해커스 경영아카데미 전문 시스템

- ☑ 해커스 스타교수진의 **최신 강의**
- ☑ 단기 합격으로 이끄는 **출결 및 성적 집중관리**
- ☑ 학습 효율 UP! **인강 실시간 업로드**
- ☑ **최신 기출 경향**이 반영된 **수험 전문 교재**

> " **회계사·세무사·경영지도사 단번에 합격!** "
> QR 찍고, 해커스 경영아카데미 수강신청 바로가기 ▶

정가 **31,900** 원

13320

9 791169 996181
ISBN 979-11-6999-618-1